일본연구총서 9

日本文化의 理解

韓國日本學會
일본연구총서 간행위원회 編

시사일본어사
Study Tech Institute

日本文化의 理解

목차

간행사

한국일본학회는 1992년 가을에 「한국의 일본 연구 어디까지 왔나」라는 주제로 국제 학술 회의를 개최한 바 있다. 국내 12개 학문 분야에서 해방 이후 발표된 일본 연구 성과를 총점검한 심포지엄이었다. 분석 결과 양적으로는 상당한 수량이었으나, 내용면에서는 일본의 노하우를 배우고 수용하기 위한 것과 한일간의 교섭사에 관한 연구에 치우쳐 있음이 밝혀졌다. 일본을 알 수 있는 역사, 문화, 사상 등을 심도있게 연구 분석한 실적물은 극소수였던 것이다.

80년대부터 일반 대중을 대상으로 피상적인 견문기와 단순 대조식 서적들이 꾸준히 출판되었고, 90년대에는 일본의 참모습이 아닌 한국인의 입맛에 맞는 일본의 모습을 그린 일련의 도서들이 큰 호응을 얻어 왔다.

한국일본학회에서는 일본에 대한 정보와 이해 부족이라는 문제점을 해결하기 위해 2차에 걸쳐 12권의 일본연구총서를 기획하였다. 본 학회에서 간행되었던 일본문화총서와 사상총서가 번역서이었던 것과는 달리, 이 연구총서는 국내의 전문 필진에 의해 국내외의 연구 성과를 집대성하여 집필되었다는 점에서 그 의의가 크다 하겠다. 설정한 연구 분야는 1차 발간분으로 어학, 문학, 정치, 경영, 민속, 교육 등 6분야이고, 2차 발간분으로서는 역사, 사상, 예술(미술, 음악, 무대예술), 종교, 문화, 사회의 6분야이다. 특히 이번 연구총서 집필에는 해당분야의 국내 전문 연구자들이 대거 참가하여 명실공히 국내 일본연구의 결정판이라 할 수 있다.

이번 연구총서의 집필 방향은 일본 문화에 관심을 갖고 있는 비전문인 독자층을 대상으로 설정하였다. 특히1차분의 6권은 대학의 교양 교재로도 활용할 수 있도록 배려하였다.

이 연구총서가 빛을 볼 수 있게 되기까지 아낌없는 지원을 해 주신 시사일본어사와 일본 국제교류기금에 감사드림과 동시에 적극적으로 참여하여 주신 집필진 여러분, 그 밖에 직·간접으로 도움을 주신 여러분께도 심심한 감사를 드리는 바이다.

이 연구총서를 통해 한국인의 일본 이해에 폭넓은 도움이 되었으면 한다.

한국일본학회 일본연구총서 간행위원회

체험적 일본 문화론

최길성

1 일본 문화의 표현 구조

(1) 문화 충격

다른 문화와 만나면 신선한 문화적 충격을 받는 것이 보통이다. 서구 여행기들을 읽으면서도 과장된 표현에 웃기도 하면서 더불어 문화적 충격을 느낄 수 있다. 그런데 나는 일본에서 그런 문화적 충격을 전혀 느끼지 못했다.

1972년 겨울 처음 일본에 도착했을 때도 그런 신선한 문화 충격은 받지 못했다. 여기저기 간판을 살펴봐도 낯설지 않았다. 아마도 간판이 거의 한자로 되어 있어서 읽는 데 별 문제가 없었기 때문일 것이다. 또한 음식도 별로 가리지 않는 나는 일본 음식에도 잘 적응할 수 있었다. 때문에 5년 동안 단 한 번도 귀국하지 않고 유학 생활에 전념할 수 있었다.

그런데 1977년 2월 마산의 경남대학교에 부임하기 위하여 귀국했을 때 나는 매우 큰 문화적 충격을 받았다. 물론 우리 나라와 일본과의 경제적 수준의 차이도 컸지만 가장 큰 충격은 군사 문화 때문이었다. 부산에서 김해 다리를 건널 때 거총을 하고 있는 동상 아래 총을 들고 있는 군인의 모습에서 나는 섬뜩함을 느끼지 않을 수 없었다. 해방 후 독재 정권 아래에서 자랐고, 육군사관학교에서 군인 교관으로 교단에 3년간이나 섰던 내가 군사 문화에 저항감을 갖는다는 것은 너무나 큰 모순이지만 여기서 내가 얼마나 일본에서 자유스럽게 살다 왔는가를 통감할 수 있었다. 어느 날인가 운동장에서 군사 담당 교관의 구령에 따라 남녀 전교생이 젖은 땅에서 앉았다가 일어서는 준비 운동을 한 후, 군복을 입은 총장에게 거수 경례를 하는 모습을 보고 눈시울이 뜨거워졌다. 당시 총장은 내 대학교 시절의 은사님이셨다. 널리 존경받는 교육자이자 학자이신 분이 그렇게 된 정경을 본 나는 이 나라의 민주주의는 절망이라고 생각했다. 또한 군사 정권의 체제는 매우 불쾌한 것이었다. '역(逆)문화 충격'이라고나 할까, 불쾌한 날의 연속이었다.

이러한 현상은 단순히 군사 정권의 체제에 한하는 것이 아니라 사회 문화 전체에 미치고 있었다. 그런데 더욱 모순이라고 느낀 것은 전쟁 전에 일본이 행한 군사 체제를 한국이 그대로 이어받고 있다는 것이었다. 유신헌법, 교육헌장, 국기에 대한 경례, 반공의 날 등 이런 것은 전쟁 전의 일본의 식민지를 연상시키는 것들이었다. 일본은 그런 것을 버리고 자유민주주의를 구가하고 있는데 한국은 아직도 반공 반일을 국시로 삼고 있다고 생각하니 처량한 생각까지 들었다. 이 때부터 정부에 대한 부정적인 감정이 자리잡기 시작했다.

한편, 일본에서 문화 충격을 받지 않았던 그 때를 돌이켜 보면 내가 일본 문화에 꽤나 둔감했던 건 아닌가라는 생각을 하게 된다. 일본 문화야말로 한국은 물론 아시아 여러 문화와 다르기 때문이다. 그러한 일본에 처음 가서 문화적 충격을 받지 않았다는 것은 이상한 일이다. 일본 문화는 한국 문화와 근본적으로 다르기 때문에 나의 충격은 서서히 그리고 근본적으로 심층에서부터 일기 시작했다.

문화는 어떤 다른 문화와 접하면서 친해질 수도 있으며 때로는 서로 충돌하는 경우도 있다. 문화는 국경을 넘어서 퍼질 수 있으나 정치, 군사, 종교 등의 문제로 때로는 대치하고 충돌하기도 한다. 지금도 계속해서 일본 문화가 한국으로 들어오고 있다. 일본 문화 중에는 한국인들이 좋아하는 것도 있고, 싫어하는 것도 있지만, 일본 문화는 한국 문화와 가장 비슷한 문화임에 틀림없다. 때문에 한국인이 일본에 처음 가더라도 서구 사회에 처음 발딛었을 때만큼의 문화적 충격은 거의 받지 않는다. 그 정도로 일본 문화는 한국 문화와 유사하다. 그러나 일본에서의 체재 기간이 길어지면 길어질수록 일본인들의 사고 구조가 우리와는 다르다는 것을 발견하게 된다.

국가 의식과 국경 의식은 약화되고 문화는 국경을 넘어 흐르며 인적 교류는 활발해진다. 많은 한국인이 일본의 위성 방송을 시청하는 것처럼 일본에서도 한국의 드라마를 즐길 수 있다. 또는 중국 연변 지역의 어느 다방에서 차를 마시면서 한국 방송을 시청할 수도 있다. 이렇게 발전하다 보면 십년 후에는 각 나라의 문화들이 전부 뒤섞여 버리는 것은 아닐지 의구심도 갖게 된다. 그러나 이러한 현상에 대해 특히 민족주의자들은 그런 외부적인 힘에 대하여 담을 쌓으려고 한다.

일본에 대한 태도 변화가 한국의 여러 곳에서 일고 있다. 현재는 어느 나라도 국제화 · 세계화 시대를 거부할 수 없는 상황이다. 일본 문화가 부분적으로 개방된 지금도 '일본 문화 개방'에 대한 의견이 분분하다. 일본 대중문화의 국내 수입을 금지해 왔던 한국 정부도 국제화의 정세에 따라 그런 금지의 한계를 지킬 수 없게 되고 있다. 따라서 국민국가의 강한 내셔널리즘(nationalism)도 인터내셔널리즘(internationalism)으로 전환하지 않으면 안 되게 되었다. 왕조 시대의 쇄국 정책, 이데올로기에 의한 냉전 구조에서 생긴 철의 장막, 국민국가의 영토 분쟁 등이 아직도 완전히 철폐된 것은 아니지만 그러한 경계가 새롭게 재구성되는 추세라는 사실을 부정할 수는 없다. 일본 문화의 개방 정책에 쐐기를 박으려는 사람들도 있지만 차츰 일본 문화를 더 개방해야만 할 것이다.

하버드 대학의 헌팅톤(Huntington) 교수가 냉전 체재 이후에는 이데올로기나 민족국가의 대립보다는 급격한 국제화와 더불어 문명이 충돌하는 사태가 벌어질 것이라는 주장을 하여 사람들의 이목을 끌었다. 한일 관계는 어떻게 변할 것인가. 그의 이론을 빌려 본다면 그가 중요시하는 종교의 충돌이 있을 것 같지는 않고, 아마 식민지 역사의 유산인 민족주의와 패권주의가 충돌할는지 모르겠다. 패권주의는 문화에 의존하여 번식하며, 문화의 우월주의는 폭력을 부른다. 그렇다고 문화를 부정할 수는 없다. 문화를 직시하고 상호 이해하는 자세가 필요하다.

(2) 서구 문화의 수용

지금 일본에서는 탈(脫)아시아적인 사고가 다시 유행하고 있다. 즉, 일본 스스로가 일본은 전근대화의 아시아 전통적 사회와는 다르다고 인식하는 것이다. 중국 문화권에 있는 동아시아의 변두리에서 성장한 일본이 결국에는 그것을 부정하고 근대화를 서둘렀고, 마침내는 아시아 제국

13

을 식민지화함으로써 변방에서의 열등한 위치를 면하였다. 그러므로 일본의 근대화는 서구화였고, 일본인들은 자신들의 문화가 동양 문화보다는 서구 문화에 가깝다고 생각하게 되었다. 일본은 메이지〔明治〕 개혁 이래 근대화를 서두르면서 항상 아시아적인 사고에서 탈피하여 서구화하려는 노력을 부단히 하였다. 서구 문화만을 동경해 왔으며, 그 동안 근대화를 통해서 서구적 합리주의 사회에 도달하였다. 그러한 서구화의 결과로써 일본 사회는 서구 사회와 비슷하게 되었으며, 슈퍼마켓, 주유소, 햄버거, 교통 표지판까지 서구 사회와 너무나 닮아 있는 모습에 놀라지 않을 수 없다.

서구 문화의 수용에서의 근대화는 다소 시간적 차이는 있어도 거의 동시 다발적으로 일어날 수 있는 것이다. 그러나 많은 아시아, 아프리카의 나라들은 서구 문화를 수용하여 근대화를 이루는 데 있어 일본보다 뒤지거나 거의 성공하지 못했다. 그러므로 일본의 근대화를 단순히 서구 문화의 수용으로만 볼 수는 없다. 거기에는 그 사회의 특징이 더 중요하게 작용한 것이다.

한국과 일본의 문화 수용의 차이는 역사를 통해서도 알수 있다. 불교는 한국을 거쳐 일본으로 갔지만 한국보다는 일본에서 수용되고 민중에 토착되었다. 또한 유교는 한국에서는 민중 구석구석에까지 수용되었으나 일본에서는 수용되지 않았다. 또 기독교는 거의 같은 기간에 전

파되기 시작하였으나 한국에서는 크게 수용되었고 일본
에서는 거의 수용되지 않았다. 그러므로 문화는 무작위적
으로 수용되는 것 같아도 실은 그 해당 문화가 주체가 되
어 그 문화의 정책 등에 의해 선별적으로 수용된다는 것
을 알 수 있다.

　일찍이 사농공상(士農工商)의 구분이 엄격한 신분 사
회, 봉건 사회였던 일본은 근대적 직업관과 긍정적 노동
관이 확립되었다. 한국에서는 이기붕 씨가 미국 유학 시
절 식당에서 일한 적이 있다고 해서, 그런 사람이 어떻게
부통령이 될 수 있느냐고 문제가 된 적이 있었다.

　나는 한국에서는 대학의 강사 등을 했지만 일본 유학
시절 아르바이트를 할 때는 커피숍에서 일하기도 했다.
그 때 혹시라도 아는 한국인을 만나면 어떡하나 하는 것
이 가장 큰 걱정이었다. 그러나 그런 아르바이트를 통해
서 나는 직업의 귀천을 완전히 극복했다고 자부한다. 내
가 일했던 대학의 도로 공사장에는 대학 총장의 부인도
일하고 있었다. 그 사실도 놀라웠지만 대학 총장 부인이
막노동을 하는 것에 대해 아무렇지도 않게 생각하는 일본
사람들이 더 이상할 정도였다. 반면 한국에서 온 어떤 이
의 부인은 남편의 체면 때문에 아무 일이나 할 수 없다고
말하는 것을 들은 적이 있다. 일본에 비하면 한국은 아직
도 혈통주의와 직업 차별이 존재하고 있으며, 여러 전근
대적인 사회 문제를 안고 있다. 그런 점에서 일본은 아시

아적 전근대성을 탈피해 철저히 서구적인 직업관을 가지고 있다고 할 수 있다.

일반적으로 한국에서는 일본의 서구화를 '원숭이 문화', '서구 문화의 복사판'이라고 경시하는 사람이 많다. 또 일본의 근대화도 서구 자본주의를 흉내낸 경제화라고 폄하는 사람도 많다. 내 경험으로 봐서 일본의 서구화는 단순히 '서구 문화의 복사판'만은 아니라고 생각한다. 또한 그러한 '서구 문화의 복사판'이라는 담론은 수정되어야 한다고 생각한다. 일본은 그 나름대로 전통을 살리면서 발전하는 길을 닦아 왔다. 한국 근대사를 전공하는 어떤 일본인 학자는 나에게 수차 자신은 한국에서 많은 변화를 느끼지만 그 변화는 언제나 지속되는 느낌이 없이 그때 그때 새 것으로 바뀔 뿐이라고 지적한 적이 있다. 즉, 전통이 변화 발전하지 않고 외부의 어떤 새 것이 있으면 그 새 것으로 교체될 뿐이라는 것이다.

일본 문화론의 대표적인 학자 우메사오 다다오〔梅棹忠夫〕는 일본 문화의 독창성을 강조한다. 서구인들에게는 일본이 알 수 없는 이상한 나라라는 이미지가 있는데, 그것은 일본 문화의 특징에서 기인한 것이라고 한다. 즉, 일본인은 외국의 문화에 대해 강한 호기심을 갖고 받아들이지만 자신들의 문화를 외부로 알리는 것에 대해서는 매우 부족한 민족이라는 것이다. 또 일본인은 서구 문화를 흉내내려고만 하는 모방성이 강한 것으로 생각되지만 실은 창조성이 강하다. 다만 그런 것을 외부에 선전하거나 알리려는 노력을 별로 하지 않는다. 일본 근대화의 성공이 서구 사회를 모방한 것이라는 이론도 물론 있지만, 사실 일본은 아시아와 다른 일본적인 기반 때문에 근대화에 성공한 것이지 단순한 서구 사회의 모방으로 근대화에 성공했다는 설명은 옳지 않다. 그럼 일본적인 것이란 무엇을 말하는 것인지 차츰 알아보기로 하자.

(3) 자기 소개

내가 한일간의 문화적 차이로 가장 먼저 꼽는 것은 표현 양식의 차이이다. 일반적으로 일본인들은 자기를 잘 표현하지 않는다. 그러한 표현 양식은 아시아의 다른 나라들과 다르다. 십여 년 전에 몽고에 갔을 때 길에서 만난 여인이 자기 소개를 장황하게 했던 것이 기억난다. 그리고 일본 도쿄〔東京〕 한복판에 있는 한국 YMCA 건물 엘리베이터 안에서 만난 재미동포가 내리기 전에 3대에 걸친 자기 가족을 소개하는 것을 들은 적도 있다. 그러나 나는 이처럼 장황하게 자기 소개를 하는 일본인은 만난 적이 없다. 일본인은 그렇게 자기에 대해서 표현하지 않는다. 다만 일본인이라고 자기를 표현하지 않는 것은 아니며, 그런 표현 양식은 취하지 않는다는 말이다. 주로 말보다는 문자를 이용하는데, 예를 들면 명함을 내밀거나 편지를 쓰는 방법을 선호한다. 말로 자기를 소개하는 경우에도 최소한으로 하는 것이 일반적이다.

자신을 소개할 때 일본인들은 자신에 관한 정보는 전혀 언급하지 않는다. 대개 이름만 말하고 자신의 관심사나 현재의 직업 등에 대해서는 거의 말하지 않는다. 그러므로 인사 소개가 무미 건조하게 되고 마는 경우가 보통이다. 그래도 일본인들끼리는 이상할 것이 없다. 그에 대한 정보는 다른 사람을 통해서 알면 되니까 말이다. 본인이 직접 자신을 소개하는 경우에는 최소한에 그쳐야지, 다소 길어지게 되면 자랑으로 여겨져서 평가 절하를 받게 된다. 특히 사회적 지위가 있는 투의 말을 한다거나 그것을 직접적으로 소개할 경우에는 심한 반감을 주는 결과를 초래한다.

반면 한국인은 될 수 있으면 자신을 알리려고 노력한다. '자기 PR'이라는 말이 있을 정도로 남에게 자신을 알리는 것을 일반적인 일로 생각한다. 그렇기 때문에 대부분의 일본인들이 한국인들은 자기 과시욕이 강하며 큰소리치는 사람이라는 인상을 갖는다. 그러나 이것은 이러한 두 나라 국민의 표현 방식의 차이에서 오는 것이다.

(4) 일본적 수사법

나는 직업상 많은 일본 학자들과 공동 연구나 발표회를 하면서 경험적으로 일본인의 표현 방식을 이해하고 있다. 발표회에서 본인이 좋다고 생각하는 결론을 가지고 강하게 주장하면 일본인들은 매우 부정적 호응이나 비판적인 태도를 취했다. 그런데 거의 같은 내용을 가지고 의견을 강하게 주장하기보다는 자신이 없는 듯 자신을 최소화하면서, 약간의 제안을 제시하는 정도로 말하면 호응도가 훨씬 높고 좋은 평가를 얻을 수 있었다. 여기서 전략적으로라도 자신을 최소화하는 일본인의 특성을 알 수 있다. 일본식이 양보와 겸양이고, 한국식이 거만과 오만이라는 뜻이 아니라 한일 양국의 표현 방식의 차이를 말하는 것이다. 한국인들도 예전에는 침묵과 겸양을 미덕으로 여겨서 일본과 비슷한 표현 방식을 취했으나 전후 미국식 교육의 상당한 영향을 받아서인지 일본과 큰 차이를 보인 것이라 생각된다.

일본어를 잘 구사할 수 있다고 하여 일본인과 교제를 잘 할 수 있는 것은 아니다. 정작 일본의 표현 방식을 이해하지 못하고서는 좋은 교제를 할 수 없다.

19

(5) 감정의 억제

한국의 장례식 등에서 사람들이 고인의 죽음을 슬퍼하면서 통곡하는 것은 그다지 낯선 장면이 아니다. 그런데 일본인들은 그런 장면을 보고 이상하게 여긴다. 감정을 억제하지 못하고 그대로 내보이는 것을 과장된 표현으로 오해하여 이해하지 못하는 것이다.

한국인의 유교식 장례에서는 곡을 하도록 되어 있다. 그러나 불교식 장례가 일반적인 일본인들은 장례식장에서 울음을 억제하게 되어 있다. 즉, 일본인이 울음을 억제하는 것은 불교의 영향이라고 한다. 불교라면 한국에서 전래된 것이고 불교의 영향이 한국에서 더 컸으면 컸지 일본에 뒤지겠는가라고 말하는 사람도 있을 것이다. 하지만 한국에서의 불교의 영향은 일본만큼 강하지 않다.

한국은 유교 문화의 영향이 더 강하다. 그래서 울음에 대해서도 한국은 유교, 일본은 불교의 영향이 강하다고 설명할 수 있다. 그러나 두 나라의 울음 표현의 차이를 불교나 유교의 영향으로만 단정짓기는 어렵다. 이러한 울음의 표현 구조는 한일 문화의 표현 방식과도 밀접한 관계가 있는 것으로 생각된다.

일본인들이 울음을 억제하는 것은 한국인과 아주 대조적이다. 일본 민속학의 시조라 불리는 야나기다 구니오〔柳田国男〕에 따르면 일본인들이 울음을 억제하기 시작

한 것은 그리 오래 되지 않았다고 한다. 즉, 근년에 들어 울음이 적어졌다는 말이다. 그는 청년 시절 여행 중에 자주 우는 소리를 듣고 무엇 때문에 울까 궁금해했고 어떤 때는 밤중에 우는 소리를 듣고 잠을 잘 수가 없었는데, 최근에는 어른은 물론 어린아이도 우는 횟수가 점점 줄어들어, 잘 우는 아이를 놀리던 '나키무시〔泣き虫:우는 벌레, 즉 울보〕'라는 말만 남아 있을 뿐, 무슨 울리지 않는 술법이라도 쓰이는 게 아닌가 하면서, 그래도 무엇보다 기분 좋은 건 우는 아이가 드물어졌다는 것이라고 기술하였다.

그전에는 '우는 아이는 잘 자란다'라는 속담처럼 우는 것이 건강하다는 의미로 통했다. 어떤 어머니는 '아이는 우는 것이 일'이라고 천연덕스럽게 말할 정도였다. 오히려 갓난아이가 울지 않는 것을 더 신경 쓰는 부모도 있었다. 아이가 울 때 그냥 울게 내버려두면 그 아이는 성장해서 말을 잘 한다고 했던 것을 보면 겐로쿠〔元禄〕시대에는 그런 것이 하나의 상식이었던 것 같다. 적어도 예전에는 우는 아이를 꾸짖고 때리거나 하지 않고 울게 내버려두었음을 알 수 있다.

울음은 말보다 훨씬 쉽게 자기를 표현할 수 있는 방법이다. 즉, 표현은 반드시 언어에 의해서만 하는 것이 아니며, 언어만이 유일한 수단인 것처럼 생각하는 것은 잘못이라는 것이다. 흔히 우는 사람을 보고 '우는 이유를 알 수 없다' 또는 '울지 말고 이유를 말해 보라'는 식으로 말한다. 그런데 말로 표현할 수 없어서 우는 것인데 우는 이유를 말하라는 것은 무리이다. 말로서 충분히 표현할 수 있다면 누구든지 그렇게 할 것이다. 말로 마음을 표현할 수 없어 우는 것이다. 언어의 표현이 발달하면 이러한 제2의 표현법은 퇴조한다. 그래서 갓난아이도 성장하면서 점점 울지 않게 된다. 누구라도 자유로이 생각한 것을 말할 수 있다면 아마 울지 않을 것이다.

남녀노소를 막론하고 울음이 적어졌다는 것은 무언가 다른 종류의 표현 수단, 그 중에서도 언어가 크게 발달한 결과라고 생각해도 좋다. 우는 것도 의사 소통의 중요한 기능이라는 것을 인정해야 한다. 어쩔 수 없이 울음이 나오는 것을 억지로 참는 사람도 있다. 그것을 보고 인간의 슬픔이 예전보다 줄어들었다고는 말할 수 없다. 또한 아이가 울지 않으면 다행이라고 속단해 버리는 것도 잘못이다.

성인의 울음에도 여러 방식이 있다. 요즘엔 거의 없어졌지만 남에게 보이기 위한 울음도 있다. 부부 싸움 도중 큰 소리를 냄으로써 제삼자의 주의를 환기시켜 공평한 비판을 받고자 하여 가두로 진출하여 울기도 한다. 이것이 부부 싸움 해결의 가장 효과적인 방법이었기 때문에 한때 유행했던 듯하다.

장례식 같은 때에는 잘 우는 나키온나[泣女]에게 부탁하여 울게 했다고도 한다. 하지만 이에 대해 사실처럼 말하는 사람들은 있지만 야나기다는 그러한 것에 대해 보고 들은 적이 없다고 한다. 다만 노베오쿠리〔野辺送:화장터로 보내기〕의 날에 공공연히 울었고, 지금도 많은 지방에서는 조문객, 친족이 소리를 내어 운다는 것은 들어서 익히 알고 있다. 즉, 그럴 때에는 우는 방식이 정해져 있다. 의식적인 울음이라도 울기 시작하면 자연히 눈물이 나오게 되고 진짜로 울게 된다. 그런데 이러한 관습도 근세에 와서 어느 새 사라지고 말았다.

'사내아이는 울어서는 안 된다' 라는 교훈이 있고, 여자는 성인이 되어서도 울어도 된다고 하였다. 벤케이〔弁慶〕라는 장군은 일생 동안 한 번도 울지 않았다고 하나, '벤케이도 울 때가 있다' 라는 속담에서 사내도 울 때가 있다는 것을 알 수 있다. 그러나 오늘날에는 좀처럼 울지 않는다. 하이카이〔俳諧:시의 일종〕 중에 남자가 우는 것을 찾아보면 '반쯤 미친 중이 울음을 터뜨린다' 라든가, '또 울게 되는 술에서 깨어' 라는 표현이 있는 것으로 보아 겐로쿠 시대까지도 노인이 울었다는 것을 알 수 있다.

그런데 오늘날에는 울음이 자취를 감추게 된 것이다. 아주 비열한 인간의 위선을 질책할 때 '울고 싶어진다'고들 하지만 실제로 소리를 내어 우는 경우는 없다.

지난 50년 동안 어린아이를 제외하고는 대다수의 사람들은 대체로 울지 않게 되었다. 지금도 잊혀지지 않는 일이 있다. 스무 살이 되던 해에 아쓰미〔渥美〕 반도의 와지

〔和地〕의 오야마〔大山〕를 등산하려고 산기슭의 민가에서 짚신을 고쳐 신고 있는데 한 할머니가 가까이 와서 여러 가지를 물었다. '어디서 왔는가', '밥은 먹었는가', '부모는 있는가' 라고 묻더니 '내 손자도 너와 같은 또래인데 도쿄〔東京〕에서 죽었다'고 하면서 소리내어 울었다. 또 중풍에 걸려 말을 할 수 없게 된 할아버지가 찾아와서 큰 소리로 운 적도 있다. 이 노인들은 만감이 가슴에 벅차 말로 표현할 수 없어서 아이처럼 울었던 것이다. 아마도 노인들에게 있어서 울음보다 더 적절한 표현 방법은 없었다고 생각한다.

(6) 울음과 슬픔

어찌할 수 없어서 소리내어 우는 것을 나쁘게 여기게 된 것은 중세 이후이다. 영웅호걸은 감정을 나타내지 않고 존경을 받는 사람이지만 그들도 큰 충격을 받으면 역시 울었다. 하물며 보통사람은 말할 것도 없다. 기다유〔義太夫〕의 조루리〔浄瑠璃〕에서는 통곡하는 장면이 자주 나온다. 아마도 여자나 아이들은 울음을 무기로 하기 때문에 듣는 쪽에서 신경이 예민해져서 우는 것을 점점 억압하게 된 것 같다.

슬퍼서 운다고는 하지만, 슬픔에 해당하는 일본어 '가

나시이〔悲しい:슬프다〕'는 한자의 비(悲)나 애(哀)에서 느껴지는 것처럼 불행한 경우에만 한정된 말은 아니다. 도호쿠〔東北〕 지방에서는 표준어인 '가와이이〔かわいい:귀엽다〕'라는 말 대신 '가나시이'라고 한다. 또 '가나시이'가 호쿠리쿠〔北陸〕 지방이나 시즈오카〔静岡〕 지방의 일부에서는 '부끄럽다' 또는 '보기 싫다'는 의미로도 통한다. 도쿄〔東京〕 주변에서는 '무정하다'는 형용사로도 사용된다. '가나시이'의 의미는 결코 비(悲)가 아니다. 일반적으로 강한 감정의 하나인 비애를 표현하던 것이 중세 이후 비(悲)라는 한자로 표기된 것이다. 그러므로 '가나시이'라는 말의 한자는 잘못된 표기이다. 기쁨이 극에 달했을 때도 울고, 또 분하거나 한을 품고 후회하며 스스로 자책하는 경우에도 운다. 어떤 말로 표현해야 좋을지 모를 때도 인간은 운다. 언어 표현이 모자라기 때문에 울음이라는 표현법을 동원하는 것이다. 하지만 억지로 억제하거나 남용하지 않았으면 한다.

일본어의 '나쿠〔泣く:울다〕'란 말에는 흐느껴 우는 것도 포함된다. '체(涕)'란 글자는 원래 눈과 코에서 나오는 액체를 말하는데, 울음소리가 나지 않는 것을 의미한다. '나루〔鳴る:울다〕'란 동사는 새나 벌레를 비롯해 무생물의 울음까지도 포함한다. 즉, 귀에 들리는 모든 것의 '운다'는 의미를 나타내는 것이다. 그것이 언제부턴가 본래의 뜻을 잃고 소리내지 않고 눈물만 흘려도 우는 것으로

되면서 읍(泣)자로 오역하게 된 것이다. 소리를 내지 않고 우는 것을 곡(哭)이라고 한 것을 『만요슈〔万葉集〕』에서도 찾아볼 수 있다. 눈물만 흘리는 것도 운다고 했다. 특히 소리를 내지 않고 울어도 눈물은 난다. 하지만 이것은 보이려 하는 것이 아니다. '눈물을 보이지 않으려고 웃는다'는 말처럼 대개의 사람들은 눈물을 감추려 한다.

문학 작품에서는 특히 과장해서 '눈물의 강'이니 '눈물 바다'라는 표현을 쓰며, 엔카〔演歌〕 등에도 이런 표현이 많다. 문장가들은 '눈물이 소매를 적신다'거나 '소나무의 이슬 같은 눈물'이라고 표현했다.

초가을의 바람이 풀잎을 흔드는 소리, 벌레 소리가 귀를 울리는 계절에 일본인들은 소리 높여 곡을 하였다. 1785년의 도호쿠 지방에 대기근이 든 후, 시라이 히데오〔白井秀雄〕라는 젊은 여행자가 민마야〔三厩〕라는 해변에서 배를 기다리며 『소도〔卒土〕 해변으로(卒土が濱づたひ)』라는 여행기에서 대흉작으로 굶어 죽은 사람들의 혼을 부르는 것을 적었다. 오소레잔〔恐山〕에서 7월 24일 열리는 지조카이〔地藏会〕에서는 아이를 잃은 부모들이 올라와서 밤새도록 울면서 춤추며 해변에서 울었다. 일본의 서북쪽 해안 지방에서는 본〔盆〕이나 히간〔彼岸〕이 끝날 즈음해서 큰 소리로 슬프게 소리를 내어 운다. 그것을 '고나카리'라고 한다. 이처럼 예전에는 일본인도 소리내어 울었다. 그런데 지금은 아이들이나 성인도 잘 울지 않게 되었

다. 아마도 그것은 의사 소통을 조용히 하려는 의도로 봐
도 좋을 것이다.

전술한 바와 같이 야나기다 구니오〔柳田国男〕는 언어
가 갖지 못한 기능을 울음이 상호 보완해 주고 있다는 점
에 주목하였다. 어린아이의 울음뿐만 아니라 성인의 울음
도 표현의 하나로서 그 자체가 훌륭한 표현 행위라고 그
는 주장한다. 실제로 영화나 연극의 감상 등에서의 감정
의 표출은 눈물이나 울음으로써 행한다. 즉, 울음은 단순
한 생리적 반응만이 아니라 문화적 소산이라고도 할 수
있다. 일본인들도 과거에는 소리내어 잘 울었지만, 시간
이 지남에 따라 차츰 울음이 억제되어 왔다는 것이다. 이
는 일본인의 표현이 억제된 것과 상응한다. 오늘날 일본
인의 표현이 작게 위축된 것을 뒷받침하며, 그렇다고 일
본인의 슬픈 감정이 줄어든 것이라고는 할 수 없다. 일본
인들의 울음이 적고 표현이 적은 것을 보고 흔히 한국인
들은 일본인들이 효심이 약하거나 슬픈 감정이 거의 없기
때문인 것으로 생각하는데 이는 오해이다. 다만 표현 양
식이 다를 뿐이다.

(7) 거리를 두는 인사

일본인들은 사회 생활의 인간 관계에서 일정한 거리를 두려고 한다. 우선 인사법을 예로 들어 보자. 일본에는 악수 습관이 정착되지 않았다. 접촉하는 것을 피하기 때문이다. 정치가들이나 악수를 잘 하는 것으로 인식하며, 텔레비전에 비치는 악수 장면은 일본의 일상적인 문화와는 거리가 있다. 일본인들 중에는 더러 외국인들과 악수를 하는 사람도 있지만 일반적이지는 않다. 그래서 나도 일본에서 오래 살면서 자연히 악수하는 습관이 없어졌다. 일본에서 살면서 악수를 하지 않는 인사법이 자연스럽게 몸에 배어서 악수가 오히려 불편하게 느껴질 정도이다. 그러나 악수가 사회 생활에 중요한 매너인만큼 어느 정도는 지켜져야 한다고 생각한다.

악수를 하려면 먼저 누가 손을 내밀어야 하는지, 남녀나 연령 등을 따지는 서양의 관습을 생각하면 번거롭다. 나는 자주 어색한 긴장감을 맛볼 때가 있는데, 상대방이나 이쪽에서 손을 내밀었는데 바로 반응하지 않아 멋쩍을 때가 바로 그 때이다. 일본에서의 습관으로 악수를 별로 잘 하지 않게 되어, 한국의 대학에서 근무할 때 크게 오해를 산 적도 있다. 동료 교수가 얼마간 대만에 갔다 와서 인사를 할 때 내가 손을 내밀지 않아 매우 섭섭했던 모양이다.

인사말과 목례만으로는 불충분한 인사가 되어 버려 악수를 하지 않으면 안 될 정도로 한국에서의 악수는 정착되어 있다. 그만큼 악수 인사는 한국인의 사회 생활에서 중요한 사항이 되었다. 허리를 굽혀 인사하는 것이 정중한 전통적인 인사법인 동시에 일상적인 인사법이기도 했는데, 이제는 웬만한 산골에서도 악수가 보편적으로 행해지고 있으니 악수의 인사법이 얼마나 잘 정착되어 있는가를 알 수 있다.

내 경험으로는 6 · 25 전쟁 이후 악수가 유행되었다고 생각한다. 1950년대 말 고등학교 때 등교를 하면 교실 안을 돌면서 모두와 악수하는 것이 일과의 시작이곤 하였다. 하지만 고향에 내려가면 아직 악수는 유행하지 않았고 언제나 마을 어른들을 보면 허리를 굽혀 인사해야 했다. 그 때 내 고향에서도 아직 악수가 보급되지 않은 것으로 봐서 악수가 전국적으로 보급된 것은 아마 1960년대 이후라고 생각된다. 그 후 고향을 들렀을 때에는 남자들은 거의 악수를 했다. 이것으로 봐도 수 년 사이에 악수가 시골에까지 정착되었다는 것을 알 수 있다. 악수는 이제 세계적인 인사법이 되어 어디를 가나 비교적 보편화되어 있다.

그러나 모든 세계의 인사법이 악수로 변한 것은 아니다. 힌두교나 불교 문화권에서는 여전히 합장하는 인사법이 전통적으로 지켜지고 있으며, 일본 또한 악수가 보편화되지 않았다. 일본에서는 악수가 일반적으로 정착되어 있지 않기 때문에 한국인이 일본인과 만났을 때 어떻게 인사할 것인지에 대해 생각해 볼 필요가 있다.

근대화와 더불어 서양 풍속이 들어온 것은 일본도 한국과 크게 다를 바 없다. 그런데 일본에서는 메이지〔明治〕 이후 서양 문물이 들어오면서 문화 수용에 관한 선택이 이루어졌다. 그 중에 악수는 호텔 등에서의 팁(tip) 문제 등과 함께 일본 습관에 맞지 않는다고 생각되었기 때문에 정착되지 못했다. 그것은 비단 서양 문화에 대해서만 그런 것이 아니고, 중국 문화 수용에서도 환관, 과거 제도 등의 문화를 수용하지 않은 것은 너무나도 유명하다. 이처럼 일본인들은 그전에 중국 문화를 수용할 때 그랬던 것처럼 서구 문화를 수용할 때도 선별적으로 수용하였다. 예컨대 유교의 학문적인 영향이 크다고는 해도 그것이 민중 속으로 보급되지는 못했다. 한편, 불교는 한국을 통해 일본에 전해졌지만 오히려 한국에서보다 일본에서 단단히 뿌리를 내려 토착화되었다.

(8) 인사말

거리를 두는 대신 일본인들은 주로 말로 인사를 한다. 아무리 바빠도 몇 개의 인사말을 주고받는 것이 보통이

다. 아침 인사의 경우에 '오하요〔おはよう:안녕하세요〕' 이외에도 보통 '센지쯔와/아리가토/고자이마시타〔先日は ありがとうございました:지난번에는 감사했습니다〕'와 '아 리가토/고자이마스〔ありがとうございます:감사합니다〕'등 의 형식적인 인사말을 되풀이하는 것이 보통이다.

그리고 묻는 식으로 '겡키데스카〔元気ですか:별일 없으 세요?〕'라고 하면 대답하는 식으로 인사가 이어진다. 질 문식 인사는 쉽게 대화로 이어질 수 있으나 그것도 거의 형식적인 인사로 그치는 경우가 보통이다. 대개 인사는 질문식이 아닌 그저 음성을 내는 정도이다. 예컨대 '오하 요〔おはよう〕'에 대하여 '오하요〔おはよう〕'라고 하고, '곤니치와〔こんにちは〕'에 대하여 '곤니치와〔こんにちは〕' 라고 하고, '곤방와〔こんばんは〕'에 대하여 '곤방와〔こん ばんは〕'라고 하는 식이다.

대화식 인사에서는 '오겡키데스카〔お元気ですか:별일 없으세요?〕'라고 물으면 '하이, 오카게사마데/겡키데스 〔はい、おかげさまで元気です:네, 덕분에 잘 있습니다〕'라 고 대답하는 식의 인사말이 오고 간다. 이러한 인사법은 대화로 이어지기 쉽지만 일본에서는 이런 대화식보다는 앞의 예처럼 그냥 형식적인 인사가 일반화되어 있다. 대 화식 말이 형식적인 인사말이 된 것이다. 특히 상용어로 서의 인사는 예외 없이 그렇다.

한국에서도 예전에는 질문과 대답의 대화식이었을 것

이다. 지금은 그저 복창하는 식으로 쓰여지기도 하지만 원래는 '그 동안 잘 있었나', '그 동안 안녕하십니까' 등의 대화식 인사말이었다. 예전에는 '안녕하십니까' 라는 인사는 거의 사용되지 않았다. 그저 아침 인사는 '밤새 잘 주무셨습니까', '아침 잡수셨습니까', '어디 가십니까' 라고 질문식 인사를 하게 되면, 거기에 '네, 잘 잤습니다', '네, 먹었습니다', '저기 갑니다' 라는 식으로 대답하였다.

해방 후에 전통적 인사말에는 부정적인 뜻이 있다고 비판하는 소리도 있었다. '밤새 안녕하십니까', '식사하셨습니까', ' 안녕하십니까' 라는 질문식 인사에서 한국의 불안감과 가난함이 느껴진다는 지적이었다. 그러다가 새로운 인사말을 찾아 '좋은 아침'이니 '재건합시다' 라고 하다가, 결국 라디오 방송 등에 의해 '안녕하십니까' 가 보급되어 일반화된 것이다. 그러나 일본인들에 비하면 그러한 인사말의 빈도는 훨씬 적다.

인사를 중요시하는 집에서는 너무 예의가 숭상되고 있어서 오히려 불편하게 느껴지는 경우도 있다. 일본에서도 마찬가지이다. 유학 시절에 어떤 명문가 후손의 집에 하룻밤 유숙한 적이 있다. 그 집 주부의 정중한 인사법에 어떻게 대처해야 할지 몰라 당황할 수밖에 없었다. 그녀는 아침 인사로 차를 가져올 때 미닫이문 밖에서 인사말을 하고 문을 연 다음에 무릎으로 기어들어오다시피 하여 방바닥에 이마를 대고 인사를 하는 것이었다. 그것은 상대방의 신분에 대한 높임이라기보다는 자기 신분의 표현인 듯했다. 대체로 일본에서의 인사법은 자신의 교양을 의미하는 것이지, 상대방의 신분은 그다지 생각하지 않는다.

백화점의 직원들이 손님들에게 인사를 하는 것은 손님들에게 친절하다는 느낌을 주기도 하지만 실은 자신들이 백화점의 주인이라는 의식을 강화시키는 것이기도 하다. 나는 어려서 부모님으로부터 '이 다음에 남의 꽁무니에 대고 절을 하는 사람이 되어서는 안 된다'는 말을 듣고 자랐다. 즉, 인사를 받지 않아도 절을 해야 하는 사람은 천한 사람을 의미한다는 말이다. 그런데 일본에서는 이러한 일이 일상적인 것이다. 상인들은 손님이 보지 않는데도 사라지는 손님을 향해서 인사를 한다. 그것은 자신들의 손님을 대하는 태도를 형식화한 것이기도 하다. 그 손님보다는 다른 잠재적인 손님을 확보하려는 것이겠지만 그것을 상술이라고만은 할 수 없다. 아마 상대방의 신분 고하에 괘념하지 않는 전통적 인사법에서 오는 것이라고 할 수 있다.

33

(9) 한 · 일 인사말의 차이

우선 일본인에 비하여 한국인의 인사말에는 사과를 표

현하는 인사가 아주 적다. 일본인들은 사과의 표현을 자주 한다. '스미마셍〔すみません:미안합니다〕', '고멘나사이〔ごめんなさい:죄송합니다〕', '시쓰레이시마시타〔失礼しました:실례했습니다〕', '모우시와케나이〔申し訳ない:변명할 여지가 없다〕' 등 참으로 많은 사과의 인사말이 '감사하다'는 인사말만큼이나 많이 사용되고 있다.

일본인 동료 교수들로부터 한국이나 중국에서 온 유학생들은 잘못을 해도 사과하지 않는다는 비난의 말을 자주 듣는다. 나는 그 때마다 문화의 차이를 설명하고는 한다. 결코 잘못을 인정하지 않는 것이 아니라, 사과하고 싶은 마음이 있어도 사과할 수 있는 인사말이 발달되지 않은 점을 설명한다. 얼마 전에 일본 텔레비전에서 국제 결혼을 한 일본인들이 외국인 배우자들에게 갖는 가장 큰 불만은 사과를 하지 않는 것이라고 말한 적이 있다. 이에 대해 외국인 배우자들은 일본인의 사과의 말은 형식적일 뿐이지 자신들의 본심은 아니라고 공박했었다.

물론 인사는 말이지만, 그것은 인간 관계에 많은 도움이 된다. 처음 일본 드라마에서 아버지나 남편이 아이들이나 부인 앞에서 무릎을 꿇고 손을 비비면서 사과하는 장면을 보고 남자가 자결을 할지언정 저렇게는 되고 싶지 않다는 생각을 한 적이 있다. 그러나 일본에 살면서 나는 사과하는 인사말을 의도적으로 익혔다. 비록 작은 일이라도 내가 잘못한 것은 일본인 아내에게 '내가 잘못했소'라고 말하고는 한다. 사과의 말은 잘못이나 불편한 인간 관계를 개선해 주는 좋은 메커니즘이 된다. 아마도 결혼 생활이나 인간 관계에 사과 표현은 많은 도움이 될 것이다.

인사말이나 예의는 하나의 형식일 뿐 사람의 마음 자체를 의미하는 것은 아니다. 한국인의 인사말이 적다고 하여 결코 그런 예의의 마음이 적거나 없는 것은 아니다. 오히려 많은 일본인들은 '한국인이야말로 인정(人情)이 있다'고 평가한다. 단지 형식적인 인사말이나 예의가 적다는 것을 지적한다. 중국은 공자를 탄생시킨 예의의 나라라고 흔히들 생각하지만, 처음 중국을 방문하였을 때 나는 예의가 없는 나라라는 인상을 받았다. 한국이나 일본에 비하여 인사법이 적었던 것이다. 그러나 그들의 마음이 결코 무례한 것이 아님을 나중에 알게 되었다.

우리들은 선물을 주면서 내용물에 대한 설명을 하지 않는 것이 상례이다. 예전에는 선물을 본인이 직접 가져가지도 않을 뿐 아니라 본인이 가져가서도 마루 등에 그냥 놓아 두고 오는 것이 보통이었다. 자기가 가져간 물건을 선전하는 듯한 인상을 피하고자 했던 한국인의 겸양 풍속에서 기인된 것이라고 생각되는데, 이러한 선물 교환의 관습은 일본과는 대조적이다. 일본에서는 선물을 그냥 놓아 두고 와 버리면 잊어버린 물건이라고 연락이 오는 경우가 있다. 유학 시절 병문안을 갔을 때 꽃을 사 가지고 가서 침대 옆에 그냥 놓고 온 적이 있었는데, 나중에 그것이 큰 실례라는 것을 알았다.

인사는 번거로워하면 오히려 인간 관계를 멀게 하는 속성이 있다. 나는 어릴 때 손님들이 집에 오면 큰절을 강요하는 아버지의 눈을 피해 몰래 도망치고는 하였다. 지나치게 예의를 존중하면 인간 관계를 소원하게도 만든다. 그래서인지 젊은이들은 인사를 좋아하지 않는다. 지금 일본의 젊은이들은 위에서 말한 일본인들의 인사법과는 달리 인사를 하지 않는다. 심지어는 학생들이 앉아 있는 앞으로 지도 교수가 지나가도 인사를 하지 않는 것이 보통이다. 그렇게 자란 학생들이 성인이 되어 인사를 잘 하지 않는 것은 당연한 일이다. 교수들도 새해가 되어 서로 처음 만나도 신년 인사를 하지 않는다. 하려면 매우 번거롭기 때문이다. 한국에서 온 교수가 나에게 자주 묻고 상담하는 것이 인사법에 대한 것이다. 물론 그도 인사말 정도는 알고 왔지만 일상 생활에서 알 수 없는 일이 너무 많기 때문이다. 밤새도록 술을 같이 마시고 담화를 즐겼던 사람이 아침에 복도에서 인사도 하지 않고 그냥 지나가더라는 것이다. 그것은 자신에게 어떤 유감을 표현하는 것이 아니겠느냐는 것이다. 나는 일본인들의 흔한 습관이니 전혀 괘념할 것이 못 된다며 의문을 풀어 주었다. 지금 일본에서는 불필요한 형식적인 인사는 최소화하고 필요한 경우에만 지킨다는 쪽으로 정착되고 있다. 인간 관계를 잘 유지하고 싶은 경우에만 예의범절을 갖추며 형식적인 인사는 줄여간다는 것이다. 술자리에서도 갑자기 정색을 하고는 누구의 인사말을 듣고 삼삼칠 박수를 치고 끝나는 등의 형식적인 인사와 비형식적 인사를 조화시켜 생활하고 있다고 할 수 있다.

(10) 말보다 문자 언어

한국인은 말에 치중하는 경향이 있는 데 비해 일본인은 문자에 치중하는 경향이 있다. 말보다 글이 간접적이기 때문이다. 이는 문화적 우열이라기보다는 문화적 차이에서 오는 것이라 할 수 있다. 한국인이 옛날부터 신언서판(身言書判)이라 하여 말과 문자를 동시에 중요시해 온 것은 사실이지만, 일본과 비교해 보면 '말'의 문화를 강조하는 경향이 있다고 할 수 있다. 문헌 기록이 적은 것이 그것을 단적으로 말하고 있다. 일본의 농촌이나 마을을 방문해 보면 아무런 기록적 가치가 없어 보이는 것도 깨알같이 기록하고 정리해 둔 것을 볼 수 있다. 정말 놀랄 만한 일이다. 일본의 문헌사가들도 촌락을 방문하여 문헌을 뒤지거나 참고하는 사람이 의외로 많다. 역사적으로 문헌 자료의 양을 비교해 봐도 한국이 일본에 비해 압도적으로 적은 것은 단순히 한국이 전란을 많이 겪었다는 것만으로는 설명하기 어렵다.

일본 문화의 이해

나는 한국과 일본에서 대학생들에게 강의나 강연을 하면서 한국 학생에 비해 일본 학생들이 노트 필기를 잘 하는 것을 알았다. 또한 일반적으로 일본인은 한국인에 비해 편지를 훨씬 자주 쓴다. 한국에서는 국문과 교수마저 편지를 1년에 한두 번 쓴다는 말을 들은 적이 있다. 책이나 인쇄물을 한일 양국 친지들에게 보내곤 하는데 받았다는 회신이 오는 경우는 일본인에 비해 한국인이 비교도 안 될 만큼 적다. 일본인들이 거의 회신을 보내 오는 것에 비해 한국인은 거의 보내 오지 않는다. 이것은 문자 언어보다는 말 언어에 치중하는 한국의 문화적 특징에서 오는 것이라고 생각한다. 그런데 한국인은 편지에 비해 전화를 잘 한다. 아마 휴대폰 보급이 일본보다 한국에서 더 빠른 것도 그런 까닭일 것이다.

한국인이 편지를 잘 쓰지 않거나 문헌 기록을 잘 남기지 않는 것은 단순히 감사의 표현이 없거나 역사성이 약한 국민성에 있는 것이 아니라 강조점이 다르다는 것으로 해석할 수 있다. 예컨대 편지를 쓰지 않거나 답신이 없다고 해서 그 사람이 감사의 마음을 표현하지 않거나 잊고 있는 것은 아니다. 오히려 마음에 부담이 될 정도로 표현을 보류하고 있다가 더 효과적인 말을 통해서 표현을 한다. 또한 문헌 기록이 없다고 해서 역사나 전통이 단절되는 것은 아니며, 구전이나 학습을 통해서 전해지고 있다.

이에 비해 일본인에게 기대했던 답신이 없을 때는 그것

자체가 의미가 있는 것이다. 즉, 답신할 가치가 없다는 것을 의미하거나 나와 그 사람의 인간 관계의 밀도를 답신이 있고 없음에 따라 측정해 볼 수 있다. 편지를 계속 주고받음으로써 인간 관계가 지속되고 있다고 생각해도 좋으나, 감사나 용무의 편지는 그것으로써 종결되는 것이다. 그러므로 일단 감사한 마음은 편지로 정리되기 때문에 정신적 부담은 존재하지 않는다.

(11) 연하장

일본인들은 11월쯤에 우체국에 연하장을 주문한다. 평소에 인사를 하지 못한 사람에게 연하장을 통해 인사를 하는 것이라고 할 수 있다. 일본의 마이보이스가 2002년 12월에 1만여 명을 상대로 조사한 통계에 의하면 연하장을 보내지 않은 사람은 8.6%이고 10통에서 50통까지 보내는 사람이 전체의 과반수를 차지한다고 한다. 지역적으로는 오키나와〔沖縄〕사람이 적게 쓴다고 하지만 일본 국민 전체가 연하장을 주고받는다고 할 수 있을 정도이다. 젊은 사람의 경우는 보내는 수는 많고 받는 수가 적지만 연령이 높아지면서 보내는 수보다 받는 수가 많아진다. 상을 당한 집에서는 미리 상을 당해서 연하장을 사양한다는 엽서가 오는데, 그런 집에는 그것을 염두에 두고 연하장을 보내지 않아야 한다.

나는 대개 150장을 보내고 받은 것에 대한 답신으로 50
여 장을 보내니 전체 연하장 수는 200여 장이 된다. 이는
개인의 취향이나 인간 관계의 폭에 따라 차이가 난다.

연말에 미리 보낸 연하장은 우체국에서 보관하였다가
설날 아침에 일제히 배달된다. 배달된 연하장을 보고, 보
내지 않은 사람에게 연하장이 오면 그것에 대해 답신을
쓴다. 그것이 오고 가는 기간이 10여 일 정도가 걸린다.
그리고 매년 1월 둘째 주 월요일에는 연하장의 상품 추첨
이 행해지고 그 결과가 신문이나 방송 등에 보도된다. 각
자 연하장을 정리하면서 다음 해를 위하여 변경된 주소
등을 확인하고 기록하는 일을 한다. 사실 이러한 일은 매
우 번거롭기 때문에 고령자의 경우에는 자신에게 연하장
을 보내지 않아도 된다는 것을 알리는 엽서가 날아오기도
한다. 그러나 그 사람들에게 연하장을 보내도 관계는 없
다.

연하(年賀)란 원래 고희(古稀), 환갑(還甲), 희수(稀壽)
등의 노인들을 축하하는 말이지만, 오늘날의 연하장은 신
년 축하의 서신을 가리킨다. 헤이안〔平安〕 시대 이후 메
이지〔明治〕 초기까지 정월에는 1일부터 15일까지, 임금
님, 선생님, 부모, 친척, 친구, 이웃 사람들에게 연시(年
始)의 인사를 하며 1월 2일에 신춘 휘호(揮毫)를 쓰던 풍습
이 있었다. 이것이 우편 제도가 일반화되면서부터 크게

유행하기 시작하여, 현재는 지금처럼 1월 1일에 상대방에
게 도착하도록 연하장을 보내는 관습으로 정착하게 되었
다.

　연하장의 첫머리에는 축사를 쓴다. 근하신년(謹賀新年),
영춘(迎春), 하춘(賀春) 등을 본문보다 크게 쓰는 것이 보
통이다. 요즘에는 인쇄를 하는 경우가 많으나 문장 전체
가 인쇄되어 있는 것은 성의가 없다고 여겨져서 몇 줄 친
필로 첨부해서 쓰기도 한다. 이 때 자신의 근황을 간단히
써 넣으면 좋다. 상 중에 있는 사람은 미리 사양하는 엽서
를 보내지만 그래도 모르고 온 경우에는 신년을 축하하는
가도마쓰〔門松〕가 거의 다 치워진 시기에 회신을 한다.
주로 말보다 문자로 인사하는 방법이 보편화되어 연하장
이 일반화될 수 있었다고 생각한다.

(12) 선물 교환

　직접 만나는 것을 꺼리는 일본인들은 선물 교환이 중요
한 인간 관계이다. 신세를 진 사람에게는 매년 주겐〔中元:
음력 7월 15일〕과 세이보〔歲暮:연말〕에 선물을 보낸다. 그
리고 평소 특별히 감사해야 할 때에 선물을 보낸다. 이런
정도는 한국이나 중국과 다를 것이 없는 것처럼 느껴지지
만, 실은 그 빈도와 보내는 방법, 선물의 양식 등에서 한

국이나 중국과는 다른 매우 일본적인 것을 느낄 수 있다.

직접 만나는 경우에도 말로 접하는 것을 최소화하기 위하여 물건을 교환하는 경우가 많다. 여행이나 각종 행사 등에는 선물 따위의 물건을 주고받는 경우가 많다. 그 때 말이 자연스럽게 덧붙여지는 식으로 인사말이 오고 간다. 따라서 말은 부수적이 된다.

일본인들은 비록 작은 선물이라도 반드시 직접 전달하고 설명을 하는 것이 보통이다. 특히 주겐이나 세이보 등에는 선물을 교환하는 관습이 일반화되어 있다. 상업적 상품의 개발과 배송 서비스 등이 발전하면서 일반적인 상품을 선물처럼 정중하게 다루는 일반적 관습이 발전되어 포장 문화가 정착되었다. 이처럼 물건을 교환하는 문화가 발전되면서 일본 상품에는 선물의 의미로서의 정성이 더 담겨져 세계적으로 명성을 얻게 되었다. 이것이 일본 경제를 발전시킨 원동력 중 하나인 것이다.

반면 여러 보이지 않는 전통 문화가 현대화를 결정한다고 하는 견해도 있다. 일본인은 전통적으로 마코토〔誠〕를 숭상하는 민족이고, 그러한 일본적 특수성은 서구적 합리성으로도 통하여 국제화를 가능하게 한다는 것이다. 원래 서구인들이 생각하는 상품 안에는 성심(誠心)이라든가 정성과 같은 마음은 물론 이데올로기적 사상이 들어 있지 않다. 아니 들어 있으면 안 된다는 것이다. 그러나 일본 상품의 마코토 정신은 세계적으로 통할 수 있는 보편성이

있다. 상품에 마음이 담기면 상품이 아니라 선물이 된다
는 서구식 사고와는 달리 일본인들은 상품을 선물처럼 만
들어 세계로 진출하고 있는 것이다. 일본인들은 상품을
만들 때 마코토를 담고자 전통적으로 정직하고 깨끗하게
상품을 만들려고 노력한다. 이런 이유에서인지 많은 회사
에서 사훈을 성실(誠實)로 정하고 있다.

　일본인들의 마코토 정신은 현대의 비즈니스에도 적용
되고 있다. 경제 활동에도 필요 이상으로 종교적 의례에
가까울 만큼 마코토를 과용하고 있을 정도이다. 인사법,
얼굴 익히기와 단골 관리, 명함 돌리기, 선물 보내기, 정
성스러운 포장 등은 촌락 사회에서나 행해지는 민속적 교
환 관계와 비슷한 것들이다. 그러나 이러한 촌스러운 경
제 행위가 국경을 넘어서 국제화되어 간 것에는 경제학자
들조차 놀란다. 일본적 마코토를 담은 일본 상품은 국제
화되어 세계를 누비고 있다. 서구인들이 보면 일본인들의
경제 행위 자체가 종교적 의례처럼 느껴질지 모르지만,
그래도 일본인들은 전통적으로 상품에는 정성이 들어가
야 한다는 마코토 정신을 갖고 있기 때문에 일본 상품이
국제적으로 환영받고 있는 것이다. 즉, 일본의 특수성은
보편성을 띨 때 세계로 통한다. 상품의 질만으로 경쟁하
려는 서구식 비즈니스 방법의 한계를 넘어서 일본인은 일
상적인 생활 습관, 나아가서는 생활 양식 전반에 걸치는
문화로 세계 시장에 나가고 있다. 이런 면에서 일본과 한

국은 서로 비슷한 것 같으면서도 한편으로는 다르다.

일본인은 상품 자체를 선물처럼 정성을 모아서 포장한다. 포장은 또 하나의 마코토, 즉 마음이며 '마음을 판다'는 것이 일본적 상업 정신이다. 이처럼 일본인들은 마코토를 담기 위하여 상품에 과다한 포장을 하는 것을 낭비라고 생각하지 않는다. 그러나 서구 및 공산 사회에서는 선물이 아닌 상품에 포장 비용을 많이 들이는 것은 비합리적이라고 생각한다. 결국 마음이 세계로 통한다는 일본적 상업 정신이 세계적 경제대국을 만들게 했다는 것은 놀랄 만한 일이다. 전통적인 마코토라는 상업 정신으로 국제화된 일본을 모방해도 좋을 듯하다. 일본과 비교해 우리 상품에는 아직도 성의(誠意)가 모자라는 부분이 너무나 많다. 기술 개발도 중요하기는 하지만 그에 못지 않게 마코토가 빠져 있는 상품을 만들어서는 안 될 것이다.

(13) 개성보다 집단 의식

사람도 하나의 상품처럼 행동한다. 조금 나이 든 청·장년층의 정장 차림의 모습은 이에 대한 전형적인 모습이라고 할 수 있다. 특히 공무원이나 손님을 접대하는 직업을 가진 사람들은 깔끔한 정장을 하거나 유니폼을 입는다. 하이틴들이 개성을 중시하는 것과는 달리 나이가 들

면 아주 형식화된 매너리즘(mannerism)에 빠지게 되어 있
다. 일본의 국회의원이나 공무원들은 유니폼은 아니지만
일률적으로 흑색, 감색의 양복 정장 차림이다. 개성을 중
시하던 학생이 졸업하여 회사에 입사하면 엄격한 훈련을
받아 새 사람이 되며, 이들 대부분은 엄격한 규칙에 따라
행동한다고 한다. 그렇다고 이 훈련이 개성을 전부 죽이
게 하는 것은 아니며, 사적인 일과 공적인 일을 구별하여
행동하게 하는 것이다. 즉, 개인적으로는 개성을 가지되
공인으로서는 정해진 규칙에 의해 행동하도록 하는 것이
다.

　그러므로 지켜져야 할 시간과 장소를 벗어나서는 자유
로운 개인이 존재한다. 그들이 엄격히 지켜야 할 곳이나
시간으로서는 결혼식과 장례식을 비롯한 각종 행사를 보
면 잘 알 수 있다. 결혼식은 신성한 시간에 엄격한 절차를
밟는다. 결혼식 인사는 더욱 긴장하게 마련이고 긴장한
나머지 오히려 실수하는 예가 많아서 방송에서는 가끔 그
런 실수 현장을 재연하기도 한다. 장례식도 마찬가지이
다. 결혼식이나 장례식에 참석하는 사람은 거의 예외 없
이 검은 예복을 입어야 한다. 결혼식이 많은 주말에 예복
을 입은 사람들이 많은 것은 그러한 형식을 존중하는 데
서 온 것이다. 형식을 존중하는 것은 황족(皇族)의 혼인과
장례 때 극에 달한다.

(14) 부끄러움의 문화

일본인은 대인 관계에 매우 소극적이다. 낯가림과 남에게 폐를 끼치지 않으려는 것이 사회적 관습으로 강하게 자리잡고 있다. 일본의 전철 안에서 아이를 데리고 있는 부모들을 보면 아이들이 남에게 폐를 끼치지 않도록 상당히 주의를 시키는 것을 자주 볼 수 있다. 성인들도 남에게 말을 거는 것을 굉장히 자제한다. 장거리 여행을 할 때도 옆 사람에게 말을 건네는 경우는 거의 없다. 오히려 한국인들이 가끔 말을 걸어서 이상하게 여겨지는 것이 보통이다. 그런데 한국이나 중국에서는 오히려 그냥 가는 것이 이상할 것이다. '모난 돌이 정 맞는다' 는 속담이 철저하게 지켜지고 있는 것이 일본 사회인데, 이러한 문화적 국민성이 '부끄러움의 문화' 에서 기인한 것이라는 설이 있어서 주목받았다.

일본 출판계의 수많은 문화론을 정리하는 것은 쉬운 일이 아니다. 내가 전공하고 있는 인류학 분야에서 전후에 줄곧 주목을 받아 온 대표적인 일본 문화론이 있는데, 바로 『국화와 칼(Chrysanthemum and the Sword)』이다. 이 책은 세계적으로 유명한 미국 여류 인류학자인 루스 베네딕트(R. Benedict)가 1944년에 쓴 것으로, 제2차 세계 대전이 끝난 후 1947년 일본에서 번역 출판되어 일본인들에게 많은 영향을 주었다. 원래 이 책은 태평양전쟁 발발로 공격을 받은 미국이 일본을 이기기 위하여 전술적으로 연구한 자료를 토대로 쓰여진 것이다. 저자가 미국에 있는 일본 인들과 포로 등을 상대로 조사한 자료를 기초로 쓴 것이기는 하지만 비교적 공정하게 논술하였다는 평판을 얻었다. 그녀의 학설은 문화인류학상 지극히 특수한 위치를 차지하고 있다.

베네딕트에 따르면, 인류의 문화들은 각각 다소 다른 가치 질서를 가지고 있다. 즉, 문화를 특징짓는 일정한 가치가 존재한다는 것이다. 그 가치 체계를 분석하여 문화의 형태를 분류할 수 있다는 것이다.

이 책이 일본인들에게 가장 감명을 준 부분은 일본 문화를 '부끄러움의 문화'라고 한 것이다. 수치심이 기독교·유대교의 '죄'와 대응를 이루는 것이라고 상정하였다. 이것은 베네딕트가 주장할 때까지는 아무도 깨닫지 못한 문제였다. 부끄러워하고 감수성이 예민한 인간이야말로 선행의 모든 규정(규칙)을 실행하는 사람이다. '부끄러움을 아는 사람'이라는 말은, 때로는 '덕이 있는 사람(virtuous man)', 때로는 '명예를 중요시하는 사람(man of honour)'으로 번역된다. 부끄러움은 일본인의 윤리에 있어서 양심의 결백, 의(義), 죄를 짓지 않게 하는 의식 구조로서 서구의 죄의식과 같은 권위 있는 것이다. 일본인은 부끄러움을 덕(德)의 근본이라고 생각한다. 그러므로 일본인은 사후에 있어서 죄에 의해 처벌받는다라는 생각

을 하지 않는다. 또한 일본인은 생활에 있어서 부끄러움
이 최고의 지위를 차지하고 있기 때문에 체면을 잘 지킨
다.

『국화와 칼』에서 베네딕트는 일본인들은 서구인과 비
교하여 남을 의식하며 부끄러운 감정을 강하게 갖는 특징
을 갖고 있다고 했다. 즉, 서구인들은 기독교 문화의 영향
으로 도덕적인 양심에 의해 자신을 보는 데 비하여 일본
인들은 자신을 보는 것보다는 남을 보는 민족, 즉 자아가
약한 민족이라는 날카로운 비판을 하고 있다. 그에 대하
여 일본인 학자들 가운데에는 그것을 비판하는 사람도 있
으나 인정하는 사람 또한 많다. 항상 논재의 대상이 되어
온 『국화와 칼』은 학자들뿐만 아니라 일본 대중들도 꾸준
히 애독하는 책이다.

위에서 말한 것처럼 일본인들은 남이 어떻게 생각하는
가에 모든 신경을 쓰고 남의 판단을 기준으로 해서 자기
의 행동 방침을 정하므로, 모두가 같은 규칙으로 게임
(game)을 행하고, 서로서로 지지하고 있을 때에는 무엇이
든 거뜬히 해낼 수 있다고 생각한다. 그들은 그것이 일본
의 '사명'을 수행하는 길이라고 생각하며, 게임에 열중한

다. 그러나 일본 특유의 도로 표지가 통용하지 않는 외국
에서 모두가 같은 규칙 아래 잘못된 방향으로 내달리기만
하면 매우 곤란하게 된다. '대동아'에서의 실패가 그것이
다.

2 일본인론·일본 문화론

(1) 일본과 일본인의 경계

일본에서 거주하는 외국인들은 일본에서 오래 살면 살수록 외로워진다는 말을 자주 한다. 정을 나누기 어렵다고 하는 한국 사람도 있다. 그것은 일본인이 정을 표현하는 방식이 다르기 때문이다. 일본에서 오랫동안 유학하는 학생이나 취업한 한국인들은 문화적으로는 일본인처럼 행동을 하거나 적응하고 있지만 일본인 집단에는 들어가지 않고 언제나 곁에서 빙빙 돌기 때문에 외롭다고 느끼는 것이다. 반대로 일본인 집단 안에 들어가서 지내는 사람은 오히려 안정감을 느낀다. 이 말은 문화적 적응과 사회적 적응이 다르다는 것을 의미한다. 그러므로 일본 사회에 적응하기 위해서는 그들 조직 안으로 들어가지 않으면 안 된다. 그런데 일본인들은 그들 사회 집단을 잘 개방하지 않는다. 제도적으로 개방된 경우에도 인간 관계에서는 잘 개방하지 않는다. 이러한 태도는 일본 문화로서 만들어져 온 것이지 원래 생물학적으로 형성된 것은 아닐 것이다. 좀더 확대해서 말하자면 일본인이라는 경계도 역사적으로 형성된 것이라고 할 수 있다.

근대 국민국가는 땅이 신성한 국토의 관념을 발생시키

고 흙을 품고 다니는 사람이 애국자의 표상이 되기도 하였다. 그러므로 국민은 국토를 떠나서는 안 되고 국토를 사랑하는 것이 국민의 중요한 임무였다. 그리고 국민이 국토의 소유주라는 애국 사상을 키워 왔다. 한국인은 한국과 숙명적으로 이어진 관계이고, 일본인은 일본이라는 땅에 결박되어 있는 것 같았다.

그러나 살펴보면 국가가 언제나 국민을 국토에 결부시키려고만 한 것은 아니다. 때로는 국민을 버리거나 이민시킨다. 일본은 제2차 세계 대전이 일어나기 전에 일본 국민이 아이누〔アイヌ〕나 오키나와〔沖繩〕인 등을 중심으로 대만인, 한국인 등을 포함하는 다민족국가라고 주장하였다. 그러나 전후에는 재일 대만인이나 재일 한국인을 배제하고, 단일민족국가임을 내세웠다. 좀더 거슬러 올라가면 아이누를 필요에 따라서는 일본인으로 취급하고, 때로는 제외시켰다. 즉, 아이누가 사는 홋카이도〔北海道〕를 일본 영토라고 주장하기 위해서 아이누에게 일본인 자격을 부여하고 이용하였던 것이다. 그것과 비슷한 논법으로 일본의 대국화를 위해서 당시 식민지의 조선인 심지어는 한족, 몽고족 등을 포함하여 대동아 공영권을 건설하려고 했던 것이다.

민족(民族)이란 말은 보통 종족(種族)이라는 생물학적인 말에 대립된 문화적인 의미를 갖는다. 그러나 민족이라는 말도 생물학적인 개념을 완전히 벗어난 것은 아니

고, 오히려 그것을 문화적으로 인식한 것에 불과하다고
할 수 있다. 예컨대 소수 민족의 중요한 기준은 역시 생물
학적 요인이라고 할 수 있다. 또 민족을 바탕으로 국가를
세우기 때문에 민족이 바로 국가를 의미하는 경우가 많으
며, 민족주의와 국가주의는 흔히 일치하기 때문에 내셔널
리즘(nationalism)을 민족주의라고 번역하기도 한다. 민족
이라는 개념에는 생물학적 요인 외에 언어, 신앙, 풍속,
심리적 특징 등이 중요한 요인으로 작용하고 있다.

  제2차 세계 대전이 일어나기 전 홋카이도와 오키나와
는 일관해서 일본이었으나, 한국과 대만은 식민지였다.
그러나 그 경계는 명확하지 않았다. 즉, 대만인이나 한국
인은 당시 일본 국적을 가진 일본 국민이었으나 일본인은
아니었다. 당시 연해주나 사할린 등지에 사는 조선인이
일본 국적을 가지고 있었기 때문에 일본은 영토 문제를
다룰 때 이를 이용해서 권리를 주장하고는 하였다. 이를
보면서 대의가 선재(先在)하는 것이 아니라 필요에 따라
대의를 이용하였다는 것을 알 수 있다. 전후 일본이 단일
민족국가라는 신화를 믿게 하려는 정책은 전쟁 전과는 아
주 대조적이다(小熊英二, 『＜日本人＞の境界』, 新曜社, 1998:
4). 일본이 제2차 세계 대전이 일어나기 전 식민지를 지향
할 때는 다민족국가를 표방하였으나 해방 후에는 그것을
포기하고 단일민족주의를 주창하게 되었다는 것이다. 와
진[和人]이라는 일본 민족을 상정하고 거기에 다른 민족

51

을 동화시켜 국민국가의 일본인으로 만드는 정책이다. 전후 일본이 단일민족주의 정책을 펴면서 재일 동포를 더욱 차별하게 된 것이다. 구소련이나 중국에 사는 동포들과 달리 일본에 살고 있는 재일 동포들은 일본 사회에서 정치적이고 사회적으로 차별받는다고 말한다.

다른 나라에 사는 한국인들에게서는 보기 드문 현상이다. 이것이 한국인 스스로의 문제인가 아니면 일본의 문제인가 하는 것을 고려하지 않으면 안 된다. 그러나 그것은 국가의 정책으로, 일본인은 다른 민족의 동화에 대하여 스스로 장벽을 만들어 자신들의 아이덴티티(identity)를 형성하려고 하는 것이다. 이러한 현상은 어느 민족에게서나 있지만, 일본의 경우는 다른 민족과의 접촉이 적었고 다른 민족을 침략하고 지배했었다는 의식 때문에 동화를 선호하지 않는 경향이 강하다. 그런 사회에서 살고 있기 때문에 재일 동포들의 입장이 어려운 것이다.

일본이라는 것은 지리적 경계를 가지지만 일본인은 경계를 초월하여 존재한다. 이처럼 두 가지 개념은 별개이지만 실은 연관되어 있다. 일본인이 사는 곳이 일본이고, 일본이라는 국토에 일본인이 존재하는 것이다. 원래 땅은 누구나 차지하고 살 수 있는 곳일 것이다. 그러나 거기에서 국민이라는 관념이 창출되고, 국토를 신성화함으로써 국민의 자격을 부여하는 권위의 원천이 될 수 있는 것이다. 일본인의 정체는 이러한 국토에서 기인한다.

이러한 일본인의 정체성을 부여하는 보다 원천적인 것
이 일본 문화이다. 여기서 문화라는 것은 인간이 생활하
기 위하여 만들어진 정신적·물질적 생활 양식 및 도구라
고 할 수 있다. 의식주, 언어, 예술, 종교, 학문 등 일상적
인 것과 비일상적인 것을 포함한다. 이들 문화는 전통적
인 인습으로 전해지는 것을 바탕으로 현재의 사람들이 창
출한 것을 모두 포함하는 개념이다. 특히 근대 국민국가
가 일본 문화로서 정착시킨 것들이다. 예를 들어서 일본
인의 식사는 거의 비슷할 뿐만 아니라 스모[相撲:씨름]나
정월 풍속들처럼 새롭게 전국적으로 일반화된 것도 있다.
특히 국기나 국가(國歌) 등은 근대 국민국가가 창출한 상
징적인 것이다.

(2) 일본 문화론의 변용

일본에서는 많은 국내외의 저자들에 의한 일본인론·
일본 문화론이 무성하다. 일본 서점에는 '일본인론', '일
본 문화론'이라는 코너가 있을 정도로 성황을 이루고 있
다. 일본인 스스로가 일본인이나 일본 문화에 대해 신랄
하게 비판하는 서적들이 많고, 외국인들이 일본 문화를
다룬 것들도 많은 인기를 끌고 있다. 그 중에는 일본 문화
에 대해 긍정적으로 다룬 것도 있지만, 일본을 분석하고

비판하는 부정적인 내용이 주류를 이룬다. 일본인들은 일본 문화나 일본인에 대해서라면 외국인의 비판에도 귀를 기울이는 경향이 있다.

아오키 다모쓰〔青木保〕 교수는『일본 문화론의 변용(日本文化論の変容)』에서 그간의 정황을 일목요연하게 정리하고 있다. 이러한 수많은 일본 문화론은 잡다하게 보이지만 시기적으로 구분해 보면 어느 정도 일관성을 가지면서 변화하여 왔다는 것을 알 수 있다. 1946년부터 1978년까지 일본에서 출판된 일본인론·일본 문화론을 다룬 책은 단행본만 해도 698권이다. 기타 논문과 평론을 포함하면 거의 2,000점이나 될 것이라고 추측한다. 그는 일본 문화론의 변용의 시기에 대해 1945년에서 1954년까지를 부정적 특수성의 인식기, 1955년에서 1963년까지를 상대성의 인식기, 1964년부터 1983년까지를 긍정적 특수성의 인식기, 1984년 이후를 보편성의 인식기, 이렇게 네 시기로 구분했다.

그는 전후의 일본 문화론을 정리하면서, 일본 문화는 일본인으로서의 아이덴티티(identity) 형성에 있어서 중요한 공급원이라고 했다. 일본인은 태평양전쟁에서의 패전에 의한 패배감에서 일본 문화를 근간으로 하여 아이덴티티를 구축하기 시작하였다. 전후 미국 점령 아래에서는 미국에 의해 헌법, 교육 제도, 언어, 경제 등이 미국식으로 될 수밖에 없었다. 그런 점에서 미국의 식민지였던 필

리핀보다도 더 일본이 미국식으로 되어 있다고 한다. 일
본 사회의 급속한 발전에도 불구하고 일본의 문화와 전통
은 여전히 없어지지 않고 지속되고 있다. 최근에는 국제
화에 따른 이민족, 외국과의 빈번한 접촉에 의해 보다 일
본적인 것에 귀착하고 일본 문화를 의식하게 되었다. 그
런 의미에서 보면 비록 전쟁이 끝나고 경제대국이라는 근
대화에 성공했으면서도 불안은 여전히 존재했기 때문에
일본 문화론이 유행한 것이다.

(3) 『국화와 칼(Chrysanthemum and the Sword)』

  전후 일본에서 일본 문화론으로서는 처음으로 가장 기
초적이면서 영향력을 발휘한 것은 말할 것도 없이 앞에서
언급한 루스 베네딕트(R. Benedict)의 『국화와 칼』이다.
이 책이 1948년 일본어판으로 출판되고 1951년 문고판이
나와서 1988년에는 78판의 100만 부를 돌파하였다. 이 책
은 전쟁의 적국인 일본을 상대적 가치 중립적으로 동등한
입장에서 다루고 있다. 즉, 그 나라, 그 민족의 문화를 다
른 나라나 민족의 입장에서 보는 것이 아니고 현지 중심
으로 보고자 하는 문화인류학의 상대적 입장에서 쓰여진
것으로, 서구의 기준이나 가치를 가지고 본 것이 아니다.
그런데 이 책에서 일본인들의 비위를 상하게 한 점이 있

다. 그것은 앞에서도 언급한 바와 같이 일본인들에게는 서구인에 비해 양심이 결여되어 있다는 '부끄러움의 문화'라는 대목이다. 이에 대해서 비판이 없었던 것은 아니지만 근본적으로 도전하려는 일본인 학자는 없었다. 왜냐하면 어떤 일본인 학자가 미국에 한 번도 가 보지 않고 이만큼 미국에 대해서 쓸 수 있을까라는 생각과 미국인이 일본에 한 번도 오지 않은 채 이와 같이 중요한 문제를 어떻게 다룰 수 있었을까라는 것에 압도당할 수밖에 없었기 때문이다. 물론 서구나 미국을 기준의 틀로 사용하였기 때문에 일본을 단순화할 수밖에 없었고, 베네딕트가 일본에 오지 않고 미국 수용소나 일부 주민을 대상으로 한 점에서는 자료적 한계를 갖고 있다. 그래서 단편적인 것을 침소봉대(針小棒大)하여 '일본인, 일본 문화' 운운한다고 비판받을 수 있다. 그러나 해외에서 일본을 볼 때는 어느 정도 단순화가 불가피하다.

베네딕트는 일본 문화의 두 가지 중요한 문제를 제기하였다. 하나는 일본인의 '집단주의'이고, 다른 하나는 '부끄러움의 문화'이다. 그것은 서구의 '개인주의'와 '죄의 문화'에 대치하는 것이다. 이것이 일본 문화론의 중요한 테마였다. 패전으로 실망한 일본인들 사이에서는 일본적인 것에 대한 비판이 일기 시작하였다. 거기에 베네딕트의 설은 긍정적으로 받아들여졌다.

대표적인 것으로 일본 가족을 다룬 가와시마 다케노리

〔川島武宜〕는 일본 가족의 기본 원리로서 권위에 대한 무조건 복종, 개인의 책임감 결여, 비판 의식의 결여, 당파주의 등을 들고 있다. 이러한 시각은 서구 사회를 이상적인 모델로 가정하고 일본 문화는 낡고 열등한 것으로 인정하여 거기에서 탈피하지 않으면 안 된다는 주장이다. 이것이 제1기의 일본 문화론의 특징이다.

1950년대에 들어오면서 일본은 전쟁 직후의 혼란기를 지내고 새로운 시대를 맞는데 이 시기를 제2기라고 한다. 가토 슈이치〔加藤周一〕와 우메사오 다다오〔梅棹忠夫〕의 일본 문화론은 일본의 패배만으로 보지 않고 일본의 근대화와 경제 성장 등 아시아에서 일본의 서구화는 전진된 것이고 그러한 배경에는 일본 근대화를 추진할 수 있는 일본 고유의 특징이 있다는 데에 주목하였다. 가토 슈이치는 일본 문화의 잡종성(雜種性)을 강조하였다. 즉, 서구 문화와 동양 문화가 결합되어 선진 근대화를 수행할 수 있었다는 식으로 긍정적으로 평가하고 있다. 우메사오 다다오는 일본 문화는 계통적으로는 분명히 아시아에 속하면서도 근대화라는 관점에서 보면 서구 제국의 문화와 공유되는 점이 가장 많다는 식으로 전개한다. 이들 일본 문화론은 패배감에 사로잡혀 있던 일본인들에게 많은 용기를 주고 아이덴티티(identity)를 부여했던 것이다.

(4) 종적 사회의 인간 관계

제3기인 일본이 고도의 경제 성장을 이룩한 이후 일본인은 일본 문화에 대해서도 자신감을 갖게 되었다. 이 때 일본인의 긍정적 특성을 밝히는 일본 문화론이 대두되었는데, 나카네 지에〔中根千枝〕의 일본 문화론이 대표적이다. 이 문화론에서는 일본 사회의 인간 관계는 개인주의·계약 정신이 뿌리내린 유럽이나 미국과는 큰 차이를 보이고 있다고 말한다. 나카네 지에는 사회적 인간으로서 '자격'과 '장(場)'의 두 요소를 설정했다. 즉, '자격'이란 성별, 신분, 국적 등 개인을 정체화할 수 있는 요소이고, '장'이란 그 자격이 놓여질 사회적 분야라는 것이다. 일본인은 '자격'을 우선하는 서구인과 달리 '장'을 중시한다는 것이다. 그 '장'은 구조적으로 말하면 틀이고 평면적으로 말하면 테두리가 된다. '안(內)'과 '밖(外)'으로 나뉘어 그 경계를 강하게 의식하는 것이 일본적 인간 관계의 기본이라는 것이다. 사회 구조에는 어떤 조건이 필요한 것일까? '단일 사회의 이론'에 의해 그 본질을 포착해 롱 셀러(long seller)를 계속해 나갔다.

나카네 지에는 『종적 사회의 인간 관계(タテ社会の人間関係)』에서 인도인이 '자격', 즉 신분이나 혈통을 중시하는 인간 관계에 비하여 일본인은 '장'을 중심으로 인간 관계를 형성한다고 주장한다. 종적 사회라고는 하지만 실

제로 인간 관계에서는 '장'을 중심으로 능력주의를 발휘
시킬 수 있다는 점을 지적한다. '팔은 안으로 굽는다'는
속담처럼 '우리'에 대하여 '남'을 의식한다. 이것이 첨예
화되면, 마치 우리 외에는 남이 존재하지 않는다는 극단
적인 인간 관계의 콘트라스트(contrast)마저 볼 수 있게 된
다. 상하 관계를 결정하는 것이 그 사람의 '자격'에 의한
것이 아니라 안과 밖, 또는 일정한 사회적 '장'에 의하여
결정된다는 것이다. 예를 들어서 직장을 이동하는 경우
그가 가진 자격의 고하를 막론하고 신입자라는 것, 즉 새
로운 '장'에 들어가는 것만으로 지위가 아래에 위치한다
는 것이다. 이러한 것은 일시적일지 모르지만 그러한 과
정을 거쳐서 안정될 수 있는 일본 사회의 특징을 서구 사
회와 비교하여 논한 것이다.

　그러나 기업 안에서 상하의 복종 관계 등에 있어서는
루스 베네딕트(R. Benedict)가 지적한 것과 매우 유사하
다. 이 문화론에 대해서는 상하 관계만이 엄격한 일본인
의 의식 구조를 설명하는 것으로 오해하기 쉽다. 나카네
지에가 중국을 다소 의식하기는 하지만 거의 서구 사회와
의 비교, 그리고 이 책이 영문으로도 쓰여진 것을 봐도 서
구 사회를 크게 의식했음을 알 수 있다. 나카네 지에는 한
국 사회와 관련해서 내가 번역한 서문에서 다음과 같이
언급하고 있다.

내가 읽어 본 한국 연구자들의 논고에서만 본다면 아무래도 한일의 인간 관계는 크게 다르다고 생각됩니다. 적어도 한국인들은 일본인보다 개인주의가 강하다고 생각됩니다. 이것은 한국인들이 일본인의 경우보다 복잡한 네트워크(network)를 가지고 있는 데에도 원인이 있다고 생각됩니다. 그리고 흔히 말하는 것처럼 양 사회 모두 서구와 비교한다면 집단주의겠지만 그 집단에 있는 상태, 형성되는 상태, 크기, 기능 등이 크게 다른 것 같습니다. 일본에서는 언제나 항구적인 소집단이 그 핵이 되어 있는 것에 비해, 한국에서는 대집단 형성이 가능하고 그것도 반드시 항구적인 것이 아니라 필요에 따라서 탄력적으로 형성되는 기능을 발휘하는 게 아닐까 생각합니다. 여하튼 전체적으로 한국 쪽의 움직임이 다이내믹(dynamic)하고 복잡한 느낌이 있습니다. 적어도 나에게는 한국 사회가 이런 종적 사회의 이론과는 다른 이론이 나올 모체라고 생각됩니다. 한국과 일본의 차이에 대해서는 여러 가지 의견이 나오고, 때로는 감정적인 요소가 끼어들곤 합니다만, 현실 사회의 과학적 분석에 의하여 이론적으로 그 차이를 명확히 해 가는 것이 양국의 참된 이해에 공헌하는 길이라고 믿습니다.

흔히 한국인에게도 잘 알려진 초밥집의 맛을 내는 전통도 이러한 구조에서 이어지고 있는 경우가 많고, 심지어 큰 회사의 조직이나 대학의 강좌 제도에서도 이에모토

〔家元:종가, 본가〕와 같은 구조를 바탕으로 하고 있는 경우가 많다. 이러한 구조는 부모 자식의 오야코〔親子〕 관계에서 출발된 것이며, 일본인은 이를 오야분〔親分〕과 고분〔子分〕의 관계라고 한다. 대학의 교수님과 학생과의 관계, 그리고 회사의 사장과 사원의 관계 등도 모두 감정적으로 오야분과 고분의 관계의 구조에 바탕을 둔 의식 구조라고 할 수 있다. 일본 대학에서는 아마 독일이나 영국 등의 학제를 도입한 것이기는 하지만 일본식의 오야분과 고분 관계를 가미하였을 것이다.

사쿠다 게이이치〔作田啓一〕의『부끄러움의 문화 재고(恥の文化再考)』도 베네딕트의 이론의 틀에서 그리 벗어나 있지 않다. 이후 일본 문화론은 심리, 경영 등의 여러 분야에서 심화되어 갔다.

예를 들면 도이 다케오〔土居健郞〕의『응석의 구조(甘えの構造)』의 '아마에〔甘え:응석〕'는 누구에게 의존하고자 하는 심리, 즉 우리말의 '응석부리기'를 뜻하는데, 이 '아마에'를 통해 일본 문화의 구조를 밝혔다. 즉, 어린아이가 부모에게 응석부리는 심리가 일본인의 기본적인 사회적 심리, 나아가 일본인의 국민성이라는 것이다. 그러므로 연애를 하거나 누구를 존경하는 것이 이러한 심리를 바탕으로 하고 있다는 것이다. 다시 말해서 정신적으로 자립하여 개성을 가지는 것이 아니라 주위의 상황에 대해 민감하게 반응하고, 그것에 의해 자신을 규정하려는 타인

61

의존적이라는 것이다. 이러한 심리는 서구인에게는 거의 보이지 않거나 크게 작용하지 않는다. 또한 중국인이나 한국인의 심리에도 별로 크게 작용하지 않는다고 한다.

1980년대에 들어서면서 일본이 경제대국으로서 국제적으로도 확고한 지위를 확보하게 되자 해외에서는 일본에 대한 연구가 고조되어 많은 연구 서적들이 나오게 되었다. 그러한 책들은 바로 일본어로 번역되어 서점가에 등장했는데, 그 중에서 유명한 것이 미국인 에즈라 보겔(Ezra Vogel)이 지은 『Japan as No.1』이다. 종신고용제도 등 일본의 전통적인 경영 구조가 일본 근대화에 도움이 되었다는 분석으로, 어찌 보면 근대화를 설명하는 듯한 예찬론이다. 이와 같이 전후 일본 문화론은 일본 경제의 성장, 일본 사회의 근대화와 상응하면서 부정, 긍정, 비판 등의 경로를 밟아 왔다. 이를 요약해 보면 전후 일본 문화론은 베네딕트에서 출발해서 아직도 그 틀 안에서 맴돌고 있다고 할 수 있다.

아오키 다모쓰〔青木保〕는 일본 문화론은 일본의 경제 발전과 비례하는 것이고, 특히 서구와의 관계에서 변화되고 있다고 주장한다. 그의 일본 문화론에는 한국인이나 중국인과의 비교 등에 대해 아예 언급조차 하지 않았다. 일반적으로 일본인론이 '서구 대 일본'이라는 의식을 가지고 있음을 반영하는 것이다. 그런데 그가 최근에 아시아에 대하여 주목하고 많은 관심을 기울이고 있다는 점에서 새로운 일본 문화론을 기대하여 본다.

3 쌀 문화

(1) 쌀 문화의 기원

일본에 온 한국인들은 일본의 밥맛이 좋다고 입을 모아 말한다. 그리고 한때 한국인들이 귀국할 때 보면 일본제 전기 밥솥을 들고 나가는 사람들이 많았다. 그리하여 공항에서 '밥통 같은 사람(바보)' 이라는 눈총을 받기도 했다. 이는 단적으로 한국이나 일본이 같은 도작(稻作) 문화권에 있다는 것을 의미하고, 더욱이 쟈포니카(Japonica)라는 단립형 쌀밥을 선호하는 문화라는 것을 의미한다. 인도와 동남아시아에서는 인도형 벼가 보급되었고 반대로 한국, 중국, 일본 등지에서는 일본형 쟈포니카가 거의 절대적이다. 한국인이나 일본인들이 주식으로 하고 있는 것은 말할 것도 없이 일본형 벼 쟈포니카이다. 우리들이 눈으로 식별할 수 있을 정도로 긴 모양의 벼가 장립형(長粒型)의 인도형 벼이고, 짧고 둥글게 생긴 것이 단립형(短粒型)의 일본형 벼이다. 한국도 일본과 같은 쟈포니카 쌀을 주식으로 한 긴 역사를 가지고 있어, 쌀에 관한 문화에도 일본과 공통점이 많다. 언어학적으로도 쌀과 벼의 단어는 같은 어원이라고 한다. 역사적으로는 주식·부식, 멥쌀·찹쌀, 밥짓기·떡 그리고 낟알을 물에 넣고 짓는 방식도 같다. 일본인 학자들은 쌀농사가 중국 하남(河南)이나 강남(江南) 지역에서 일본으로 전파된 것이라고 밝히고 있다. 쌀 문화에서 가장 오랫동안 주제가 되어 온 것은 전래의 루트(route)를 추적하는 기원설이다. 와타나베 다다요〔渡邊忠世〕의 『벼의 길(稲の道)』과 사사키 고메이〔佐々木高明〕의 『도작 이전(稲作以前)』이 대표적이다. 그들은 벼의 종류를 검토하고, 쌀 문화의 루트를 추적했다.

일찍부터 야나기다 구니오〔柳田国男〕를 비롯한 학자들에 의해 벼의 전파에 대한 연구가 진전되고, 그것이 여러 가지로 수정되면서 실증적으로 연구되고 있다. 처음에는 중국 남부에서 오키나와〔沖縄〕로 들어왔을 것이라는 설, 대륙을 통하여 들어왔다는 대륙으로부터의 북방 전래설, 중국 강남 지방에서 바다를 통해서 전래되었다는 설로 상정되고는 하였다. 이러한 전래에 대해서도 한일 학자들간에는 상반된 의견을 가지고 있다. 즉, 한국 학자들은 쌀이 한반도를 거쳐서 일본에 전래되었음을 주장한다. 일본인 학자 가운데에는 해상의 길을 통해서 전래되었을 것이라는 설을 주장하는 사람들도 있다. 여하튼 한반도를 거쳤느냐 아니냐는 것에 차이는 있지만, 중국에서 일본으로 전래되었다는 점에는 일치한다. 그런데 그것이 중국의 어느 지역인가에 대한 연구는 지금까지 별로 자세히 언급되지 않다가 최근에야 비로소 여러 현지 조사를 통해서 실증적으로 연구되기 시작했는데, 연구된 바에 의하면 중국의 운남성(云南省)에서 일본으로 전래되었다는 설이 유력하다.

쌀은 그것을 재배하는 과정에서 집약 농업에 따른 어려움이 있고, 열대나 아열대가 아닌 몬순 지방에서 재배하려면 저수지와 같은 상당한 부대 시설이 필요하다. 그러므로 인간의 단합과 조직, 그리고 노동의 효과적인 협력 관계 등이 발생하게 된다. 그것은 동시에 농경의례 및 농악(農樂) 등 복합(複合) 문화로서 확대되기 마련이다. 또 노동 교환을 위한 조직이 되기도 하여 마을의 행사에 주요한 역할을 한다. 즉, 농사를 지으면서 쉬는 기간에 농경의례 및 놀이 문화를 즐기는 노동과 오락의 연속적인 복합적 성격의 농경 문화를 수립하였다.

한·일간의 생업에서 가장 유사한 점은 말할 것도 없이 쌀밥을 먹는 도작 문화를 공유하고 있다는 것이다. 쌀 문화는 원천적으로 식물에 관한 연구를 통해서 밝혀져야 할 부분이 많기는 하지만, 인간이 그것을 선택하고 재배하였다는 점에서 문화라고 할 수 있다. 그것은 동시에 사회 조직의 문제와 의례 등 문화적 행위를 많이 포함하고 있는 복합 문화이기 때문에 반드시 비교해 볼 필요가 있는 중요한 분야라고 할 수 있다. 특히 고고학, 역사학, 문화인류학 등에서 주목하고 있다.

  일본인들은 쌀 문화의 기원에 대해서 관심이 높다. 오누키 에미코〔大貫惠美子〕는 쌀 문화가 일본 문화의 근본을 형성하고, 일본인의 정체성을 유지하는 기본적인 사상이라고 주장하였다. 이것은 갑작스러운 주장이 아니다. 이미 많은 일본인 학자들은 쌀 문화야말로 가장 일본적인 것이라면서 서구화와 더불어 쌀 문화에서 멀어지는 것에 대해 크게 우려를 표하고 대책을 세우고 있다. 예를 들면 학교의 급식에서 빵을 주식으로 할 경우 쌀 문화에서 멀어지기 쉬운 점을 우려해서 밥을 주식으로 하는 등의 배려를 하고 있는 것이다. 일본인들이 쌀 문화를 가지고 일본인의 정체성을 형성하는 점에 대해 한국인은 반감을 가질 것이다. 쌀 문화야말로 한국 문화의 중심이라고 생각하기 때문이다.

  농촌 인구의 과소화 현상에 대하여 일본 정부는 농업의 위기로 인식하고 그 대책을 세우고자 노력하였다. 전통적으로 벼농사는 민족 산업이라 할 수 있으므로, 국민의 압도적 다수를 점해 왔던 농촌 인구의 과소화는 농업의 쇠퇴를 의미하는 동시에 일본 정신의 약화를 의미하는 것으로 생각될 정도로 충격을 받았던 것이다. 쌀농사의 저조를 경제적 가치의 측면보다는 일본 민족 산업의 위기로서 통감하게 된 것이다.

역사적으로 일본 정부는 농업 장려 정책을 적극적으로 실시하였다. 메이지[明治] 정부는 종래 봉건 영주들이 관리하던 농업 관리권을 통합시켜 식산흥업정책을 세웠다. 저렴한 쌀값을 유지시켜 산업 노동자들에게 주식을 안정시키고 수출을 조장하였다. 20세기에 들어서면서 보다 적극적으로 정부에 의한 쌀의 매입, 판매, 비축에 이르기까지 완전히 국가가 통제하였다. 1939년 쌀 배급을 법적으로 규제하였고, 1942년 전시 체제에서는 식량 관리법을 시행, 각종 식료품이 국가 통제를 받게 되었다. 이 법은 전후에 해제되었으나 여전히 소비자 보호라는 명목으로 현재까지 남아 있다. 일본의 경제 일변도적인 근대화 과정에서 발생한 사회적 문제는 주로 농촌 인구의 도시 집중화 현상, 즉 농촌의 과소화(過疎化), 고령화(高齡化), 후계자 부족, 임야의 황폐, 무계획적인 개발 등이다. 이는 동아시아의 여러 나라들에서도 되풀이되고 있는 것이다.

일본에서는 농촌 인구의 과소화 현상에 대응한 농촌 활성화 방안의 하나로 농촌 살리기 운동이 실시되고 있다. 1960년대 고도 성장기를 맞아 도시 산업 노동자들의 임금이 올라가면서 정부는 농민의 수입을 올려 주기 위하여 몇 번이나 쌀값을 올렸다. 이것은 농업이 쇠퇴하는 것을 막아 농업을 조성하고 농민을 보호하려는 정책이었다. 그런데 생활이 부유해지면서 쌀밥을 멀리함에 따라 쌀 소비량이 감소되고 쌀이 남아돌게 되었다.

1968~1971년, 1976~1979년에 정부는 쌀을 대량으로 매입하였으나 그것만으로는 충당할 수 없어서, 1980년대에는 농민으로 하여금 농사를 짓지 않도록 하고 그 손해분에 대하여 국가가 보상해 주는 정책을 써 1988년 농지의 30%가 휴한지(休閑地)가 되었다. 한편, 쌀밥의 학교 급식, 술 만들기 장려, 쌀로 만든 각종 선물용 과자 등 쌀의 소비량을 증가시키는 소비확대정책도 썼다. 쌀 자체도 선물을 할 수 있도록 예쁘게 포장을 하여 백화점에 내놓았다. 유통 구조도 편리하게 하여 전국 어디에서나 산지로부터 질 좋은 쌀을 살 수 있게 하였다. 정부의 쌀 판매 정책의 조류와 함께 오코시〔おこし:쌀과자〕를 개발하고 보급·판매하여 관광 토산품으로 정착시켜 성공한 기업도 생겨났다.

정부에서는 농촌 문제를 주로 쌀농사 위주로 다루었다. 사회 구조의 변화에 대해서는 정부로서는 손대기 어려운 문제였다. 사회학자, 문화인류학자 등 전문가들은 결혼 문제를 비롯한 많은 농촌 문제를 연구하기 시작하였다. 일본 여성이 농촌 남성과의 결혼을 기피하게 되자 일본 농촌 총각들은 경제적으로 낙후된 필리핀 등 동남아시아 여성들과 국제 결혼을 선호하는 현상이 생겼다. 이러한 국제 결혼은 가족과 마을의 생활 등에 있어서 많은 문제를 안고는 있어도 국제 결혼이 농촌의 결혼 문제를 해결할 수 있는 중요한 방법이었다. 또한 농촌 총각이 국제 결혼을 함으로써 농촌에서도 국제화가 이루어졌다고 할 수 있다.

농촌을 보호하고 살리기 위한 '과소 지역 활성화 추진 모델 사업', '마을 만들기 운동'의 전개는 주로 정부의 정책으로 이루어졌지만, 농촌 살리기의 주체인 농민들이라고 농촌의 문제를 그냥 속수무책으로 방관하고 있었던 것은 아니다. 그들도 나름대로 농촌을 살리기 위한 노력을 해 왔다. 즉, 농민이 주체가 되어 국가의 여가정책, 마을 단위의 농촌 개발이 이루어졌다.

(2) 찹쌀 문화

아시아에는 기층 문화로서 쌀 문화를 두 지역으로 나눌 수 있다. 하나는 끈기가 적은 장립형(長粒型)인 인디카(indica)가 보편적인 지역이고, 다른 하나는 끈기가 많은 쟈포니카(Japonica)를 좋아하는 동아시아 지역이다. 동남아시아에는 찹쌀을 주식으로 하는 타이(Thai)족이 있다. 나는 수 년 전에 중국 운남성(云南省) 쿤밍(Kunming)의 남방에 있는 시쌍판나 지방을 방문하여, 소수 민족인 타이족, 부랑족 등의 마을들을 돌면서 그들의 도작 문화를 조사한 적이 있다. 타이족은 거의 예외 없이 찹쌀밥을 일상식(日常食)으로 하고 있었다. 어느 집을 방문했더니 점심으로 준비해 둔 찹쌀밥을 주었다. 한·일 양국에서는 찹쌀을 상식(常食)으로 하지 않으며, 찹쌀로 주로 떡을 만든다. 나는 찹쌀의 식용을 조사하여 도작 문화의 특징을 찾아보았다.

정월에 나이를 한 살 더 먹는다는 의미에서 떡국을 먹는 것은 한국과 일본이 같은 벼농사 문화권에 있다고 하는 것을 상징한다. 쌀 문화권의 특징 중 하나는 떡 문화이다. 보통 찹쌀은 약밥, 약식 등의 의례식에 주로 쓰이지만 그 양은 멥쌀에 비해 적다. 한국에서는 정월의 설날에 먹는 흰떡을 멥쌀로 만들지만 일본에서는 가가미모치〔鏡餠:설날에 먹는 찰떡〕를 비롯한 모든 떡을 기본적으로 찹쌀로 만든다. 그래서 일본에서는 찹쌀을 모치고메〔餠米〕라고 부른다. 종교성·의례성이 강한 것을 한국에서는 멥쌀로 만들고, 일본에서는 찹쌀로 만든다. 지금도 가정에서는 일반적으로 떡을 찹쌀로 밥을 지어 찧는 식의 순서로 만든다. 떡은 한·일 양국 모두 의례적 의미를 가지고 있지만, 일본에서의 재료는 찹쌀이고 한국에서는 멥쌀이다. 또한 식생활을 상징하는 정월의 세찬(歲饌)에 있어서도 한국과 일본은 매우 대조적이다. 한국에서는 추석에 멥쌀로 만든 송편을 바친다. 이것은 멥쌀을 물에 담갔다가 물을 빼고 가루로 만들어 반죽하여 만두 같은 형태로 만들어 솔잎 위에 얹고 찐 것이다.

일본인의 떡이 원칙적으로 찹쌀을 원료로 한다는 것은

일본인들이 한국인들보다 찰기, 즉 끈기 있는 음식을 선호한다는 것을 의미한다. 한·일 양국이 멥쌀을 주식으로 하는 것은 같지만, 찹쌀을 사용하는 비율이나 사용 방법은 다르다. 벼농사 문화권에 있어서 한국은 찹쌀을 사용하는 비율이 낮다. 한국인이 끈기가 있는 음식물을 그다지 좋아하지 않기 때문이다. 이것은 한반도가 일본열도보다 멥쌀에 적합해서라기보다는 일본인이 한국인보다 끈기를 좋아하기 때문일 것이다. 일반적으로 일본인은 끈기가 있는 음식물을 좋아한다. 예를 들면 일본의 식탁 위에는 삶은 메주콩, 다시마, 오크라(okra) 등의 끈기 있는 것이 빈번히 오른다.

찹쌀 문화는 일본을 비롯하여 동남아시아에 널리 분포되어 있다. 이러한 찹쌀 문화는 마이크로네시아(micronesia)나 폴리네시아(polynesia) 등지에서 타로(taro)를 주식으로 하는 끈기를 좋아하는 문화권의 영향이라고 한다. 오키나와〔沖縄〕의 전통 떡인 '난뿌'를 만드는 과정을 보면 이를 유추할 수 있다. 나고시〔名護市〕 데이마〔汀間〕촌의 다마키〔玉城〕 씨에 의하면, 찹쌀을 5~6시간 물에 담가 두었다가 가루로 만들고, 가루를 자루에 넣고 물에 부어 점성기를 약간 없애면서 주물러서 개어 맷돌로 몇 시간 눌러 둔다고 한다. 그리고 그것에 흑사탕, 생강, 된장, 향료 등을 섞어서 솥에 찐다. 이렇게 만들어진 떡을 신에게 바친다. 이런 방법은 타이완(Taiwan)에도 있다고 한다. 벼농사 문화권 안에서의 변화로 생각된다.

와타베 다다요〔渡部忠世〕는 찰벼 재배를 기준으로, 인도네시아 내륙 고위도 지대의 벼농사 문화권을 아시아와 비아시아로 구별했다. 남방에서는 타로 등 주로 끈기가 있는 것을 먹던 입맛에서 찹쌀을 좋아하게 된 것이다. 다시 말해서 근재(根栽) 농경의 영향을 받았다는 것이다. 예를 들면 얌(jam)이나 타로의 미각에서 끈기를 선호하게 된 것이라는 설이다. 그런 영향권에서 연맥(燕麥), 그리고 찹쌀 등의 찰기 있는 곡물을 재배하게 된 것이다. 이러한 끈기 있는 음식(sticky food)에 대한 집착에서 '찰벼 재배권'이 성립되었다고 생각한다. 그런 점에서 한국은 그 찰벼 재배권으로부터 멀다고 할 수 있다.

벼농사 문화권에서 특히 중국 중앙부, 일본열도는 떡 문화가 현저히 발달한 지역이며, 중국 동북부, 한반도, 동남아시아의 많은 섬들이 떡 문화권에 포함된다. 떡은 쌀을 가루로 해서 쪄서 만드는 방법이 기본이다. 동남아시아, 중국 남부, 타이완, 일본, 한국 등에서 주로 만드는데, 만드는 방법은 크게 둘로 나눌 수 있다. 하나는 찹쌀이나 멥쌀을 밥과 같은 상태로 만들어 절구에 찧어서 모양을 만드는 것이며, 다른 하나는 쌀을 물에 담가 두었다가 가루로 해서 모양을 만들어 찌는 것이다. 가루를 찌는 방법은 보존성도 높아 고대부터 사용되어 왔다고 생각한다. 전자는 중국의 양자강 지역, 한국, 일본 등에서 만드는 방법이며, 후자가 보다 보편적인 방법이다.

타이족이 찹쌀밥을 상식으로 할 정도이니 일본이 가장 찹쌀을 선호한다고는 말할 수 없다. 그러나 한국과 일본을 비교할 때 찹쌀의 사용도는 일본이 훨씬 높다. 이렇게 볼 때 일본은 한국보다 찹쌀 문화, 즉 끈기와 찰기를 선호하는 문화권에 가깝다고 할 수 있다. 한국 북부의 멥쌀 사용도가 만주 지방의 사용도와 비슷하게 높고, 반대로 남부로 갈수록 찹쌀 사용도가 높아 타이완과 비슷하다가 일본에 가깝게 된다. 이러한 경향으로 봐도 한국에서 멥쌀 사용도가 높은 것은 아마 북방의 밭농사 문화, 즉 벼농사 이전의 잡곡 문화와 관련성이 강하기 때문이라고 생각된다. 벼농사가 산동(山東) 반도를 경유해서 한반도에 들어왔다고 한다면, 분식(粉食) 문화 지역을 통과하게 된다. 그래서 당연히 벼농사는 분식 문화로부터 영향을 받았을 것이니, 가루로 쪄 먹는 방법이 생겼을 것이다. 즉, 점성이 낮은 것이나 멥쌀 사용도가 높은 것은 한국이 벼농사 문화권에 있으면서도 북방형 밭농사의 영향을 받았기 때문인 것이다.

4 일본어 문화

(1) 민족과 언어

재일 동포 사이에서는 한국어가 거의 상실되고 있다. 그만큼 일본어를 모국어에 가깝게 구사한다는 말이며, 동시에 일본 사회에 적응하고 있다는 것이 된다. 중국의 조선족 자치구에서는 아직도 한국어가 살아 있다. 그러나 세대가 바뀌고 또 도시로 갈수록 중국어가 통용되고 있다. 러시아 지역에서는 그런 정도가 심해서 거의 러시아어화되어 있지만, 나는 집단 농장에서 비교적 순수한 한국말이 남아 있음을 확인할 수 있었다. 그러나 일상 생활에서 한국 민족이라 하여 한국말이 통하는 경우는 거의 없었다. 단지 그들이 언어적으로 한국어를 구사하지 못한다고 하여 한민족 의식을 상실한 것은 아니다. 단순히 언어만으로 민족을 규정하기는 어렵다.

언어는 중요한 커뮤니케이션의 수단이다. 나의 윗세대에는 일본어를 잘 구사하는 사람이 많다. 식민지 시대의 국어로 배운 실력인만큼 일본어의 자연스러움은 말할 것도 없으므로, 그것을 구사하여 잘 활용하는 사람이 실로 많다. 그런데 어떤 사람은 그것을 치욕으로 생각하여 일본인을 만나도 사용하려 하지 않고, 일부러 서투른 행세를 하는 경우가 있다. 또한 현재 우리 나라는 스스로 일본어를 배우는 학습자의 비율이 가장 높은 나라임에도 불구하고 일본어에 대해 심한 알레르기를 가지고 있는 사람이 꽤 있다. 일본에서 개최된 어느 한일 교류 모임에서 내가 일본어로 강연을 했더니 거기에 참석한 한 한국 유학생이 한국인이 일본어로 강연했다고 질문 공세를 해서 나뿐만 아니라 많은 청중들을 놀라게 한 적이 있다. 그 학생 개인의 성격 탓일지도 모르지만 내가 아는 바로는 이러한 부류의 사람이 그 학생 외에도 많이 있을 것이라고 생각한다.

언어에도 정신이 있다느니 영혼이 있다느니 하는 말이 있다. 즉, 언어를 잃으면 정신도 빼앗긴다는 말이다. 이러한 생각은 민족혼이 언어에 있다는 것으로까지 확대된다. 그래서 민족이 언어를 잃는 것을 가장 큰 비극으로 여기는 것이다. 그것은 어떤 점에서는 사실이다. 만주족의 예를 들어 보자. 만주족은 한족과 결혼을 하고 한어를 일상어로 사용하면서 만주어를 상실하였고, 따라서 만주족은 소멸하였다고들 한다. 우리는 과거 일본 식민지 시절 일본어 강제 사용 정책에 대하여 지식인들이 한국어를 지키는 운동을 전개해 왔고, 또 식민지 기간이 인도나 인도네시아 등에 비하여 아주 짧았기 때문에 한국어를 지켜올 수 있었다. 이런 면을 통해 우리가 대단한 민족이라는 것을 국제적으로도 인정받았다고 할 수 있다.

그런데 한국인들은 그러한 면을 지나치게 강조한 나머지 다른 예를 알려고 하지 않거나 무시하는 태도를 가지는 것이 문제이다. 재일 동포들이 한국의 국제 공항 세관에서 당한 모욕에 대해 말하는 것을 자주 들었다. 동포이면서 어째서 한국어를 모르느냐는 세관원의 말에 순간 대단한 모욕감을 느꼈다는 것이다. 그것은 한국 민족이면서 한국어를 못하는 것에 대한 부끄러움이다. 그러나 한편으로는 세관원의 단편적인 견해에 대한 비판일 수도 있다. 언어는 접촉하지 않고 사용하지 않으면 잊어버리는 것이 당연하다는 사실을 왜 고려하지 않는가라며 좁은 소견을 비웃는 뜻도 있을 것이다.

다른 나라에 사는 우리 민족은 그 나라에서 잘 적응하기 위해서 필사적으로 언어를 구사해야 하기 때문에 그 나라의 언어를 배우기 위해 부단한 노력을 한다. 한국인이 서구의 여러 나라에 살면서 언어 장벽을 넘기 위하여 피나는 노력을 하는 것은 높이 평가되어야 할 것이다. 일본인 중에도 해외에 오래 산 사람은 일본어를 구사하지 못하는 사람이 많다. 그러나 그들은 일본어를 못하기 때문에 잠깐 일본에 왔을 때 의사 소통의 불편을 느끼는 것 외에 민족혼으로서의 일본어에 대한 의식은 거의 없다. 다만 두 가지 언어를 병행해서 구사할 수 있는 이중 언어(bilingual)가 이상적이라고 생각한다. 재일 동포 가운데에는 한국어와 일본어를 동시에 구사할 수 있는 사람이 매우 적다. 일본어 세대가 압도적이다. 하지만 한국어를 잃고 일본어만을 사용한다고 해서 일본인이 다 되었다고 말할 수는 없다.

재일 동포는 일본어를 사용해도 한민족이다. 예전에는 민족의 요건으로서 언어가 아주 중요하였다. 민족을 구성하는 요건은 혈통, 인종, 언어, 종교, 역사, 문화 등을 공유하는 범주 및 집단이다. 하지만 이젠 언어만으로 민족을 분류할 수 없다. 영국 식민지를 오래 겪은 나라들의 국민들은 영어를 모국어로 하여 성장한다. 물론 영국의 영어 그대로라고는 할 수 없어도 영어임에는 틀림없다. 구소련에서의 러시아어의 영향도 마찬가지이다. 인도나 필리핀 등 많은 나라들이 영어를 국어로 사용해도 민족으로서 떳떳하게 근대 국민국가를 이룩하고 있는 것을 봐도, 그 민족이 민족의 말을 잃었다고 해서 민족 자체를 모두 잃었다고는 할 수 없다. 재일 동포가 일본어화되었다고 해도 한민족으로서의 혈통, 혈족, 관념이나 문화 등은 남아 있다. 그들은 강제 연행 등 식민지 시대의 불행한 역사를 공유하면서도 일본 사회에서 민족의 정체성을 확립하고 있기 때문에 민족을 상실한 것이 아니다.

77

한국인들에게 있어서 일본어는 다른 외국어에 비하여 배우기 쉽다. 우선 한자를 아는 세대는 한자를 보면서 대충 뜻을 파악할 수 있다. 간판 등에 한자가 많아서인지 일본에 처음 와서도 문화의 차이를 크게 느끼지 않는 것이

보통이다. 일본어는 영어나 독일어와 같은 외국어에 비하여 우리말과 문법도 비슷하여 배우기 쉬울 뿐만 아니라 일상적으로 접할 기회도 많다. 우리말의 주격 조사 '가'는 일본어 그대로이다. 내가 대학에서 배운 바로는 이 조사 '가'는 임진왜란 이후에 생겼다고 한다. 그래서 '소가 간다'의 '가'는 일본어의 조사 가〔が〕와 그대로 통하니 이런 경우 단어만 일본어로 대체하면 번역이 된다. 한 마디로 일본어가 제일 쉽게 느껴지는 것은 어순이 한국어와 비슷하기 때문이다.

언어학자들은 일본어의 기원을 한국어에서 찾기도 한다. 신체 부위에 관한 어휘, 또는 수를 세는 어휘 등 대응 어휘를 찾으면서 기원을 찾는다. 그렇다고는 해도 일본어와 한국어와의 관계가 그렇게 밀접한 것은 아니다. 일본어의 모음이나 기초 어휘 등에 있어서는 남방 요소가 크다는 학설이 강하다. 문법이 유사한 것으로 보면 한국어와 관계가 깊다고 생각할 수 있지만 그것도 수 천 년 동안 충분히 변할 수 있는 언어 연대기적 연구에 의해 간단히 한국어와의 밀접성을 주장할 수 있는 확고한 근거가 되지는 못한다. 기원적으로 관계가 멀다고 해도 역사적으로 오랫동안 영향을 주고받은 관계에 있었기 때문에 배우기 쉬운 것은 사실이다.

그러나 일본어가 언어학적으로 쉬운 언어라는 말은 아니다. 쉬운 언어는 따로 있는 것이 아니다. 일본어가 우리

말과 비슷한 점이 있다고 해서 쉬운 언어로 취급해서는
안 된다. 외국인이 일본어의 한자를 읽을 수 있게 되기 위
해서는 오랜 시간이 걸린다. 아니 영원히 불가능할지도
모른다. 한자 '하(下)'를 읽는 방법만 해도 10여 가지라고
한다. 하나의 한자를 각각 다른 발음으로 읽으면서 의미
를 많이 분화시키고 있기 때문이다. 같은 한자라고 해도
들어온 상황에 따라 다르게 음이 정착된 것이니 당음(唐
音), 한음(漢音), 오음(吳音) 그리고 일본인들의 발음 상황
에 의해 생성된 것, 아니면 한자 하나에 의미가 세분화되
어 있다. 현지음보다 일본음에 의해서 의미가 분화된다.
예를 들면 일본어로 영국을 이기리스〔イギリス〕라고 하
는데, 이것은 영국 섬의 하나인 잉글랜드에서 온 외래어
이다. 일본어에서는 원어의 발음을 기초로 하지만 일본만
의 독자적인 외래어를 만들기도 한다. 그것이 원어와는
거리가 멀기 때문에 외래어로 원음을 짐작하기조차 어려
운 경우가 보통이다. 그것은 한자를 받아들이면서도 원음
을 기초로 해서 일본식으로 읽어 온 오랜 역사와도 일치
한다.

　일본에 비해 한국에서는 원음을 중시한다. 그래서 대개
의 외래어는 외국어 발음과 가깝기 때문에 외래어를 보면
그 외국어의 본래 발음을 짐작할 수 있다. 외래어는 자국
어의 다양성을 위한 혼용이지 외국어를 배우기 위한 것이
아니다. 여하튼 일본어에서는 외래어가 거의 일본식으로

만들어지기 때문에 외국인으로서 일본어를 대할 때 한자
와 함께 꽤 어려운 대상이어서 이 외래어를 익히기 위해
서는 부단히 노력하지 않으면 안 된다.

　외래어에 대한 태도는 나라마다 다르다. 프랑스나 한국
처럼 민족주의가 강한 나라는 국어순화정책을 강하게 펴
기 때문에 외래어를 축출하려고 노력한다. 한국은 특히
식민지의 잔재라고 여겨지는 일본어에서 나온 외래어를
축출하기 위하여 많은 노력을 한다. 예를 들면 '와리바
시', '우동' 등이 대표적인 예이다. 한국에는 쪼개어 쓰
는 젓가락이 없었기 때문에 와리바시〔割箸〕에 해당하는
적당한 한국말이 없다. '위생저(衛生箸)' 니 '나무젓가락'
이니 하는 말로 대체해 쓰지만 가장 본질적인 특징인 '쪼
갠다' 의 의미를 가지지 못하기 때문에 다른 말로 대체하
기 어렵다. 그럼에도 불구하고 이 말을 없애고자 노력하
는 것은 식민지 잔재의 청산이라는 논리 때문이다. 이와
같이 외래어에 있어서도 한국은 합리적인 사고를 하기보
다는 식민지 잔재 청산이라는 감정적인 태도를 취하는 경
우가 종종 있다. 그러나 외래어는 효율적인 커뮤니케이션
의 기능을 하고 있으므로 그러한 외래어 정책이나 민간
운동은 중지되었으면 한다.

(2) 일본어의 기원

말과 글은 하나의 언어(言語)를 의미하는 것으로 한국이나 일본은 지금까지 알려진 바로는 같은 어족(語族)에 속한다고 한다. 그러나 언어 기원의 문제는 오랫동안 해결하기 어려운 난제 중의 하나이다. 일본어가 알타이어 계통의 언어라는 데에는 상당한 논란이 있고 실제로 일본의 언어나 문화 등에는 남방 문화적 요소가 강하다고 한다. 그런데 실증적인 어학이면서도 때로는 민족 중심으로 기원을 말하는 학자도 적지 않다. 하지만 여기서는 그러한 기원이나 민족주의적 문제를 다룰 여유는 없다. 다만 한·일 양국에 있어서 언어에 대한 태도가 상이하다는 데에 주목하고 싶다. 그것은 한국인들이 언어 중에서도 '말' 자체에 관심을 가지고 기능을 중요시하는 데에 비하여 일본인들은 말과 글을 함께 중요시하는 경향을 발견하였기 때문이다.

일반적으로 말에서 문자언어로 발전하는 경향이 있다. 어린아이도 말을 통해서 문자언어를 배우는 것이다. 그것은 한국어가 있고 한자의 차용과 한글 문자가 생겨난 것과 병행되는 것이다. 그래서 인류학자들은 오랫동안 말에서 문자로 발전하는 것을 과신하여 문자를 갖지 못한 무문자(無文字) 민족을 야만시했으며, 그들을 미개 야만 민족이라 불렀다. 동아시아에서 일찍이 문자를 가진 민족은 한족이었고, 우리는 일본이나 베트남과 함께 한자를 빌어 오랜 역사 동안 사용해 오고 있으며, 이러한 나라를 묶어서 한자 문화권(漢字文化圈)이라 한다. 하지만 같은 문화권이라 해도 각 나라의 한자에 대한 감각이나 태도는 다르다. 베트남은 완전히 한자를 포기하였고, 일본은 국한문 혼용을 일상화하고 있다. 북한은 완전히 한글화하여 한자를 추방하였고, 한국은 한때 한글 전용화를 시도하였으나 지금은 부분적으로 한자를 사용하는 혼용이 이루어지고 있다. 이러한 언어 정책에는 각각 민족주의나 실용주의 등의 이유가 있을 것이다.

5 교육

(1) 일본 대학에서의 강의

처음 일본 대학의 교수가 되어 일본에 왔을 때가 기억난다. 20여 년 전에 일본에 유학했던 학생 때와는 전혀 다른 일들이 하루하루 눈앞에 펼쳐지고는 하였다. 한국에서 거의 20여 년간의 대학 교수를 지낸 나로서는 일본 대학 교수로서의 생활이 문화적 충격으로 다가왔다. 나는 눈으로 대학의 현실을 확인하려는 듯 중요한 회의에는 거의 빠지지 않고 참석하였다. 아니 모든 것을 관찰 연구의 대상으로 삼았다. 물론 대학의 수도 많고 또 다양하기 때문에 한 대학을 모델로 하여 전체 일본 대학의 상황을 바로 파악하기란 쉬운 일이 아니었다.

내가 일본 대학 강단에 서면서 가장 실망했던 것은 강의 중에 학생들이 떠들거나 잠을 자는 것이었다. 더욱 실망했던 것은 일본인 교수들이 그것을 보고도 거의 내버려 두는 모습이었다. 정작 교권은 지켜지지 못하면서 학생의 인권만 존중되는 상황이었다. 여러 대학을 돌면서 강의를 한 내 경험상 그러한 현상은 학교 수준에 따라서 차이는 있어도 일본 대학의 전반적인 현상이라고 말할 수 있다. 어떤 한국인 유학생이 학교에서 간행되는 잡지에 일본 유학 생활에서 아쉬운 점으로 이것을 지적하여 한때 교내에서 화제가 된 적이 있다. 나는 이것이 단순한 실망에 그치는 것이 아니라 일본 대학 교육의 문제점이라는 것을 지적하고 싶다.

수업은 대형 클래스에서의 강의와 소형 클래스에서의 토의 수업인 세미나의 두 가지 방법으로 이루어진다. 학생들은 강의실이 좁든 넓든 개의치 않고, 수업 시간에 교수를 별로 의식하지 않고 제멋대로 잡담을 하거나 잠을 잔다. 이것이 지금 일반적인 대학 강의실의 풍경이며, 비단 어느 한 대학만의 문제가 아니다. 여러 대학의 교수들

이 모이면 그것이 자주 화제가 된다. 그러나 그렇게 말하
는 젊은 교수들 역시 전체 교수 회의 중에 서로 잡담하는
것을 보면서 그러한 수업 분위기가 꽤 오래 전부터 이어
져 왔음을 짐작할 수 있었다.

이는 대학에서의 문제 이전에 초등학교, 중고등학교의
교육과 일관되는 문제이다. 인권 침해, 체벌 등이 사회적
문제로 대두되면서 교사들이 교권을 발휘하기 어려운 상
황이 되었기 때문에 학생들이 뭘 해도 그냥 내버려 두게
되었음을 알 수 있다. 입시 교육이라고는 하지만 학생의
의견을 존중하다 보니 교사의 지도력은 상대적으로 약화
되었다. 고등학교에서는 대학 입시가 중요시되지만 대학
에 들어오면 전통적으로 모라토리움(moratorium)이라는
관념이 생기고, 학교 성적은 취직으로 연결되지 않기 때
문에 학교 성적에 신경쓰지 않는 경향이 있다.

내가 유학했던 때와 비교해 보면 대학 생활은 격세지감
을 느낄 정도로 변하였다. 교수들의 보수적인 경향과는
다르게 학생들의 태도나 가치관은 상당히 변화하였다. 또
한 학생들의 학교에 대한 기대는 매우 약해졌다. 그전에
는 출세주의의 영향을 받아 취업을 준비하는 학생들과 사
회 의식을 가진 학생들이 많았으나, 경제적으로 부(富)를
누리는 사회가 되면서 취업의 기회가 넓어졌기 때문에 취
업을 위한 준비나 국가에 대한 의식 등은 거의 희박해졌
다. 그들에게 있어서 대학 생활은 긴장된 사회 생활을 뒤

로 미루는 모라토리움의 기간이라 할 수 있다. 대학 생활은 입시 지옥 교육에서 해방되어 과로사(過勞死)의 직장으로 들어가는 중간 지점, 즉 직장에 들어가는 것을 유예하는 기간으로, 즐기고 노는 시간이라는 관념이 강하다. 따라서 대학은 학생들의 자유를 전적으로 보장하려고만 한다.

일본의 대학에서는 학교의 성적이 절대 평가이기 때문에 교수는 전원에게 최고점을 주는 것이 보통이다. 상대평가를 하지 않는 이유는 학생들이 경쟁하는 것을 막기 위해서이다. 그래서 기업에서는 자체적으로 채용 시험을 실행하고 학교 성적은 거의 반영하지 않는다. 일본 사회는 개인의 뛰어남보다는 집단적으로 협력하는 것을 이상으로 여기기 때문에 경쟁과 시기, 질투를 악으로 보고 있다. 그래서 경쟁적인 특성을 인정하려 하지 않는다. 이런 것이 교육에 그대로 반영되어 있음을 알 수 있다.

이것이 단적으로 나타나는 현장이 바로 교양 과목의 수업이다. 성적에 대한 부담이 없기 때문에 앞에서 지적한 바와 같이 학생들은 수업 시간에 특히 관심을 갖고 있는 부분 외에는 무관심으로 일관하고, 옆 사람과 사담을 하고 잠을 자는 것이다. 강의에 대한 질문은 전무하며, 출석을 하지 않는 학생이 많아서 일반적으로 출석률이 50%를 넘지 못하는 경우가 많다. 대부분의 교수들이 출석을 부르지 않는데, 그러면 결석률이 높아져 공부를 하려는 소수의 학생들만 수업에 참가해 강의 분위기는 좋아지기 때문이다. 반면, 출석을 부르면 출석률은 높아지지만 수업 분위기는 나빠진다고 한다.

나는 이러한 수업 분위기를 바꾸기 위하여 여러 방안을 고안하여 실시해 보았다. 출석을 철저하게 부르는 대신, 영상 자료를 보조 자료로 하는 등 학생들의 관심을 높이려고 하였다. 그러나 학생들의 의견을 들으려 해도 좀처럼 학생들이 발언하려고 하지 않았다. 그래서 새롭게 고안한 것이 출석 카드에 의견을 적도록 한 것이었다. 학생들에게 강의에 대한 감상과 질문을 적도록 요구했다. 출석을 체크하면서 매주 2백여 명의 카드를 읽고 내용을 요약하여 코멘트하고, 특히 관심을 끈 문제에 대한 학생의 의견은 익명으로 코멘트를 해 주었다. 구두 질문이 없었던 학생들이 카드에는 매우 다양하고 재미있는 코멘트를 적어 냈다. 이 출석 카드를 통해서 학생들과 커뮤니케이션이 이루어진 것이다. 특별히 관심을 보인 학생과는 전자 메일을 통해서 대화가 이루어지게 되어 교육의 효과는 매우 높아졌다. 또 다른 방법은 교수 2인이 한 조가 되어 팀 티칭(team teaching)을 한 것이다. 이러한 수업은 실험적으로 이루어졌는데, 그 효과를 인정받아 학교에 소개된 적이 있다.

일반적으로 일본 학생은 한국 학생에 비해서 학교 중심의 교육이 약화되어 있으므로 대학의 열기가 없는 것 같

다. 또한 데모를 하는 등 학생의 사회적 운동이 학교에서
일어나지 않는 것도 한국과는 다르다. 일본 교수들은 한
국 학생들의 강한 학구열을 부러워한다. 그러나 그것마저
후진성으로 간주하는 사람도 있다.

일본 학생들은 대부분 도덕성이나 위생 관념 등 가정
교육이 잘 되어서 학교에서는 이에 대해 그다지 신경을
쓰지 않아도 된다. 강의실 바닥에 침을 뱉는 학생이나 강
의실 내에서 담배를 피우는 학생은 전혀 없다. 시험 중에
커닝 등 부정 행위를 하는 학생이 더러 있다고는 들었으
나 한국 학생에 비하면 거의 없다고 해도 좋다.

일상적으로 한국 학생은 교수에 대한 예의를 잘 지키는
편이지만, 일본 학생은 교수에 대한 예의를 잘 지키지 않
는다. 그렇다고 일본 학생이 지나치게 교수를 간섭하거나
실례를 범하는 것은 아니다. 인사 예의는 오히려 교수 자
신들이 부담이 되어 애초에 학생들에게 인사 받는 것을
기대하지 않는 데에서 기인한 것이라 생각된다.

(2) 일본의 대학 입시

대학의 입학 시험은 국가가 관리하지 않고 대학 자체적
으로 시행한다. 국공립의 경우는 공동으로 입시 일정을
잡기도 하지만 원칙적으로 자유이다. 사립대학의 경우는

3, 4차로 입시를 실시하며, 그것도 일정을 서로 다르게 하여 한 학생으로 하여금 몇 개의 대학 입시를 치를 수 있게 한다. 심지어 한 학생이 15번이나 치는 경우도 그렇게 드물지만은 않다. 학생은 합격되었다고 해서 모두 등록하는 것이 아니고 합격한 몇 개의 대학 중에서 선택하기 때문에, 각 대학에서는 그것을 감안하여 대개 정원보다 적게는 10%에서 많게는 30%까지 합격자 발표를 하여 신입생을 확보하려고 한다. 등록 상황에 따라서 때로는 정원보다 줄기도 하고 정원을 훨씬 넘기도 하는데, 정원 미달의 경우를 감안하여 그대로 전부 합격생으로 인정하게 된다. 문교부가 인정한 정원은 형식적으로 지킬 뿐이다. 등록 인원이 크게 초과하면 그 해는 강의가 대형화되어 추가로 전임 교수나 강사 채용이 이루어지기도 한다.

(3) 일본에서의 출석과 성씨제도

일본 학생의 출석은 부르기가 쉽지 않다. 우선 성을 알기 어렵다. 일본인은 성(姓)이 많기 때문이다. 대체 얼마나 될까. 우리 나라의 성은 약 230개 정도인 데 비하여 중국은 3,000개, 일본은 10만 개나 된다. 한국의 성은 김(金), 이(李), 박(朴), 최(崔), 정(鄭) 등 5성이 대부분을 차지하고 김이 전체의 5분의 1을 차지하지만 일본은 우리와는 전혀

다르다. 일본인의 성은 대개 다나카〔田中〕, 고바야시〔小
林〕 등과 같이 두 개의 한자로 되어 있으며 읽는 방법도
다양하다.

우리는 중국에서 성명제도를 받아들여서 중국의 성씨
제도를 사용한 데 반하여 일본은 성명 제도를 일본식으로
확립하였기 때문에 기본적으로 성격을 달리한다. 일본의
이러한 성명제도는 일본의 가족제도, 사회 구조 등이 한
국과 다르다는 것을 단적으로 반영하는 것이다. 중국의
성명제도에서도 한족 외의 소수 민족 중에서 단자(單字)
성을 사용하지 않고 복수의 한자를 성으로 쓰는 민족들이
있으니 성씨제도에서 보면 일본은 중국의 소수 민족과 비
슷하고 우리는 중국의 한족과 비슷하다고 할 수 있다.

두 개의 한자를 사용하기 때문에 지명과 혼동하기 쉽고
일반 단어들과도 혼동하기 쉽다. 그런데 일본인의 성명은
우리와 본질적으로 다른 것이 있다. 성은 혈통을 나타내
는 것이지만 일본인들은 가족을 나타내는 씨(氏)를 성처
럼 사용한다는 것이다. 예를 들면 결혼한 여자는 남편의
씨를 사용하는 것이다. 본래의 성은 잠재되어 있고 남편
의 씨만을 사용하게 된다. 그러다가 이혼이나 다른 상황
이 생기게 되면 본래의 성으로 돌아가는 것이다. 그러므
로 씨(氏)를 얻는 것은 결혼이나 양자 등을 통해 비교적
자유롭다. 하지만 우리의 경우는 철저한 혈통주의이기 때
문에 성을 바꾸기 어렵고, 성을 바꾸는 것은 아주 모욕적

인 욕이 된다.

일본인은 이름도 다양하다. 그러나 일상적으로는 개인 이름을 거의 사용하지 않고 성을 부른다. 그만큼 성이 다양하기 때문에 변별되는 것이다. 출석부에는 성과 이름이 전부 기록되어 있는데, 출석을 부를 때는 성을 부르고 이름은 성별을 구별할 때 필요하다. 남자인 경우에는 군〔君〕, 여자인 경우에는 산〔様〕이라고 성 뒤에 붙여 부르는데, 성별이 구분되지 않는 경우가 많다. 일본인들은 대개 잘 구별하지만 외국인인 내가 처음 교단에 서서 출석을 부를 때는 일본 문화의 이해도를 테스트 받는 기분이었다.

참고로 일본에서 개인 이름을 짓는 데 특별히 터부시되는 것은 없다. 일전에 아이의 이름을 '아쿠마〔悪魔〕'라고 지어서 사회적 물의를 빚은 적이 있었다. 원칙적으로 작명은 자유이다. 오키나와〔沖縄〕에서는 조상의 이름에서 한 글자를 따는 소위 조명(祖名) 계승이라는 작명법이 있다. 작명뿐만 아니라 호칭에서 이름에 대한 터부가 한국에 비해 아주 적다. 직계존속을 제외하고는 거의 이름을 부를 수 있다. 남편은 물론 아내의 이름도 영원히 부를 수 있다.

(4) 사제 관계의 성립

대학 교육은 전통적 도제 교육에 서구식 세미나를 가미하여 되도록 소수 인원으로 분산시켜 개인 지도에 가까운 소규모의 집단에서 교육을 전개ㆍ진행한다. 즉, 일본의 교육 풍토는 강의보다는 세미나를 선호하는 경향이 있다. 일본인들은 사람이 많이 모이면 좀처럼 자신의 의사를 발표하지 못하기 때문에 모든 효과적인 회의는 전부 소위원회를 구성하여 이루어진다. 일본인들이 소형 집단을 선호하는 경향을 보면 세미나식 교육은 서구적이라기보다는 일본적이라고 할 수 있다. 그리고 학생은 한 교수를 지정하여 일생 동안 인간 관계를 유지한다는 의식이 강하다.

교수 한 사람에게 소수의 학생이 배우는 세미나식 교육은 비교적 끈끈한 사제 관계를 형성한다. 그 교수는 학생의 대학원 진학 및 취업 등을 직접 추천해 준다. 일본에서는 한국에서처럼 강의를 들은 모든 학생을 제자라고 하기 어렵다. 대개 2학년 때에 정한 교수와 3년 동안 밀접한 인간 관계가 이루어지며, 학업을 통해서 교육이 행해진다. 3, 4학년 때에는 교육 과정상 졸업 논문 지도를 하는 수업이 있다.

신입 오리엔테이션에서 어떤 학장이 학생들에게 대학 생활은 자기가 존경하는 한 교수를 찾아서 스승으로 삼는 과정이라고 피력하는 것을 들었다. 학문에 있어서 일본인의 특징 중 하나는 한 교수를 정점으로 제자들이 구성되어 집단적 연구 성과가 이루어지는 구조를 가지는 것이다. 그렇게 학파를 이루는데, 그것은 단순한 학연이나 지연, 혈연의 인간 관계를 중심으로 하는 파벌과는 성격이 다르다. 즉, 사제(師弟)의 학연을 조화한 파벌인 학파라는 것이다. 이와 같이 일본인들은 학문도 사제간의 협력 조직체를 통해서 이루어진다고 생각한다. 일본이 낳은 세계적인 영장류학의 대가 이마니시 긴지〔今西錦司〕는 교토〔京都〕 학파의 대표자이다.

학문은 스승을 정점으로 하는 철저한 사제 관계를 바탕으로 한다. 제자는 스승으로부터 배우지만, 또한 스승은 제자로부터 인정을 받아야만 한다. 스승이 외부에서 유명해도 제자로부터 존경이나 학문적으로 인정을 받지 못하면 결코 대성하지 못한다는 것이 일본적 발상이다. 물론 이러한 제도 안에서는 개인의 능력이 충분히 발휘되기 어렵다거나 파벌을 조성한다는 결점이 지적되고, 개선의 여지가 있다고 한다. 하지만 이러한 의식 구조를 통해서 연구 성과를 올리고 있기 때문에 많은 대학은 정교수를 정점으로 조교수, 강사를 수직적 상하 관계로 구성한 제국 시대의 유산이라 할 수 있는 강좌제(講座制)를 그대로 유지하고 있다. 이런 점에서 일본의 대학은 의식 구조와 제도상, 본질적으로 한국의 대학 조직과 성격을 달리한다.

대학 3학년 때 학과 교수는 자기 세미나의 학생들을 각

각 나누어 가르친다. 학생들과 수업을 하면서 야외 세미나나 여행 등을 통해 인간 관계를 돈독히 하고, 졸업 논문 등에 대해서 자세한 지도를 한다. 학생들은 공적으로는 물론 사적으로도 교수와 가까워져 도제식에 유사한 교육을 받는다. 대학원 진학이나 졸업 후의 취업 등 모든 문제를 지도 교수와 상담하고 추천을 받는다. 그리고 사회에 나가서도 주로 지도 교수를 통해서 학교와의 관계를 유지한다. 결혼식의 주례도 부탁하는 등 개인적인 통과 의례, 관혼상제 등을 통한 관계가 유지되다가 때로는 자식대까지 이어지는 경우도 있다. 그러므로 대학의 입학은 단순히 학문을 배우는 것만이 아니라, 대학에서 존경할 만한 사회적 스승을 만난다는 생각이 일본인들의 사고 구조에 깊게 자리잡고 있다. 그러므로 좋은 대학을 선택하는 것보다는 좋은 스승을 만나야 한다는 의식 구조가 강하다. 물론 좋은 대학에 좋은 교수가 있기 때문에 선호하기는 하겠지만, 좋은 교수가 지방의 삼류 대학으로 옮기게 될 경우 학생들이 따라서 이동하는 것은 일본 사회에서는 이상할 것이 없다.

하지만 대학에서 처음부터 전공 분야에 지나치게 관심이 집중되고, 도제적이며 개인 관계로 사제가 맺어짐은 편식주의 교육이 되거나 교수간의 경쟁심을 낮게 하는 등 부정적인 결점도 초래할 수 있다. 한편, 교육은 결국 인간이 할 수밖에 없다는 관점에서 본다면 처음부터 부모와 같이 인간성에 영향을 끼칠 수 있는 교수가 정해져서 도제식 인간 관계를 통해서 학문을 하는 것이 좋은 점도 있다. 폭넓고 교양적인 인간성보다는 한 교수에 집중적으로 매달리는 식으로 교육이 편중된다는 결점에도 불구하고 학문의 심화와 인격적인 교육이 된다는 것이 또한 장점이다. 그러므로 좋은 교수를 만나는 것이 대학 교육에서 가장 중요하다. 일본에서는 대학 교수가 단순히 교육에만 그치는 것이 아니기 때문에 인격적인 평판도 중요하다. 그래서 한 사람의 교수를 선발하는 데 연구 능력을 인정할 수 있는 연구 성과를 검토하는 것이 가장 우선시되지만, 그 사람의 인간성에 대한 사회적 평판도 큰 작용을 한다.

한국인의 의식 구조에는 학교뿐만 아니라 초현대적인 과학을 자랑하는 의학계에서도 그렇다. 의사들은 동일한 직업인들과 정략적 결혼을 하는 양상을 보이고 있다. 물론 일본의 경우에도 세습적·정략적 결혼이 많다. 그러나 부모가 의학적 선생이 된다는 구조도 깔고 있다는 점에서 우리 나라의 형태와는 그 성격을 달리하는 것이다. 한국 사회에서는 자연 '학문 바카〔ばか(바보)〕'나 '전문 바카'라 불릴 사람은 극히 드물고 오히려 지나치게 약삭빠르거나 '전인적 바카'인 사람이 많기 때문에 교육 향상에 대한 기대는 어렵다. 교육의 개선을 위하여 대대적인 교육 제도의 혁신이 필요하다고 생각한다.

(5) 과외 활동

일본 학생들의 학교에서의 일과는 수업과 클럽(서클) 활동에 집중된다. 수업이 끝나면 학교에는 한 학생도 남지 않는다. 물론 학교 주변에서도 찾기 어렵다. 그래서 일본의 학교 주변에는 학생을 상대로 한 식당가나 상점이 생기기 어렵다. 많은 학생들은 차를 타고 아르바이트를 하러 가거나 다른 취미 생활을 하러 간다. 또한 일본 학생들은 학창 시절에 여행하는 것을 아주 중요한 경험으로 삼는다. 교수들은 오리엔테이션 때에 거의 예외 없이 학생들에게 해외 여행을 권한다. 여행을 좋은 공부로 여기기 때문이다. 반면 학문을 강조하는 사람은 거의 없어서 나는 그것을 관심있게 보았다.

학생들 사이에서는 같은 교수 아래에서 세미나를 하는 학우 관계보다는 엄격한 규율이 지배하는 클럽에서의 선후배 관계를 통해서 보다 깊은 인간 관계가 형성된다. 가끔 선배가 후배에게 기합을 주어서 후배가 죽은 사건이 발생할 정도로 엄격한데, 이것이 일본의 전통적 선후배 관계이다. 부모나 선생님이 강요하지 못하는 것을 선배로부터 강요당하는 것을 그들은 스스로 선택한다. 이는 일본 학생들의 전통적 인간 관계의 단면을 보여 준다.

학교의 전체 학생회는 예전에는 사회적 문제를 일으키기도 하고 때로는 데모를 하기도 하였으나 지금은 조직체

95

로서의 힘을 거의 갖고 있지 않다. 또한 그들은 이데올로기적 사상으로 국가를 의식하지 않는다. 개인이나 직장을 통해서 사회에 공헌하는 것은 가능하지만 국가에 대한 애국심 따위는 문제삼지 않는다. 한국에서 중요시되는 충효의 도덕관도 그들에게는 안중에 없다. 그러한 사고를 비치면 바로 우익 사상을 가진 자로 몰린다.

(6) 취업

각 기업은 대학에서 4학년 신학기 초 취업을 위한 설명회를 실시한다. 이 때 학생들은 졸업 예정자라는 증명서를 세미나 지도 교수로부터 발부 받아 취업 대상에 접근한다. 우리 나라와 마찬가지로 일본에서도 대기업이 인기있는 것은 말할 것도 없다. 여학생에게는 주로 운수, 교통, 관광 관련 직종이 인기가 있다는 것이 조사를 통해 발표되었다. 취업은 시험이나 추천을 통해서 결정되고, 취업 시험은 거의 면접에 의존한다.

내 세미나 학생 중에 한 학생은 다른 학생들도 참고하여 응시하라며 어느 대기업의 면접 경험을 말해 주었다. 면접 처음 단계에는 시험관이 아무런 서류를 보지 않고 그냥 자유롭게 대화를 하는 식으로 진행되어 전체 면접 시험이 2시간이나 걸렸다고 한다. 성적이나 학업 배경을 무시한 채 인간성 및 적성 중심으로 충분한 대화를 나눈 다음에 성적 등을 고려하여 합격의 여부를 결정한다고 한다. 이렇게 해서 취업이 결정되면 학생은 졸업 논문을 작성하기 위해 적극적으로 공부하게 된다. 취업이 결정되었다고 해서 회사가 미리 연수를 시키거나 수업에 지장을 주는 일은 절대 없다. 대개 매년 5월경에 취업이 정해지면 학생은 비교적 안정되어 남은 학교 생활을 의미있게 지내기 위해서 오히려 학생 생활에 더 충실해진다. 대개 졸업하지 못하면 취업이 취소되지만, 회사에 따라서는 졸업이 되지 않아도 중퇴자로서 영입하는 경우가 있다. 인간성이나 적성이 그 기업에 필요한 사람이라는 판단이 선다면 지식이나 기술적인 교육은 회사가 해도 좋다는 사회 구조이기 때문이다.

(7) 교수 채용

한국 대학에서 한참 데모가 성행할 때 '무능 교수 물러가라'는 구호를 많이 들었다. 이에 비해 일본 학생들은 원칙적으로 교수의 능력을 인정하지 않는 발언이나 태도를 취하지 않는다. 그것은 교수 채용이 엄격하기 때문이라고 생각한다.

나는 교수 채용에 관한 선정위원장을 맡거나 많은 인사

회의에 참가하면서 그런 사정을 알게 되었다. 일본의 많은 회의는 거의 사전 협의를 거치는 것이 보통이다. 이를 '네마와시〔根回し:뿌리를 돌린다〕'라고 한다. 어떤 회의든지 갑자기 안건이 불쑥 튀어나오는 일은 없다. 그런 안건은 대개 부결되는 것이 보통이다. 그러므로 인사 회의도 몇몇 사람이 사전에 비밀 회의를 거쳐 학과 교수 회의에 상정하고, 학교 본부와의 협의 및 여과 과정을 거쳐서 전체 단과대학 교수 회의에서 심사위원을 선출하면 거기서 후보자를 선정하고, 그것을 상정하면 최종적으로 중요한 학부 교수 회의에서 그 심사위원장이 심사 결과를 발표한다.

정교수로만 구성되어 있는 인사위원회에서 심의 결정한다. 학부 교수만이 참석한 자리에서 심사위원장은 인적 사항과 경력, 그리고 연구 업적에 대한 소개와 평가를 한다. 대개 장문의 원고를 읽어 가면서 설명을 하는데, 어떤 사람은 400자 원고지로 40장 정도의 분량이라고 하니 한 편의 논문을 읽는 것처럼 진지하고 긴 시간이 소요된다. 듣는 교수 가운데에는 메모를 철저히 하는 사람도 있다. 채용 후보 교수의 모든 것이 도마 위에서 해부되는 느낌이다. 바로 얼마 전에 내가 그러한 과정을 거쳐서 채용되었다는 것을 생각하면 말이 초빙이지 뒷맛이 쓰다. 여하튼 이러한 엄격한 심사 과정을 거쳐서 인사가 이루어지기 때문에 인사에 대한 신뢰감도 크다. 그러므로 학생들이 교수의 실력을 운운하는 일은 거의 없다.

　수 년 전 와시다 고야타〔鷲田小弥太〕가 쓴 『대학 교수가 되는 방법(大学教授になる方法)』이라는 책이 베스트셀러가 된 적이 있다. 대학 교수가 되려면 일반적으로 대학원 박사 과정을 수료해야 하는 것으로 되어 있으나 반드시 그런 것은 아니며 대개는 교수의 명예나 장식적인 성향이 강하다는 것이다. 한국에서는 교수를 채용할 때 거의 필수적으로 박사 학위를 요구하지만 일본에서는 전문가로서의 인정이 더욱 중요하다. 허울 좋은 박사에게 속지 않는다는 것이 상당히 일반적이다.

　일본 대학의 박사 과정은 교수와의 수업이 거의 없고 논문을 심사하는 과정에서만 매우 엄격한 것이 일반적이다. 일본에서는 논문 박사 학위는 거의 명예적 의미가 강해 좀처럼 쉽게 수여하지 않는 것이 전통이라서 박사 학위를 열망하는 유학생들의 불만이 크다. 최근에는 유학생이나 외국인 등을 위해 서구식 박사 과정인 '학술 박사'라는 제도를 만들게 되었다고 한다.

　학위 논문을 심사하기 전에 학생은 교수에게 저녁도 대접할 수 없는 것이 상례로 되어 있다. 미리 선물을 하거나 대접을 하는 것은 '와이로〔賄賂:뇌물〕'의 성격이 강해서 피차 피해야만 한다. 한국 대학에서 흔히 행해지고 있는 심사 전이나 심사 과정에서의 금전 수수와 같은 문제는 일본에서는 일체 없다고 해도 좋을 것이다. 심사 전에는 저녁 식사 한 끼도 대접 못하지만 논문이 완전히 끝난 후 사례를 하지 않으면 예의를 모르는 사람으로 취급받는다. 일본에서는 박사가 되는 비용이 적게 든다고 한다. 그런 점에서 국내에서 박사가 되는 비용보다는 일본에 유학 가서 박사가 되는 비용이 싸다고 할 정도이다.

(8) 교수의 연구와 교육

교수에게는 연구와 교육이라는 거의 동등한 두 가지 업무가 주어진다. 그 중에서도 특히 어느 쪽인가 하면 교수들은 대체로 연구자로서의 길을 더 강조한다. 교육은 학생과의 관계에서 성립하는 것이기 때문에 학생과의 관계가 나쁘거나 학생이 없으면 성립되지 않으나 연구는 혼자서도 가능하고 연구 능력만 인정되면 언제 어디서나 존재 가치를 인정받게 된다.

연구소 소속 교수는 다른 교수들에 비해 연구에 더욱 전념할 수 있기 때문에 연구소에 소속되는 것을 선호하는 경향이 있어서 학생이 없는 연구 기관으로 교수들이 자리를 옮기는 경향마저 있다. 예컨대 '민족학박물관', '역사민속박물관'이나 '국제일본문화연구센터' 등에는 우수한 교수들이 스카우트된다. 우수한 대학 소속의 연구소는 거의 독립 기관으로서 연구에만 전념하는 교수를 보유하고 있다. 하위권 대학 중에 이름뿐인 연구소를 두고 겨우 회지나 발간하는 곳도 가끔 있지만, 대체로 일본에서는 연구소가 알차게 운영되고 있다. 이는 한국 대학이 꼭 본받아야 할 점이다.

일본의 대학 교수가 연구에만 전념하는 사람이 많은 것에 비해 한국의 대학 교수들은 너무나 사회적·정치적이다. 이 곳에서 한국 신문을 받아 보면서 이상하게 눈길이 가는 것은 신문 인사란에 거의 고정적으로 대학 교수의 중요 보직 이동이 실리는 것이다. 이것은 한국 교수의 사회적 역할이나 정치성이 강하다는 것을 단적으로 나타내는 것이라고 생각된다.

(9) 교수 평가

일본의 대학은 교수의 연구 업적을 평가하여 문부과학성에 보고하거나 자체 평가한다. 또 학교는 교수의 연구를 통해서 학교 수준을 높이려 한다. 나는 학교에 제출해 보관하는 개인 연구 업적표에 간단하게 최근에 발표한 몇 편의 논문과 저서만을 적어 낸 적이 있다. 연구 업적을 중요시하지 않는 한국 대학에 길들여져 있을 뿐만 아니라, 또 많이 적어 내면 시기를 받거나 어떤 교수는 '공부만 하면 되느냐'는 식으로 비방하는 경우도 적지 않기 때문에 간략하게 연구 업적을 적어낸 것이다. 그런데 학교에서는 나의 엉성한 연구 업적을 이상한 눈초리로 보는 것이 아닌가. 나는 교수 한 명당 연구 업적이 학교 평가와 직결된다는 것을 나중에야 알고 세세하게 적어 보완했다. 그리고 학교나 문부과학성에서 나의 개인 연구 업적을 적극적이고 긍정적으로 평가해 주는 데에 고맙기까지 했다. 또한 한국에서는 교수의 연구 업적이 학교 사회에서뿐만 아니라 대학원 설립 인가 등에 아무런 고려 사항이 되지 않는 듯하나, 일본에서는 그렇지 않다.

일본의 대학은 교수의 연구를 양적 · 질적으로 평가할 뿐만 아니라 질을 높이기 위하여 연구비를 지급한다. 한국에도 월급에 연구비라는 명목이 들어 있으나 그것을 연구비로 인식하는 사람은 거의 없다. 세금 절세를 위해 연구비라는 명목을 두었다고 공공연히 말하는 것을 여러 번 들었다. 다만 연구비라고 생각하는 것은 개인적으로 교육부나 연구 재단 등에서 타는 것인데, 그것마저 전적으로 연구비로 사용되는 것은 아니다. 그런데 일본에서는 연구비라는 명목으로 되어 있는 것은 엄격하게 연구비로만 사용하도록 되어 있다.

대개 학교는 교수 한 명당 연간 연구비를 책정해 준다. 그것으로 문구류, 연구 기재, 도서 등을 구입할 수 있다. 또 별도로 각종 연구 회의에 참가할 수 있는 출장비와 해외 연구비나 특수 연구비를 설정하였다. 외부 연구비로 문부과학성 과학연구비 등 수많은 연구 재단 연구비를 신청하여 받을 수 있다. 따라서 능력 있는 사람은 거의 몇 가지를 탈 수 있다. 다만 거기에는 연구 업적이 있어야 신청할 수 있고, 철저한 영수증 제도에 의해 실비로 계산하기 때문에 정직하게 연구에만 사용해야 한다. 때때로 돈이 많이 남아 반납하는 경우도 발생한다. 얼마 전에는 어떤 교수들의 공동 연구에서 남은 연구비를 지정된 통장에 넣지 않았다는 이유로 5명의 교수 전원이 해직을 당한 일도 있었다. 전후 최대의 교수 해직 사건이라는 말이 있을 정도였다.

(10) 센몬바카〔專門ばか〕

일본 학자 중에는 '센몬바카〔專門ばか〕', '학자 바카'라고 불리는 사람이 꽤 많이 있다. '바카〔ばか:바보〕'라는 말은 흔히 욕으로 사용되는 말이라서 한국인들도 잘 알고 있다. 최근에 고대 한일 문화의 전래 항로를 추적하는 선상 토론에서 일본인 작가가 한국인에게 '바카야로〔ばかやろう〕'라는 욕설을 해서 물의를 일으킨 적이 있다. 그러나 그 욕설이 때로는 욕설에까지 미치지 않고 '어리석다', '모자란다'는 뜻으로 사용되기도 한다. 또한 좀 더 긍정적 의미의 애칭으로서 사용하여 아내를 '바카'라

고 부르는 경우가 있다. 그런데 앞에 나온 '센몬바카'니 '학자 바카'니 하는 말의 '바카'는 그런 애칭이라기보다는 조금 부정적인 의미의 '어리석다'라는 뜻이다. 즉, 여기서의 '센몬바카'나 '학자 바카'는 학문이나 전공에 열중하다 보니 다른 면에는 어리숙한 사람을 의미한다.

나는 일본인 학자들과 교제할 기회가 많은데 자주 이런 '학자 바카'인 사람들과 만나게 된다. 대개 이러한 사람은 외곬으로 만나자마자 다짜고짜 학문적인 이야기로 시작하여 그 내용으로 일관하는데, 다른 화제가 나오면 무표정하거나 건성으로 머리만 끄덕거리다가 다시 자신의 관심 분야인 전공 이야기가 나오면 신나게 이야기하는 사람들이다. '학자 바카'인 일본인 학자들에게 있어서 이러한 대화는 특별히 예외적인 것이 아니며, '학자 바카'는 비교적 흔히 대할 수 있는 인간상이다. 이러한 분위기는 전문적인 모임에서도 주로 사적인 이야기로 일관하는 한국인 학자들과는 큰 대조를 이룬다.

상당히 전문적인 일을 하는 사람들 중에 '학자 바카'인 사람들이 많아서, 때로는 저런 사람이 어떻게 성공할 수 있었을까 할 정도로 순진하고 단순한 사람도 있다. 그래서 한국인들은 그런 일본인들과 얼마 동안 대화를 나누거나 어느 정도 인간 관계를 맺은 다음에 그들의 단순하고 소박하며 친절한 성품에 놀라는 경우가 종종 있다. 이런 사람들에 대해 한국인 중에는 일본인이야말로 정직하고 근면하다는 식으로 매우 긍정적으로 평가하는 부류도 있고, 한국인보다 마음이 좁고 머리가 나쁜 편이라고 부정적인 말을 하는 부류도 있다. 나는 한국인들이 그렇게 판단하는 것에 대해 전혀 근거가 없다고는 생각하지 않는다. 왜냐하면 문화의 차이나 유사성은 먼저 인간들과의 첫인상이나 첫만남에서 강하게 느껴지기 때문이다. 그러나 그런 인상적인 것들이 반드시 심층적인 구조에서 오는 것인지, 아니면 현상적인 것인지에 대한 것은 여러 가지로 분석을 통해서 점검해 봐야 한다. 특히 현대의 인간은 개성이 강하기 때문에 사회의 어느 일면만을 일괄 단순화해서 개인을 설명하기에는 너무 복잡하다. 단순 논리를 범하기 쉽기 때문이다.

그러나 흔히 우리들이 일본인에게서 느끼는 단순성은 일본인뿐만 아니라 많은 서구 여러 나라의 학자들의 인간상이기도 하기 때문에 고찰해 볼 필요가 있다. 사회가 분업화될수록 사람들의 직업이나 인간 관계도 분화되어 전문인들끼리만 만나기 때문에 사회 전체적으로 볼 때는 단순한 사람들이 증대되어 가는 것이다.

그런데 일본인들의 '센몬바카'적인 전문성은 오랜 전통에서 유래한 것이다. 전통적으로 일본인은 대대로 한 가지 직업에 전념함으로써 사회적 목적을 달성하려는 의식 구조가 강한데, 그것이 한 집의 전통이 되고, 사회적으로도 평판을 얻는 길이었다. 일본인들은 태어나면서 부모를 스승으로 모시고 직업 훈련을 한다. 말하자면 집에서 직업에 대한 훈련을 쌓는, 즉 도제(徒弟)식으로 기술과 숙련을 쌓아서 고도의 기술을 연마하는 등 미세한 부분에 대해서 자신을 가질 수 있는 능력을 가지게 된다. 그야말로 직업을 세습하는 신분제 사회성이 강하다. 이러한 집을 중심으로 한 직업의 도제식 구조는 집을 벗어나서 사회적으로도 확대된다. 이를 이에모토[家元]라고 한다. 오늘날 우리들이 보는 일본 사회는 초현대식 집을 짓고 자동차, 컴퓨터, 고층 빌딩 등 서구 문화와 구별하기 어려운 현대 문명의 양상을 띠고 있다. 그러나 그 내부를 자세히 관찰해 보면 아주 지극히 전통적이라는 것을 알 수 있다. 이는 이러한 이에모토가 살아 있기 때문이다.

6 경제 생활

(1) 한국의 부자

어느 일본인 교수가 한국인 교수의 댁을 방문하고 나서 한국 교수야말로 부자라고 말한 것을 들은 적이 있다. 나도 이 일본인 교수의 말에 동감인데, 또 일본인 교수들은 이처럼 부유한 교수들이 왜 연구비가 없다고 불평을 하느냐고 묻기도 한다. 일본에서 노벨상 수상자가 많이 나오는 것은 일본에 천재가 많다는 것이 아니라 노벨 수상자가 나올 수 있는 풍토와 체제를 갖추었기 때문이라는 것을 명심해야 한다.

그렇다면 왜 우리 나라에서는 노벨상 수상자가 안 나오는 것일까. 그것은 일반적으로 연구보다 부동산에 관심이 많았다는 것을 의미한다. 부동산에 관심이 많다는 것은 그 동안 가난했던 기억이 아직도 생생하기 때문일 것이다. 내가 1970년대 말 한국에 귀국하였을 때 한국의 경제 사정은 일본과 크게 차이가 났다. 생선 가게에서는 생선을 신문지에 말아서 주었고, 전화나 자동차는 아주 상류층 문화에 속했다. 그런 수준에서 지금의 큰 발전이 20여 년 만에 이루어진 것은 놀라운 일이다.

좀 듣기 싫은 말일지 모르지만 흔히들 한국 사람은 돈이 있으면 표정과 마음부터 달라진다고 한다. 한국이 경제적으로 안정되면서 과소비와 향락 산업이 갑자기 성업하는 것도 이러한 경제 의식의 표현이라 할 수 있다. 한국인에게 있어서 부의 축적은 근본적으로 부유한 생활을 누리기 위해서라는 생각이 강하다. 그러므로 부의 축적이라는 결과를 향하여 근면하고 절약하게 된다. 일단 부자가 되면 '광에서 인심 난다'는 속담처럼 돈은 번만큼 써야 하고, 그렇지 않으면 인색한 사람으로 취급된다. 한국은 돈 있는 사람이 인심을 쓰도록 되어 있는 사회라고 할 수 있다.

그런 점에서 아메리카 인디언 사회와 유사한 점이 있다. 그들에게는 포틀래치(potlatch)라는 관습이 있어서 추장은 일정한 때에 촌민들에게 큰 잔치를 베풀어 먹인다. 즉, 추장은 이러한 의례를 통해서 재산의 많은 부분을 없앤다. 그의 재산이라는 것은 결국 촌민들의 노동이나 세금으로 인해서 모아진 것이기 때문에 일정한 형식을 빌어서 돌려주는 셈이다.

우리 나라에도 이와 비슷한 의식 구조가 있다. 그래서 부자는 가난한 사람에게 돌려주어야 할 의무라도 있는 것처럼 큰 행사나 추렴 등에서 항상 다른 사람들보다 많은 돈을 내야 한다. 잔치를 벌여도 부자는 가난한 사람과는 다르게 규모를 크게 하고, 그런 기회를 통해서 사람들에게 인심을 쓴다. 그렇지 않으면 인색한 사람으로 취급받는다. 마을에서 부락 제사를 지내기 위해 비용을 마련하거나 추렴하는 경우에도 부자는 특별 기부금을 내거나 한다. 이것은 부자 스스로가 부의 축적에서 돈을 덜어내는 것이다. 그렇지 않으면 부자는 더욱 부자가 되고 결국에는 빈부의 격차가 심해져 엄청난 갈등 구조를 가져오기 때문이다. 우리가 세금을 내는 원리도 이러한 의미로 이해할 수 있다. 특정 개인이 번 돈을 더 많이 내게 하는 것은 원칙적으로는 개인의 재산을 빼앗는 것이 되기 때문이다.

(2) 일본인의 경제관

재일 한국인 작가 양석일의 『택시 운전사의 일기』에서 읽은 이야기가 생각난다. 가난한 차림의 노인이 장거리 손님이어서 택시 운전사는 요금을 제대로 받을 수 있을까 라는 의아심을 줄곧 버리지 못했는데, 궁궐 같은 집에 도착하고 나서야 안심했다는 이야기이다. 일본인은 단순히 외모만 그런 것이 아니라 한국인에 비해 검소하게 산다. 그것이 미덕이냐 아니냐를 떠나서 그들의 생활 모습인 것만은 사실이다.

일본에서는 하루에 조간과 석간으로 배달되는 신문을 보는 것도 대단한 일이다. 여기에 몇 개의 신문을 동시에 보게 되면 며칠만에 버려야 하는 신문지로 파묻혀 버릴 정도가 된다. 매일같이 발행되는 신문의 지면도 많지만 거기에 끼어 오는 광고지들 때문에 신문은 더욱 묵직해지는 것이다. 그런데 광고지들의 대부분은 물건값이 싸다는 의미의 게키야스〔激安〕라는 글자를 크게 인쇄하여 선전하고 있다. 눈에 거슬릴 정도로 굉장히 요란하게 싸다는 선전을 하는 것도 상당히 일본적이라고 여겨 꼼꼼히 살펴보았다. 이러한 광고지들은 특히 주부들의 눈길을 끌어서 구매를 유도하고 있다. 주부들 몇 사람이 만나면 흔히 하는 대화가 어디 가면 싸게 살 수 있다는 정보 교환이라고 한다. 그리고 함께 물건을 사러 가는 것도 흔히 볼 수 있

는 장면이다. 이렇게 싼 물건을 좋아하고 찾아다니는 것
이 주부들만은 아니다. 학교나 사무실에서도 자주 듣는
대화이다. 개인적으로 사는 것보다는 학교 서무과를 통하
면 싸게 살 수 있다거나 다른 여러 가지 싸게 사는 방법에
대해서 동료들은 친절하게 요령을 일러주기도 한다. 일본
인들은 점잖고 공식적인 자리에서조차도 싸게 사는 정보
에 대한 이야기를 자주 한다. 그러나 일본인들은 물건값
을 깎으려는 생각은 하지 않는다. 말하자면 일정한 장소
에서 물건값을 깎는 일은 하지 않아도 싼 곳을 찾아 헤매
는 것은 좋아하는 것 같다. 일본인들의 이러한 모습을 보
면 정가제가 실시되면서 물건값을 깎으려는 마음이 이렇
게 변형된 것 같기도 하고, 과연 정가제가 잘 실행된다고
할 수 있겠는가 하는 생각마저 든다.

　나는 다소 대범하다고나 할까 그런 데에 별로 신경을
쓰지 않고 살아와서인지는 모르지만, 물건값을 깎아서 사
는 일이 없기 때문에 일본에 와서 일본인들이 싼 것을 그
렇게 선호하는 것을 보니 의아하기만 했다. 더욱이 경제
대국이라는 일본 국민이 이렇게 돈에 대해 쩨쩨한가 하는
경멸감까지 느낄 때도 있었다. 한편, 이와 비교해 한국인
들의 경제관은 돋보이는 듯하다. 한국인들은 물건값을 깎
는 데에 요령이 있다. '말만 잘하면 거저도 준다'는 상인
의 말처럼 고객은 상인과 일정한 흥정 행위를 통해서 물
건을 싸게 사려고 한다. 이것은 일본인들의 싼 것 찾기 좋

아하는 것과 다를 바 없다. 그러나 한국인은 물건값 자체
에 대해 일본인처럼 집착하지는 않는 것 같다. 일본인에
비하면 한국인은 인심을 잘 쓴다고 할 수 있다. 인심이라
는 것은 물건을 아끼지 않는다는 부정적인 의미도 포함되
어 있기는 하지만 돈에 집착하지 않는다는 긍정적인 의미
도 있다. 우리들에게는 '싼 게 비지떡'이라는 속담처럼
싼 것은 좋지 않다는 의식도 있다. 그렇다고 일본인들의
싼 것 찾기가 반드시 궁색을 떨거나 인색하기 때문만은
아니다. 우리들은 일본인의 이러한 싼 것 찾기 좋아하는
태도를 처음 대하면 인색하게 느껴지는 것이 사실이지만,
그것은 잘못이다. 그들의 생활 태도이고 생활 문화라는
인식을 할 필요가 있다. 여기서 이런 일본인의 국민성은
어디에서 기인하는지에 대해 생각해 볼 필요가 있다.

　나는 일본인의 국민성의 장점으로 '근면'과 '절약'을
들겠다. 이러한 국민성은 비단 일본인에게만 해당되는 것
은 아니다. 서구 사회 특히 유럽을 여행하게 되면 그들 나
라 국민들에게서도 '근면'과 '절약'은 강하게 느껴지기
때문이다. 유럽인들의 이러한 국민성은 일본인과 아주 비
슷하고 한국인과는 대조된다고 할 수 있다. 부지런히 근
면하게 일하면 재산이 모이는데, 그 재산을 쓰지 않고 절
약하면 재산이 불게 되므로 결국 부자가 될 수 있다. 한국
식으로 말하면 '굳은 땅에 물이 고인다'는 속담에 해당된
다. 그러나 근면하게 일해서 절약한 결과 부자가 되는 것

과 부자가 되기 위하여 근면하고 절약하는 것은 다르다. 그런 점에서 한국인의 경제관과 일본인의 경제관은 상당한 차이가 있다고 생각한다.

일본인의 경제관을 잘 표현하는 것은 부의 축적 정도에 비례해서 일본인들의 생활 태도가 달라지지 않는다는 점이다. 물론 일본에서도 신흥 부자들이 부를 과시하는 경우가 없는 것은 아니지만, 일반적으로는 부의 축적을 겉으로 드러내지 않는다. 예컨대 일본에서는 작은 회사를 자수성가하여 일으킨 사람이 사장이 되어도 기본적으로는 고생하던 시절의 생활 태도를 유지하거나 그렇게 하려고 노력한다. 이러한 모습은 한국에서도 방송 매체를 통해 자주 등장하는데, 사실 일본 대기업의 지도자들의 생활에서도 이것은 다를 바가 없다. 오히려 이름난 회사 사장일수록 이런 근검 절약형은 얼마든지 존재한다. 특히 일본 직물업의 본산지라고 할 수 있는 교토〔京都〕의 오오미〔近江〕 상인들의 생활 태도는 유명하다. 어느 유명한 사장은 자식들의 아침 식사를 밥과 국 그리고 단무지로만 하도록 전통을 세웠다고 한다. 이것이 유훈이 되어 대대로 자식들이 검소한 생활을 신조로 삼고 있다고 한다. 이것은 단순히 일본인을 칭찬하기 위해 하는 말이 아니라 일본인과 일본 사회를 바로 이해하기 위한 것이다.

그렇다면 부의 축적을 누리지 않으려면 무엇 때문에 부가 필요하겠느냐는 의문이 들 것이다. '부' 자체를 누리는 것과 '일' 자체를 누리는 것은 차이가 있다. 한국인이 전자에 속한다고 한다면 일본인은 후자에 속한다고 할 수 있다. 일 자체에 대한 가치를 발견한 점은 일본이 서구 사회로부터 받은 영향인지 아니면 원래부터 일본 전통적인 것인지는 분명히 말할 수 없다. 아마 두 가지 모두라고 하는 것이 옳을 것이다. 로버트 벨라(Robert Bellah)라는 미국인 학자는 일본의 근대화는 이러한 전통적 가치관을 바탕으로 했기 때문에 성공할 수 있었다고 말한다. 그것은 특히 전통적 종교에서 온 것이라고 하였다. 『Japan as No. 1』을 쓴 에즈라 보겔(Ezra Vogel) 교수도 일본인들의 일에 대한 전통적 태도에 긍정적으로 주목하고 있다. 일에 대해 아주 긍정적 가치를 둔 기독교 정신이 근대화를 이루었다는 기독교식 근대화론을 들먹거릴 필요도 없이 일본인들과 대하게 되면 일을 중요시하는 것을 피부로 느낄 수 있다.

(3) 일본의 국제화

일본은 세계적인 경제대국이 되었고, 이제 또 다른 차원으로의 도약을 위해서 국제화를 서두르고 있다. 경제대국이 된 일본이 세계 시장에서의 그 지위를 계속 유지하기 위해서는 국제화가 사활이 걸린 중대한 것이라는 생각을 하고 있는 것이다. 시골 구석구석에서도 '국제화'라는 말이 유행할 정도이다. 이 말이 비단 서구화만을 의미하는 것은 아니지만, 일본에서는 주로 서구의 합리주의를 바탕으로 하고 있다. 그런데 서구의 근대화를 모델로 하는 많은 후진국·중진국의 나라들과 마찬가지로 일본도 합리주의의 모순을 일으키며 사회적 갈등을 심화시키는 등 여러 가지 문제점을 노출시키고 있다. 그러나 일본은 그런 것들을 비교적 잘 해결하면서 국제 사회로 진출하고 있다. 동양과 서양, 전통과 현대를 잘 조화시키면서 국제화를 진행시키고 있는 것이다. 따라서 일본 문화가 서구 문화와 비슷하다는 것은 일본의 전통을 일방적으로 무시하는 것을 의미하지는 않는다. 지금 또 하나의 새로운 단계, 즉 국제화를 진행하고 있다는 뜻이기도 하다.

현재 일본의 국제화의 중요한 특징은 '경제와 문화의 조화'라고 할 수 있다. 일본인이 '경제적 동물'이라 불릴 만큼 경제 일변도로 세계 시장에 진출하였다는 비판이 일본 내외에서 일었다. 즉, 일본 경제에는 문화가 배제되어 있지 않은가라는 것이다. 그래서 일본은 경제의 문화화에 노력하고 있다. 가나야마 노부오〔金山宣夫〕는 저서『국제 감각과 일본인(国際感覚と日本人)』에서 1950~1960년대는 '수출입국'이라는 '물교(物交)의 시대'이고, 1970년대는 해외 여행의 자유화에 의한 '인교(人交)의 시대'이며, 현재는 물건과 사람의 교류에 따른 정보의 시대, 즉 탈(脱)

국적과 초(超)국경의 방향으로 전개되는 '지교(知交)의 시대'라고 한다. 그는 특히 지교의 시대에 있어서 일본은 일본적 특수성과 보편성에 의한 국제화의 필요성을 주장하고 있다.

한편, 일본인은 전근대적 인습이라고 여겨지는 전통을 대담하게 파괴하였다. 서구 문화와의 유사성을 강조하게 된 배경에는 그러한 동양적 사고 구조에서 탈피하려는 강한 의식이 있었다. 동양의 전근대적 사고를 파괴하고자 하는 의식이 강한 나머지 아시아의 많은 나라들을 침략하였고, 탈아시아를 부르짖었던 것 같다.

현대 일본의 지식인들은 전통주의와 가족주의, 윤리, 도덕, 미신 따위의 전근대적이고 비합리적인 사고 구조를 대담하게 타파하고 그것을 재구성하거나 조직화한다. 하지만 일본의 국제화가 단순히 동양 문화와의 단절이나 외면만은 아니라는 것을 알아야 한다.

7 정치와 종교

(1) 정교(政敎) 분리

일본은 정교(政敎) 분리 정책을 하고 있어서 정치에 있어서 종교를 거의 절대적으로 금기하는 경향이 있다. 즉, 정치와 종교를 엄격하게 분리하고 있으며 지나칠 만큼 종교의 정치 참여를 거부하고 있는 나라이다. 언뜻 보면 거의 모든 나라들이 종교와 정치를 분리하고 있는 것 같아도 실은 그 정도나 양상에 따라서 정교 분리의 정도가 다양하다. 특히 일본의 정교 분리는 다른 나라와 상당히 차이가 있다. 우리가 일본을 바로 이해하기 위해서는 이 점에 주목할 필요가 있다. 우리 나라도 헌법상 종교의 자유를 보장하며 정교를 분리해서 종교의 정치 참여를 막고 있는 점은 일본이나 다를 바가 없다. 그러나 일본의 경우는 정치에 대하여 종교를 금기한다고 표현해도 좋을 만큼 극단적으로 정교를 분리하고 있는 점이 특징이다.

일반적으로 종교는 세속적인 것을 금기하고 회피하는 것이 보통이다. 예를 들면 신성한 사원에 들어갈 때 세속적인 부정(不淨)을 씻고자 간단한 의례 따위를 행하는 것이 보통이다. 그런데 여기서 내가 말하고자 하는 정치가의 종교 금기라는 것은 그와는 반대로 세속적인 정치가들이 종교를 터부시하는 것을 말한다. 세속적인 정치가들이 신성한 종교를 부정하는 현상이 일본에서는 엄존한다는 사실 때문에 그렇게 말하는 것이다. 내가 그렇게 역설적으로 말하는 데는 그럴 만한 이유가 있다.

일본의 정치에서의 종교 금기는 제정일치(祭政一致)의 역사적 비극에서 비롯되었다. 메이지[明治] 유신 이래 일본은 강력한 제정일치의 사회를 만들어 많은 정치·사회적 개혁을 수행하였는데, 결국 패전에 이르러 그것을 모두 포기해야만 했다. 메이지 정부에서는 일본의 민족 고유 신앙인 신도(神道)와 불교를 분리하는 정책을 펴서 폐불훼석(廢佛毁釋)이라는 말 그대로 불교를 탄압하고 전통적 신도를 '국가신도(國家神道)'로 승격시켜 국교화(國敎化)하였다. 그러면서 신도는 종교가 아니라 종교를 초월한 국가 이데올로기적인 존재라고 국민에게 선전하였다. 그래서 제국헌법(帝國憲法)에는 종교의 자유를 인정하면서도 많은 종교들 가운데 신도만을 승격시켜 천황을 정점으로 하는 천황제 신도국가를 만들었고, 그에 반하는 종교를 탄압하였다. 기독교는 근대 천황제 아래에서 끊임없이 비난과 공격을 받다가 국체와 맞지 않는 외교(外敎)로 취급되어 국민 생활에 깊숙이 뿌리를 내리지 못했다. 특히 중일전쟁과 태평양전쟁 중에는 종교 통제가 강화되어 1941년 프로테스탄트(Protestant)의 각 교파들이 강제로 일본기독교단으로 통합되었다. 불교도 메이지 초기에는 천황제국가의 주된 탄압의 대상이었으나 일단 종교의 자유를 얻게 되었다가 천황제 이념에 맞도록 불교의 13종 56파가 13종 28파로 통합되면서 다시 국가의 철저한 통제와 탄압을 받았다. 특히 천황 외의 신을 모시는 신흥 종교에 대해서는 거의 종교적 기반을 잃을 정도로 탄압하였다. 오직 '국가신도'만이 강조되고 성전(聖戰)의 완수, 신의 나라 일본이 불멸한다는 구호만 헛되이 부르짖었을 뿐이다.

여하튼 일본은 종교이면서도 종교를 초월한다는 논리의 천황제 신국(神國)을 창출하였다. 그리하여 위로는 천황, 아래로는 호적 사무에 이르는 행정 말단까지 거의 모든 행정이 천황의 명으로 다스려지는 그야말로 엄격한 신국이 되어 버렸다. 특히 '교육칙어(敎育勅語)'를 통한 국민 교육은 애국 충성을 고조시켜 청소년으로 하여금 국가를 위한 맹목적인 죽음을 유도하였다. 결과적으로 그러한 사생관에 의해 국민은 전쟁 참여의 도구화가 되었고, 결국 패전하고 말았다. 모든 제정일치의 정치 구조가 반드시 전쟁을 일으킨다고는 할 수 없어도, 일본에서는 전쟁이 일어났고, 1945년 패전까지 많은 희생을 치른 것이 사실이다.

그런 결과로 전후 일본인들은 정치에 종교가 금기되어야 한다는 중요한 교훈을 얻었다. 그것은 전쟁의 희생을 치르고 얻은 뼈저린 교훈이라고 할 수 있다. 우리 나라를 비롯한 많은 나라에서는 일본의 근대화의 성공이 이러한

제정일치의 정치 제도에서 기인한 것으로 인정하는 경향
이 있는데, 그것은 일본의 비극적 역사를 잘못 이해한 것
이라고 할 수 있다. 왜냐하면 일본의 근대화만 보고 전쟁
의 결과는 보지 않았기 때문이다.

  전후 일본에서는 정치가 종교에 참여해서는 안 된다는
철칙이 생긴 셈이다. 그러나 언제나 나라가 혼란스럽고
사회 질서를 유지하기 어려워 지도자의 종교적 카리스마
를 필요로 할 때 일본에서는 주로 천황이 그러한 기능을
하였다. 천황이라는 명칭이 처음 등장한 고대 율령제(律
令制) 국가 성립기가 그러한 시기였다. 언제나 천황은 권
력층 지배자들의 주변에 있으면서 지배자가 카리스마를
필요로 할 때 전면에 나서고는 하였다. 메이지 시대의 근
대천황제도 역시 그런 것이다. 그러한 기능 때문에 천황
은 전쟁 발발의 상당한 책임을 져야 할 형편에 이르렀다.
그러나 전후 혼란한 시기에 다시 천황에 대한 카리스마가
필요했기 때문에 역설적으로 천황에 의한 전쟁론이 대두
되었으면서도 결국 천황이 전쟁 책임론에서 제외되었고,
지금까지 천황제를 유지하고 있는 것이다. 일본 정부는
국제 사회에서 일본의 발언권을 강하게 행사하고 싶을 때
나, 또 내셔널리즘(nationalism)을 고조시킬 필요가 있다
고 생각될 때 언제나 천황에 대한 숭배를 표출하고는 한
다. 천황뿐만 아니라 신도와 신사(神社)에 대해서도 관심
을 집중시키고는 한다. 이는 국제화 시대를 맞는 일본이

일본적 상징으로서의 천황의 빛을 더욱 발하려는 것과 또 천황을 중심으로 국체(國體)를 형성하려는 데에 중요한 목적이 있는 것 같다. 이러한 약간의 움직임이 있을 때마다 일본 사회는 여론으로 시끄러워진다.

지금 일본의 신도는 국가 종교가 아니다. 많은 종교법인 중의 하나일 뿐이다. 그러나 아직도 대다수의 국민은 천황과 신사 등에 대해 각별한 신앙심을 가지고 있다. 쇼와(昭和) 천황의 서거에서 보인 국민의 관심이 그것을 단적으로 보여준다. 천황의 병세에 대한 정부와 언론의 대대적인 보도, 장례와 대상제(大嘗祭)에 이르는 일련의 과정 등을 보면 국민의 천황 숭배 의식은 여전하다는 것을 알 수 있다. 이러한 국민의 의식을 잘 알고 있는 정부에서는 그것을 잘 관리하거나 이용하려 한다.

이노우에 히데오(井上秀雄)의 연구에 의하면 고대 일본인들은 스스로 자기 나라를 '왜(倭)'라고 불렀으나 중국에 사신으로 간 사람이 중국인으로부터 '왜'라는 말이 작은 나라로 비하하는 뜻이란 것을 알게 되면서, 나라 이름을 다이와(大和)로 고쳤다고 한다. 일본은 근대 국민국가를 세우면서 다른 아시아 국가들보다 일찍 근대화에 성공하여 제국주의 식민지 침략을 행하였다. 소국으로 인식되었던 일본은 어느 틈에 대국주의에 빠져 아시아를 침략하게 된 것이다. '대동아(大東亞)', '대일본제국', '대한제국' 등 대국주의가 팽배한 시대가 되면서, 나카에 조민

〔中江兆民〕은 대국주의를 비판하는 '소국론'을 발표하였
다. 사실을 존중하라는 깊은 뜻이 담긴 글이었으나 사회
적으로 호응을 받지는 못했다. 보편적인 국민 교육이 일
반화되고 대중 매체가 발전하면서 저널리즘(journalism)
이 대국주의라는 편견적 국가 이데올로기를 더욱 증폭시
켰기 때문이다.

(2) 야스쿠니〔靖国〕 신사(神社)

수 년 전 8월 15일 야스쿠니 신사를 찾아간 적이 있다.
그 날은 일본의 총리대신 나카소네 야스히로〔中曽根康
弘〕가 전범(戰犯)의 위패를 안치한 이 신사를 찾아온다고
했기 때문에, 그 분위기를 직접 느끼기 위해 간 것이다.
총리의 방문 일정이 보도되자 여론은 들끓었다. 총리의
자격으로 이 신사를 방문한다는 것은 국가가 공식적으로
신도(神道)를 인정하는 것이 되며, 또한 전범의 영(靈)을
받들어 모시는 것이니 일본이 군국화되는 조짐이라는 여
론이 비등했기 때문이다. 신사의 입구에는 극우파들이 설
치한 대형 스피커를 통해 국제 정세의 변화에 부응하는
애국심을 호소하면서 총리의 참배를 환영한다는 연설이
울려 퍼지고 있었다. 그리고 마당 안에는 당시 전쟁에서
부상당한 사람들과 군인이었던 사람들이 군복을 입고 총

을 메고 서 있거나 제식 훈련을 하는 모습도 보였다. 나는
섬짓한 느낌을 받지 않을 수 없었다.

예정대로 나카소네 총리는 신전에 올라 머리를 조아리
고 묵념만 하고 단을 내려 왔다. 신도의 의식대로라면 방
울을 흔들고 손뼉 치는 행위를 했어야 하지만 그러한 의
식과는 달리 묵념만으로 끝냈다. 만일 신사의 법대로 했
다면 일정한 종교에 총리 자격으로 참가한 것이 헌법에
위배된다고 문제가 되었을 것이다. 그러나 외국의 수뇌들
이 타국을 방문하였을 때 관례에 따라 방문국의 국군 묘
지를 방문하여 분화하고 묵념을 하는 정도로 신사를 방문
하고 예를 행한 것이기 때문에 헌법에 저촉되지 않는다는
것이다. 나는 그 곳을 나오면서 일본 군국화의 분위기를
어느 정도는 본 것 같아 전쟁의 무서움에 몸서리를 쳤다.
그러나 동시에 그만한 것으로 당장 일본이 군국화된다고
단정지을 수는 없다고 생각하며 마음을 고쳐먹었다. 왜냐
하면 일본에는 전쟁을 싫어하고 평화를 사랑하는 국민이
더 많이 있다는 것을 잘 알고 있기 때문이다.

교과서 문제로 말썽이 되기는 하였지만 나는 일본의 교
육은 아직 건전하다고 생각한다. 많은 일본인들은 젊은이
들이 나약하다고 염려하지만 나는 그렇게 생각하지 않는
다. 오히려 평화를 위해서는 바람직한 모습이라고 생각한
다. 일본의 방송에서 앞에 놓인 버튼을 누르면서 의사 표
시를 하도록 하여 통계를 내 보는 프로그램을 본 적이 있

었는데, 그 때 많은 청소년들이 전쟁이 나면 거의 '도망간다' 고 응답하여 나는 놀라지 않을 수 없었다. 우리 나라에서도 이러한 통계를 낼 수 있을까, 또 이런 응답이 나올수 있을까 하는 생각을 했다. 이 통계가 얼마나 신빙성이있는지는 별개의 문제이다. 하지만 그들이 자유롭게 사고를 할 수 있다는 것만은 분명하다. 많은 일본 사람들은 결코 전쟁을 해서는 안 된다는 적극적인 생각을 가지고 있고, 또 전쟁의 위험성에 대해 경고하고 정치적으로 제재도 가하고 있다. 일본 초등학교 교실에 히노마루〔日の丸: 일본의 국기〕를 달고자 하면 교사들이 반대 운동을 일으키고, 정치가가 종교에 조금이라도 참여하면 비난하는 나라라는 것을 생각할 때, 나는 일본의 군국화는 그렇게 쉬울 것이라고는 생각하지 않는다. 세계 평화 협력안이 일본 국회에서 폐기된 것도 그러한 바탕에서 가능하였다고할 수 있다.

8 농촌 활성화 정책

(1) 일본 농촌의 변화

일본은 아시아에서 근대화에 가장 성공한 나라라고 한다. 이는 고도 경제 성장을 의미하며, 동시에 사회 구조의 변화를 의미하기도 한다. 하지만 급격한 경제 성장과 사회의 변화는 당연히 많은 모순과 갈등을 수반한다. 일본의 선진화는 농민의 도시화·집중화를 전개시키고, 여러 가지 불협 화음을 발생시켰다. 이러한 현상은 일찍이 서구 사회가 근대화 과정에서 이미 겪었던 문제들로, 일본에서뿐만 아니라 근대화와 고도 성장을 하고 있는 동아시아의 여러 나라에서도 되풀이되고 있는 것이었다. 일본의 발전 모델이 동아시아의 다른 나라에서 어떻게 적용될 수 있을지는 알 수 없으나 적어도 참고할 필요는 있을 것이다. 본론에서는 일본 정부의 주도적인 여가 정책이 농·산·어촌에 어떻게 영향을 미쳤는가를 우선 검토하고, 이어서 마을이 정부 주도의 정책을 어떻게 수용하고, 자체적으로는 어떻게 자신들의 문제를 다루었는가를 검토하고자 한다.

일본의 근대화 과정에서 발생한 사회 변화에 따른 문제 중 가장 큰 문제는 농촌의 과소화(過疎化) 현상이다. 즉,

고도 성장기 이후 농촌 인구의 도시 집중화 현상으로 인한 문제이다. 농촌의 과소화, 고령화, 농림업의 후계자 부족, 임야의 황폐, 무계획적인 개발 등의 문제는 일본뿐만 아니라 근대화를 추진하는 급격한 사회 변화 과정에 있는 나라에서 보편적으로 나타나는 것이지만, 일본에서는 특히 농촌의 과소화 현상을 국가나 농민이나 충격적으로 받아들이고 그 대책을 강구하려고 노력하였다. 고도 성장기에 있어서 농업의 쇠퇴를 위기로 인식하고 살리고자 노력하였던 것이다. 남미의 순수한 농업국들이 농업의 자연적인 쇠퇴를 방치하고 있는 것과는 대조적으로 일본은 다른 선진국들처럼 농업의 쇠퇴를 막으려고 전력을 다하였다. 특히 일본 정부가 농업 정책을 적극적으로 실시한 것은 세계적으로 유례가 없을 정도라고 한다.

메이지〔明治〕 이후 일본은 종래 봉건 영주들이 관리하던 농업 관리권을 정부가 통합하여 식산흥업정책을 세웠다. 저렴한 쌀값을 유지시켜 산업 노동자들에게 주식을 안정시켜 주면서 수출을 조장하였다. 20세기에 들어서면서 정부는 전 생산미를 구입에서 판매, 비축까지 완전히 국가 통제하에 두었다. 1939년에는 쌀 배급이 법적으로 규제되었고, 1942년 전시 체제에는 악명 높은 식량 관리법으로 각종 식료품이 국가 통제를 받게 되었다. 전후 이 법은 해제되었으나 여전히 쌀은 소비자 보호라는 명목으로 남아 현재까지 남아 있다. 1960년대 고도 성장기를 맞아 도시의 산업 노동자들의 임금이 올라가면서 정부는 농민의 수입을 올려 주기 위하여 몇 번이나 쌀값을 올렸다. 이것은 단순히 소비자 보호의 정책을 넘어서 산업 발전 때문에 농업이 쇠퇴하는 것을 막기 위하여 농업을 조성하고 농민을 보호하는 정책으로 전환하게 된 것이다.

　해방 전 일본과 한국은 지배와 피지배의 구조였지만 생활상에서 그렇게 큰 차이가 났던 것은 아니다. 또한 전후 일본은 원자 폭탄의 피폭 등 직접적인 전쟁의 피해가 컸기 때문에 한국보다 살기 어려웠다고 말하는 사람도 있다. 일본의 대표적인 인류학자 소부에 다카오〔祖父江孝男〕는 당시를 회고하며 '옷에는 이가 있어서 미군 점령하에 DDT의 세례를 받았고, 아이들은 퍼런 콧물을 흘리고 다니며 겨울에는 손이 텄다'고 했다. 이러한 상황은 내 경험으로 봐도 당시의 한국 사정과 크게 다를 바 없다. 그런데 한국과 일본이 경제적으로 크게 차이가 나기 시작한 계기가 6.25 전쟁이다. 전쟁으로 인해 한국은 경제 상황이 보다 악화되었고, 일본은 고도 경제 성장을 할 수 있었다. 물론 일본의 근대화는 메이지 이후에 축적된 잠재력으로 설명되어야 하겠지만, 한국과 일본의 경제적 격차를 낸 주원인을 한국의 6.25 전쟁에서 찾는 것이 일반적이다.

　1960년대 이후 일본의 고도 경제 성장은 농촌에도 영향을 미치게 되었다. 그 중의 하나가 농민의 도시 집중화 현상이다. 농민의 도시 집중화 현상이라고 하여도 농민 전부가 도시로 이주하는 것은 아니며, 가족 중의 일부만 도시로 나가는 것이었다. 농촌에 기반을 두고 도시로 일자리를 구하러 나가는 것이었다. 즉, 가족 중의 누군가가 단신으로 농한기 등을 이용하여 돈벌이를 위해 일시적으로 도시로 몰리는 현상으로, 소위 겸업 농가가 증가한 것이다. 이러한 도시 일자리형 농가의 수치를 보면 1960년의 175,000명에서 1963년에는 298,000명으로 3년간 70%가 증가했다.

이러한 현상은 농촌의 과소화 문제뿐만 아니라 남녀의 성비나 연령의 불균형도 초래했다. 특히 미혼 여성들이 도시로 나갔기 때문에 농촌 총각의 결혼이 어려워지는 문제가 생겼다. 또 주로 젊은층이 도시로 나갔기 때문에 농촌은 자연 고령화될 수밖에 없었다. 결국 농촌은 수적으로나 노동력으로나 쇠퇴하게 되었다. 마을에는 빈집이 늘어 갔고, 육체적 노동력의 저하로 농토가 쇠게 되는 등 가족이나 마을이 심각한 문제에 부딪히게 되었다.

농촌을 떠나는 사람들 때문에 농촌이 과소화되어 가고 있었으나 그들이 농촌을 완전히 등진 것은 아니었다. 가족 중의 일부가 도시로 이동하였다는 것은 다시 말해서 도시와 농촌이 연결되었다는 것을 의미한다. 고향이나 가족을 떠나서 도시에 살고 있는 사람들이 가족이나 고향을 그리워하는 향수(鄕愁)에 잠기고는 하였다. 당시의 망향(望鄕)과 타향살이의 서러움을 노래한 가사들이 이러한

상황을 반영한다. 도시에 와 있는 농촌 출신 사람들은 명
절에 한꺼번에 고향을 방문하기 때문에 교통이 대혼잡을
이루었다. 이러한 일시적 명절 귀향 현상은 단순히 전통
문화에 대한 복귀라기보다는 도시화에 의해 발생한 새로
운 현상이라 할 수 있다. 농촌에서 살았던 많은 사람들로
하여금 고향을 생각하게 하는 큰 힘, 망향의 역학(力學)을
잠재하고 있다. 그 망향의 힘이 바탕이 되어 망향 산업이
일어날 수 있는 것이다. 국민들의 전통 문화에 대한 애호
사상도 아마 고향을 잃은 망향에 바탕을 두고 있다고 할
수 있다. 농촌을 떠난 사람들은 도시와 농촌을 연결시키
는 중요한 매개자가 될 수 있다. 즉, 도시인에게 공해로부
터의 도피, 자연 경관의 아름다움, 민속 전통의 그리움 등
을 주지시키며 농촌을 찾아보게 할 수 있는 커다란 힘이
되었던 것이다. 이는 도시에서 출생한 사람들이 경제적으
로나 시간적으로 여유를 갖게 되면 시골에 대한 동경심을
일으키게도 했다.

(2) 여가 정책

　1940년대에 일본의 여가 정책은 부재였다. 1950년대에
는 자유 시간의 증대를 위한 소극적인 정책을 실시하였을
뿐이다. 1960년대에 일본 경제가 고도로 성장하자 적극적

인 여가 정책이 필요해지기 시작하였다. 하지만 1960년대 고도 경제 성장이 바로 여가 정책으로 직결된 것은 아니었다. 경제적 발전을 어느 정도 이룩한 사회에서는 노동에서 어느 정도 해방된 대중이 비로소 여가 생활을 영위하게 되므로, 여가는 경제 발전과 상관 관계가 크다. 그러나 일본 국민이나 정치인들 모두가 갑작스러운 경제 발전에서 여가를 얻었다고 하여 여가를 유용하게 잘 사용할 수 있었던 건 아니었다. 그러므로 정부는 여가를 즐길 수 있는 국민을 위한 여가 정책을 세우게 되었다. 이에 따라 종래 일요일과 국민축일 외에 휴일 증가 등을 검토하게 되었다. 소비자 위주의 행정, 상품의 품질 향상, 가격의 적정화, 서비스의 합리화, 소비재에 관한 정확한 정보 활동을 중심으로 하는 소비자 교육 등의 여가 정책을 검토하였다. 1960년대 중반 '중기 경제 계획'이 발표되었는데, 이 계획의 주요한 정책 과제의 하나로 '국민 생활의 질적 향상, 생활 환경의 정비, 사회 보장의 충실'이라는 말이 언급되어 있었다. 그리고 자유 시간의 자주성과 적극성을 존중하며 자유 시간의 향유를 위한 관련 시설과 공간의 확보, 제도의 충실화를 행정적으로 다룰 필요가 있다고 했다. 이것이 이후 여가 정책의 기본 정신이 되었다. 즉, 여가는 개인의 노력으로만 해결될 수 있는 문제가 아니며 행정적 지원이 필요하다는 것이었다. 노동성은 노동 시간의 단축을 위하여 '주휴(週休) 2일제'의 지침을 마

129

련하고, 그것을 각 기업들이 도입하도록 권장하였다. 단
체 조직들과 연락 회의를 통해서 추진하기도 하였다. 또
이를 좀더 조직적이고 효과적으로 실행하기 위하여 중앙
에 연락회를 두고, 지방 행정 기관에도 과장 회의를 두었
다.

　1966년 국민 생활 심의회는 「장래의 국민 생활상―20년
의 비전」이라는 보고서에서 여가 문제가 국민 생활의 과
제라고 지적하였다. 동심의회는 2년 후에 「여가 문제의
현상과 장래의 방향」이라는 중간 보고서를 내었고, 1972
년경 정부는 여가 문제를 보다 구체적이고 행정적으로 다
루기 시작하였다. 그것은 여가 시설의 적극적인 개발뿐만
아니라 여가 시설과 프로그램을 개발하는 정책이었다. 후
생성은 '국민 휴가촌' 안을 검토하여 실시하였다. 여가를
유효하게 애용하고 생활을 즐기고자 하는 경향이 확산되
면서 도시 인구의 팽창으로 인한 생활 환경의 오염, 복잡
한 도시 생활에서의 정신적 긴장 등 사회적·경제적 갈등
요인을 해소하기 위한 여가 정책이 필요했다. 국립 공원
및 국정 공원을 이용하려는 이들이 증가했으나 거리가 너
무 멀거나 시설이 부족하여 대중이 이용하기에 불편한 점
이 있었다. 이에 따라 저렴한 가격으로 쾌적한 자연 환경
에서 여가를 지낼 수 있는 국민 휴가촌 계획을 세웠다.

　정부는 매년 여가 정책을 실시하였다. 일본체육협회를
통한 국민 스포츠의 진흥, 생애 교육, 환경청의 자연 보

호, 환경 개선, 국립 공원 · 국민 휴가촌 등 공공 시설의 정비, 자연 공원의 신설, 국토교통성의 산촌 진흥 모델 사업(산촌과 도시가 협동하여 도시 주민들에게 녹음(綠陰)을 제공해 주고 산촌인들에게는 소득을 증대시켜 주는 정책)을 실시하였다. 또 문부과학성은 사회 교육으로서 '소년 자연의 집', '청소년의 집' 등의 시설 정비, 공민관 · 도서관을 비롯한 사회 교육 시설 건설, 사회 체육 시설의 정비, 학교 체육 등을 지원하였다. 농림성의 환경 기반 조성의 정비 사업, 자연 휴가촌 정비 사업(자연에 친해지고 싶어하는 도시 사람들의 여가 활동과 연계시켜서 촌락의 경제 안정 향상을 목적으로 한 사업), 산림청의 자연 휴양촌 · 삼림 전시관 · 야외 실습 전시실 등의 정비, 청소년 대상의 애호 사상 학습도 실시하였다.

또 운수성의 여가 시설 · 관광 레크레이션 시설 · 호텔 · 여관 · 숙박 시설의 정비, 노동성의 근로 종합 복지 센터 · 근로자 여가 활용 시설 · 근로자 체육 시설 · 근로자 청소년 홈 · 근로 여성의 집 · 근로 부인 센터 등의 건설, 건설성의 해안 및 강변 도로의 공원화, 지구 공원 · 도시 기간 공원 · 특수 공원 · 대규모 공원 · 녹지 도로 · 자전거 도로의 건설, 자치성의 공원 녹지 사업, 주차장 · 녹지 공간, 자연 보호, 농림성의 치산, 삼림 조성, 개량, 환경 보전 사업, 삼림의 다목적 이용을 촉진하는 삼림 종합 이용 촉진 사업 등 160여 종의 여가 정책이 행해졌다. 주로 중앙 기관이 지방 자치를 원조하는, 농어촌 중심으로 이루어진 정책이다. 지방 자치의 차원에서도 정책을 실시하였다. 경제기획청, 통산성, 노동성, 문부과학성, 총무청, 후생성, 건설성, 자치성, 환경청, 국토교통성 등의 중앙 부서에 대응해서 지방 자치 부서에서도 다양한 전문 부(部)나 과(課)를 두고 이런 정책을 실시하였다.

하지만 이러한 여가 정책에 대한 비판도 나왔다. 그 중에 하나는 중앙 행정부 중심의 하향식, 그것도 경제 중심으로 정책을 실시하였다는 것이다. 정부 주도의 대규모 사업으로 진행되었기 때문에 예산 낭비가 컸다는 비판이 일기 시작하였는데, 예산 낭비의 비판보다는 농촌의 자생력 말살 정책이라는 비판이 더 심각했다. 비판과 더불어 개선의 방법도 여러 가지로 거론되었다.

1968년 국민생활 심의조사부회는 「여가 문제의 현상과 장래의 방향」이라는 보고서에서 여가 정책의 방향에 대해 종래 경제 중심으로 해 온 것을 지양하고 생활 우선 원칙을 확립할 것을 요청했다. 예를 들면 사회 교육 행정, 관광 행정, 자연 공원 행정, 문화재 보호, 노동자의 복지 행정, 도시 계획 행정 등을 종합적으로 세우라는 것이다. 1972년 국민생활 심의회 소비자보호부회도 「레저의 제언」이라는 보고서에서 여가 행정의 기본 방향을 자유 시간의 확충, 물적·인적 환경의 정비, 레저와 환경 문제, 종합 조정 기구 및 연구 체제의 정비를 제언하였다. 1973

년 통산성의 여가개발산업실도 「일본 여가의 현상과 여가 시대로의 전망」이라는 보고서에서 자원 배분의 적정화, 여가의 기회 균등이라는 의미에서 여가 능력의 확보, 여가 능력의 개발을 위한 민간 조성, 여가 공해의 방지, 정부 주변과의 보완적인 기능의 고려 등 5가지를 건의하였다. 1973년 경제기획청 개발실도 「여가 정책의 앞으로의 갈 길」에서 상업 레저의 확대에 대한 적절한 유도와 조정, 국민의 레저 의식의 개발, 레저 태도의 전환, 커뮤니티 레저의 추진, 국민 생활 전체에 대한 시야에서 종합적으로 운영할 것 등을 제언하였다. 1974년 산업구조 심의회 여가부회에서도 공적 대응의 기본적 자세로서 기회 균등과 문화 창조의 길을 탐색할 것을 제언하였다.

정부의 여가 정책이 지방 자치로 전환하게 된 것은 1980년대 말 다케시타 노보루(竹下登) 내각이 발족되면서부터이며, 이는 마을 재생을 위한 획기적인 정책이었다. 전국 3,268의 시구정촌(市區町村)의 자치체(自治體)는 정부로부터 '고향 창생 기금(創生基金)' 1억 엔을 지원받아 지역의 이미지 창출, 관광화, 마을 살리기 등을 실시하였다. 대부분 전통을 살려서 이미지를 창출하는 데에 집중하였다. 향토 음식의 개발·상품화, 민요 발굴 등이 두드러진 현상이었다. 그러나 개중에는 순금으로 물고기상을 만들어 세우거나 하는 일도 있어서 웃음을 자아내게 하였으나 의외로 순금 물고기상을 보기 위해 많은 관광객들이

133

찾아와서 환호성을 지르기도 했다. 그리고 시골과 도시를
연결시켜서 정기적이고 지속적인 교류를 행하여 여가 정
책이 농촌에 정착되는 등 매우 긍정적인 평가를 받은 것
도 있다. 그것이 정착되어 향토 사업이라 할 수 있는 '소
비형 향토 산업'을 창출해 내기도 하였다. 이 정책이 마을
살리기에 획기적인 활력과 방법을 제공하여 준 것은 사실
이다.

(3) 농촌 살리기 운동

농촌 살리기 운동은 전통이나 역사 등 과거를 기초로
하여 향수를 가지는 사람들의 마음을 잡아서 정책을 펴
나갔다. 시골은 도시에 비하여 자연 환경을 비교적 많이
보유하고 있기 때문에 도시인들의 자연 환경에 대한 동경
을 자극하여 농어촌으로 유치할 수 있었다. 그러나 도시
인을 영구적으로 농촌으로 불러들일 수는 없었다. 또 그
럴 필요도 없었다. 다만 도시인들과 일시적 또는 지속적
인 방문 관계를 맺는 것이 바람직하다는 결론을 얻었기
때문이다. 이로써 농촌 살리기의 기본이 세워진 셈이다.
그것이 쇠퇴해 가는 농촌에 활력을 불어넣는 방법이라고
생각하게 된 것이다.

그러나 점차 정부 주도의 정책만으로는 불가능하다는

교훈을 얻었다. 국가 주도적 정책으로 인하여 상당한 혜택을 받은 농촌도 있었으나 그렇지 못한 농촌도 많았기 때문이다. 또한 국가 주도형 농촌 개발은 농촌의 자생력을 완전히 발본하여 의존형으로 전환하게 하는 결정적인 결함을 가지고 있다는 비판을 피할 수 없었다. 농민들은 자체적으로 농촌을 재생시킬 수 있는 길을 모색하였다. 정부도 농촌으로 하여금 주체적으로 개발하는 방향으로 전환하도록 하였다.

이는 농촌 개발의 방향을 도시인에게 돌려서 그 활력을 찾으려는 것이 정책의 중요한 포인트였다. 앞에서도 언급한 바와 같이 많은 도시인들은 실제로 농촌이 고향인 사람들이다. 그들은 시골에 대하여 향수를 가지고 있다. 명절에 대대적으로 농촌으로 이동하는 것을 보면 그것을 단적으로 알 수 있었으므로 그들을 농촌으로 불러들이려는 정책을 세우게 된 것이다. 그러나 농촌 출신 도시인들을 농촌으로 끌어들여서 살게 할 수는 없었다. 도시화에 대한 부정적인 경향이 있고, 또 고향에 대한 향수가 크다고 해서 도시인이 된 사람들이 농촌이나 고향으로 복귀하는 것은 아니기 때문이다. 향수는 향수일 뿐 그 이상의 힘을 가지지 않으며, 향수는 일 년에 한 번 성묘만으로도 족하다.

귀향 의식이란 시골에서 호롱불을 켜고 옛날로 복귀하는 것을 의미하는 것이 아니다. 전통이라는 것은 역사 자

체가 아니다. 과거로 회귀하는 것이 아니라, 전통을 자기
식으로 해석하고 사용하는 것이다. 전통 의상도 행사 때
나 명절에만 입지 일상적으로 입지 않는 것처럼 역사를
걸러서 보는 것이다. 그런 점에서 전통은 역사를 해석하
고 재창조한다.

　도시인들을 위한 농촌의 이미지를 새롭게 창출하지 않
으면 안 되었다. 농촌 살리기는 이러한 농촌의 실체와는
다른 이미지의 창출을 요구하고 있었다. 또한 이것이 농
촌의 전통을 재생시켜 실제로 농촌 살리기의 힘이 될 수
있다. 도시인들에게 농촌 이미지를 부여하여 그들로 하여
금 농촌과 일정한 관계를 갖게 해야 농촌 재생의 활력소
가 될 수 있는 것이다. 즉, 농촌 살리기는 고향이나 전통
에 대한 향수를 바탕으로 출발하고 있다. 자연 경관이라
도 인간의 경험을 초월한 신비한 세계를 그리는 것이 아
니고 우리들이 어려서 경험했던 것을 그리워하는 것이다.
그러므로 자연 자체만으로는 부족하고, 거기에 오막살이
집이나 조상의 무덤이라도 있는 경우에 더욱 친근해지는
것이다. 그것은 농민들이 본래부터 가지고 있는 것이거나
실체와는 다른 창출이라도 관계없다.

　농촌은 도시보다 근대화에 뒤졌거나 빈곤하다는 이미
지와는 달리 자연 환경을 보전하고 있는 아름다운 곳이라
는 이미지를 강조했다. 즉, '전통'과 '비경(秘境)'의 이미
지를 가지고 마을의 매력을 창출하고자 하였다. 그것은

마을의 실체적인 전통이 아니라도 관계 없었다. 이미지를 창출할 수 있는 것이라면 무엇이든지 이용하였다. 시골은 도시에 비해 시간적으로 옛스러운 분위기가 느껴지는 점과 자연 환경을 지녔다는 점을 큰 매력 포인트로 삼았다. 그리하여 전통 예능을 발굴하거나 개발하였고, 자연 경관을 정비하였다. 전통적인 예능이나 산업이 있는 곳이라면 그것을 살려서 보호 단체를 조직하고, 향토 음식을 개발하였다. 이러한 농촌 살리기 운동은 실제로 농촌의 마을 단위로서는 벅찬 일이고 수행하기 어려운 점이 있어서 거의 시(市) 단위의 행정적 지원하에 실시되는 것이 보통이었다. 최근에는 정부 주도의 정책과 마을이 상호 협력하여 성공한 사례도 나타나고 있다.

미야자키〔宮崎〕현의 시이바〔椎葉〕촌은 정부의 환경 정비 사업으로 인하여 터널과 도로가 만들어져 교통이 편리해졌다. 그러나 그 편리한 점을 이용하여 도시 근교로 통근하는 사람이 많아지면서 결국 젊은층은 도시로 빠져 나가 마을에는 노인층만이 남게 되었다. 도로나 터널의 편리성이 오히려 부정적인 결과로 작용하게 된 것이다. 일을 마치고 마을로 돌아오는 젊은이라고는 겨우 동사무소, 우체국, 농협, 삼림 조합 등에 취직된 사람뿐이었다. 여기서 그리 멀지 않은 난고〔南郷〕촌에서도 과소화 현상이 극단적으로 나타났다. 그래서 그 마을에서는 역사적 기록을 배경으로 한 '백제(百濟) 마을 만들기'를 관광화시켰

는데, 성공적이라는 평판을 받게 되었다. 이 마을에서도
전통을 이용하여 농촌 살리기를 시작했던 것이다. 오랫동
안 하지 않았던 '가구라〔神楽:신에게 제사지낼 때 연주하
는 춤과 노래〕'와 야마보우시〔山法師〕 춤을 부흥시키고자
하였다. 우선 보존회를 조직하여 복원시켜 갔는데, 이러
한 노력이 밖으로부터 평가를 받기 시작하여, 1995년에는
문부과학성으로부터 전통 교육 추진 학교로 지정되어 학
부모를 중심으로 전통 예능을 전승하게 되었다. 민요의
발굴 보급, 화전(火田) 경작의 체험 학습, 모밀 재배 등 전
통적인 생활 양식도 복원하였다. 민가를 복원하여 전통적
인 마을의 특징을 살리면서 민속의 보고(寶庫)라는 인상
을 받게 되었다. 매년 회관에서는 전통적인 축제를 열어
관광객을 유치하고 있다. 저명한 문화재 관련 학자나 전
문가를 초대하여 전통적인 행사를 점검하여 받는 등 전통
살리기에 힘을 기울이고 있다.

(4) 민속 마을

　도노〔遠野〕시는 일본 도호쿠〔東北〕 지방 이와테〔岩手〕
현의 한 무명 마을이었다. 그러나 일본 민속학의 시조라
할 수 있는 야나기다 구니오〔柳田国男〕가 옛날 이야기를
수집한 곳이라는 점을 바탕으로 옛날 이야기의 발상지라

는 이미지를 만듦으로써 일약 관광 도시로 알려지게 되었
다. 야나기다 구니오는 1909년 이 마을을 방문하여 와세다
〔早稻田〕 대학 문과를 나온 문학자 사사키 교세키〔佐々木
鏡石〕가 구술하는 마을에 전해져 오는 옛날 이야기를 수
집하여 기록한 구비 전승의 자료집을 출판하였다. 이 책
이 야나기다 구니오의 문장으로 재구성되면서 문학적 가
치가 높이 평가되어 '메이지〔明治〕 시대의 문학서'와 '일
본 근대 문학 명저'에 들게 되었다. 당시 이 책이 출판되
었을 때는 일부 지식인 외에는 주목받지 못하고 있다가
훨씬 후에야 주목받기 시작하였다. 중국인 문학자 주작인
(周作人)을 비롯하여 저명한 민속학자 오리구치 시노부
〔折口信夫〕 등이 높이 평가하면서 민속학자들의 주목을
끌게 되었고, 일반인들에게도 알려지게 되었다. 그러나
이것은 어디까지나 민속학 자료나 문학 작품으로서 읽히
는 것이었다. 정작 이 이야기의 발생지인 도노〔遠野〕에서
는 별로 가치를 인식하지 못했다.

그런데 '1970년 이와테〔岩手〕 국체(國體)'의 개최가 결
정된 1967년에 시민운동 전문위원회와 도노시의 국체실
행위원회 관광부 등이 중심이 되어 도노시의 시민으로서
의 자부심을 갖게 하는 내용을 선전하고 관광 책자를 발
행하는 등 외부로부터의 시선을 의식한 농촌 살리기 운동
이 행정 주도로 진행될 때 비로소 도노시는 주목받기 시
작하였다. 마침내 1970년 '디스커버 재팬(Discover Japan)'

운동과 연계되어 『도노모노가타리〔遠野物語〕』를 환기시
켜 마을 이미지를 형성하고 관광객을 유치하기에 이른 것
이다. 『도노모노가타리』가 도노시의 농촌 살리기 운동의
활력소가 된 것이다.

　도노시는 『도노모노가타리』를 관광 자원으로 활용하
여 마을 및 도시 살리기 운동을 전개하였다. 이야기에 나
오는 곳을 정화하고 관광지화하였다. 도로를 정비하여 관
광 버스 등의 주차 편의 시설도 준비하였다. 1971년 『도노
모노가타리』 간행 60주년을 기념하여 시와 관광협회가 도
노모노가타리 기념비를 세웠고, 향토 조각가에 의뢰하여
이야기에 나오는 인물들을 조각하여 장식하였다. 또한 향
토 조각가와 사진작가 등의 협력을 얻어 포스터 등을 대
량으로 만들어 배포하기도 하였다. 1972년에는 향토 예능
대회를 중심으로 '도노 축제'를 시작하였다. 1980년에는
도노 시립 박물관과 도서관을 건립하였다. 박물관에서는
도노모노가타리실, 도노 민속학실 등을 통해 『도노모노
가타리』를 인상적으로 전시하였다. 영상을 통해서는 옛
날 이야기를 소개하고, 향토 연구를 요약하여 소개하였
다. 1986년에는 '도노 옛날 이야기촌'을 개관하였다. 야나
기다 구니오가 머물렀던 여관을 개조하여 류오주쿠〔柳翁
宿〕라 이름붙인 것을 비롯하여 전시 공간에는 야나기다
구니오의 저작물을 전시하였다. 1993년에는 도쿄〔東京〕에
있는 야나기다 구니오 일가가 살던 집을 이전하여 세웠

다. 마을 교외에는 야외 박물관을 세웠다.

어느 것이나 『도노모노가타리』를 모티브로 하여 만들었다. 특히 유명 배우의 녹음으로 소개되는 슬라이드는 관광객의 인기를 끌었다. '이야기 홀'에서는 옛날 이야기를 할 수 있는 마을 노인들이 관광객을 상대로 사투리 그대로 옛날 이야기를 구술하고, 한 코너에서는 야나기다 구니오의 자필 원고의 복사품이 판매되고 있다. 도서관에서는 옛날 이야기 자료와 연구서를 전시하고 전문가들에게 자료를 제공한다. 조민〔常民〕대학을 만들어 저명한 민속학자 고토 소이치로〔後藤総一郎〕가 담당하게 했다. 이 대학에서는 주로 야나기다 구니오의 민속학을 수업하며, 매년 대학생을 상대로 세미나를 개최하고 때로는 규모가 큰 연구 회의도 개최한다. 민속학자들이 회의를 하고 평가하는 것을 녹화하여 자료로 보관하는 동시에 선전에도 이용하였다. 이와 같이 외부에서부터 시작되기는 했지만 농촌 살리기를 통해 쇠퇴해 가는 농촌을 활성화시키면서, 인구 3만 명도 되지 않고 관광 자원도 별로 없는 이 마을이 연간 40만 명 이상의 관광객을 끌어들이고 있다. 마을 주민들은 외부 정책에 의한 것이지만 자기 마을의 고유 문화의 주체로서 적극적으로 참여하고 협력하여 좋은 반응을 얻었다. 이렇게 해서 외부 주도적인 행정이기는 하지만 마을 차원으로 정책이 침투되어 정착되어 갔다.

141

　최근에는 마을 전체의 이미지 창출이 아니고 도시와 마을을 연결하는 정책으로서 '그린 투어리즘(Green Tourism)'이 부분적으로나마 실시되고 있다. 농수산청은 유럽식 녹색 운동인 '그린 투어리즘'을 검토해 일본의 농촌 살리기 운동에 그것을 대폭적으로 참고하였다. '그린 투어리즘'이란 자연 환경이 좋은 농·산·어촌 주민들과의 교류를 즐기는 체재형 여가 활동을 말한다. 이것은 특히 프랑스, 독일, 영국, 오스트리아 등에서 활성화되고 있다. 나라에 따라서는 농촌 '아그리 투어리즘(Agricultural Tourism)', 시골 '루랄 투어리즘(Rural Tourism)', 해안가에서는 '블루 투어리즘(Blue Tourism)'으로 구별되어 불리기도 한다. 유럽에서는 전통적으로 도시인들이 농촌 등지에서 휴가를 보내는 습관이 있다. '그린 투어리즘'이 알려지게 된 것은 제2차 세계 대전 이후이다. 프랑스나 독일 등이 농가의 부수입을 올려주고 농가 경관을 보전하기 위한 정책을 편 것이 계기가 되었다. 이러한 민박은 현재 프랑스에 5만 호, 독일에 2만 호 있다. 유럽 연합은 농촌 지역의 활성화를 위한 '그린 투어리즘' 기금으로 매년 약 5억 불의 보조금을 내고 있다.

　일본은 1995년부터 '농·산·어촌 체재형 여가 활동 촉진법'(농촌 휴가법)을 시행하고 있다. 농수산성은 모내기, 감자 캐기, 나물 캐기 등 농림어업의 체험이 될 수 있는 민박의 등록을 추진하는 한편 6년간 279개소에 교류나 농산물 전시, 판매 등의 거점 시설을 만들고 있다. 농수산성의 외곽 단체인 농림어업 체험협회에 등록된 민박은 현재 750호 정도로, 이전부터 겸업한 농가들이 대부분이고 새로 등록한 수는 적다. 자치체(自治體)에서는 독자적인 정책을 펴고 있다. 예를 들면 와카야마〔和歌山〕현의 모토미야〔本宮〕 마을과 이와테〔岩手〕현의 도와〔東和〕 마을은 이러한 민박을 시작하는 농가에 최고 50만 엔의 보조금을 주고 있다. 그러나 서구식 녹색 운동이 일본에 그대로 적용될 수 있는 것은 아니었다.

도시화 현상에 따라 자연 도시 안에 농촌 문화를 재현하고자 하는 현상도 나타난다. 이에 따라 민속 박물관이나 민속촌 등이 도시 안이나 근교에 편의 시설로 등장할 뿐만 아니라 민속 음식점이 즐비하게 늘어서서 전통 메뉴를 판매하기도 한다.

한국에서는 민속문화재조차 도시로 끌어들여 한데 모아 민속 경연 대회를 하고 상을 준다. 그것은 아마 국가의 아이덴티티(identity)를 형성하는 데에는 필요할지 모르지만 민속과 향토를 연결짓는 것과는 상반되는 것이다. 일본에서도 그러한 것이 전혀 없는 것은 아니지만, 농촌 살리기를 위하여 지방 민속문화재를 그 지방에 정착시켜 두는 정책을 편다. 정부에서는 문화재를 지정하여 보호하는 정책을 편다. 또한 그것을 지방 자치 행정에서 마을 살리기에 이용하는 것은 말할 것도 없다. 그러한 것이 전혀 없

는 마을이나 읍에서조차 단편적인 신화라도 발판으로 하
여 마을 살리기 관광화로 연결시키고 있는 실정인데, 지
정 문화재가 있다면 절호의 기회로 삼는 것은 물론이다.
위에서 언급한 도노시는 문화재나 경관은 별로 없는 마을
이지만 전통을 창출하여 관광화에 성공한 예라 할 수 있
다.

(5) 문화 정책

때로는 정부의 문화 정책과 민속문화재의 보호가 마을
사람들의 의식과 괴리되어 갈등을 일으키는 경우가 있다.
여기서 필자가 참가한 회의를 소개해 볼까 한다. 1995년
10월 26일 이와테〔岩手〕현의 미야코〔宮古〕시 주최의 '미
코〔神子〕심포지엄'이 있었다. 이 곳은 일본 도호쿠〔東
北〕지방으로 본토에서는 유일하게 무당이 있는 곳이다.
무당이 오랫동안 미신으로 여겨지며 타파의 대상이 되어
왔던 것은 한국과 다를 바가 없다. 그런데 이것이 관광화
의 중심이 된 것이다.

시모키타〔下北〕반도의 오소레잔〔恐山〕의 무당들은 매
년 7월 20일경 축제 때 한 곳에 모여 관광객들을 상대로 점
을 치거나 죽은 영혼을 불러 넋두리를 하는 의례를 공공
연히 하고 있다. 나도 세 차례나 이들에 대해 조사한 적이

있는데, 이들을 통해서도 역사적으로 미신으로 무시당했던 무당들이 관광화의 주역이 된 듯한 인상이 강했다.

미야코시의 미코는 시모키타 반도의 오소레잔의 무당들과는 같은 계통이면서 다른 특징이 있어서 민속학자들의 주목을 받았다. 즉, 오소레잔의 무당들처럼 신들리는 것이 명확하지 않고 주로 음악과 춤을 행한 다음에 신탁(神託)을 하는 점이 다르다. 하지만 1993년에 문화청으로부터 '기록 보존 등의 조치를 요하는 무형의 민속문화재'로 선정됨을 계기로 시와 마을에서는 이를 문화재 보호와 함께 농촌 살리기에 이용하는 정책으로 써 왔다. 1995년 심포지엄에서 시장이 회의 시작에서부터 밤늦은 행사까지 모든 것을 주관하고 접대를 하는 것을 보았다. 나는 한국에서 관료적인 관리들을 많이 봐 왔기 때문에 이러한 시장도 놀라웠지만, 그보다 더 인상적인 것은 문화재를 관광화에 이용하여 농촌 살리기에 정성을 쏟는 열성이었다. 그런데 시장이 참석한 공개 심포지엄에서 문화청에서 나온 위원의 느닷없는 발언에 논란이 발생했다. 즉, 농촌 살리기를 위하여 종래의 미신이었던 무당을 기록 연행 등으로 보호하는 것은 좋지만 그것을 신앙으로 발전시킨다면 문제라는 것이다. 마을에서는 신사(神社)를 중심으로 신자를 조직하여 전승하고 있는데, 그것이 종래의 신앙의 부흥으로 연결되어 가고 있는 점에 대해서 문제를 제기한 것이다.

  국가 차원에서는 헌법에 규정된 종교와 정치의 분리 정
신에 의해 어느 특정한 종교를 지원할 수 없고, 종교가 아
닌 역사성이나 문화재로서만 지원할 수 있다는 것이다.
그러므로 심포지엄의 참가자들이 종교성을 강조하거나
신앙 조직을 인정하는 것은 정부의 방침과는 괴리된다는
것이다. 이에 대해 나는 문화재 지정이 예능이나 역사성
등만을 대상으로 하는 것은 사회 구조 등을 심층적으로
보지 않아서라고 반박하여 상당한 논의를 일으켰다. 이는
일본만의 문제가 아니라 한국이나 중국 등에서도 이미 문
제시되고 있으므로 고려해 볼 필요가 있다.

  한국에서는 얼마 전까지만 하여도 미신으로 여겨졌던
무당들이 인간문화재로 군림하는 듯한 인상을 받을 정도
로 가치관의 전도가 행해지고 있다. 여기서 문제는 신앙
성과 문화재의 관련이라고 할 수 있다. 더욱이 신앙성이
강한 한국에서 무당을 문화재로 지정하였을 경우 신앙의
부흥은 당연히 생긴다. 무속 신앙의 부흥도 검토되어야
하겠지만, 여기서 논의된 바와 같이 정부의 문화재 정책
이 특정 종교 신앙을 지원하게 되는 문제와, 거기에 정교
(政敎) 분리 정책과의 문제를 고려해야만 한다. 향토 문화
의 발전 정책이 헌법에 저촉되는 현상이 발생할 수도 있
다는 것을 명심해야 한다.

(6) 농촌 살리기의 의미

앞에서는 일본의 사회 변화의 하나인 농촌 인구의 도시 집중화 현상과 농촌의 인구 과소화 현상을 문제로 인식한 정부의 여가 정책의 일환으로 행해진 농촌 살리기 운동을 정부 차원과 마을 차원의 양면으로 고찰하였다. 그럼 여기에서는 그 동안 수정 발전시키면서 시행해 온 일본 정책들을 통하여 농촌 살리기 운동의 의미를 고찰해 보자.

첫째, 농촌의 자주성을 키운 점이다. 다케시타 노보루〔竹下登〕내각의 농촌 살리기 창생 기금 등 정부의 정책이 예산 낭비 정책이라는 비판을 받아도 실은 많은 긍정적인 농촌 재생 운동의 바탕을 마련하기도 하였다. 또한 전국적으로 농촌 살리기 운동이 활성화되는 계기를 만든 것도 사실이다. 히로시마〔広島〕현의 구마노〔熊野〕에 위치한 '붓 박물관'도 이 기금으로 만들어진 것이다. 도노〔遠野〕시의 '농촌 살리기'처럼 처음에는 외부 주도형으로 시작되었어도 마을 주민들이 적극적으로 참여하여 큰 성과를 거둔 지역도 있다. 주민들이 주체가 되어 적극적으로 협력하여 마을이 활력을 찾았다는 점에서 도노시의 농촌 살리기는 긍정적으로 평가된다. 따라서 마을 자생력을 중점적으로 정책 지도를 할 필요가 있다. 그런 식으로 지원 실시한다면 성공할 것이다.

둘째, 마을 경제의 성장을 관광객 유치로 평가할 수 있으나, 또한 그 성과만큼의 리스크(risk)를 안고 있음을 간과해서는 안 된다. 즉, 관광이라는 것은 상황 변화로 인하여 쉽게 무효가 될 수 있다. 그래서 실패한 마을도 수없이 많다. 일시적으로 호기심을 끌 수 있는 이미지를 만들어 관광객을 유치하여 성공하였다고 하여도 관광이 실패할 경우 마을 주민의 자생력이 없다면 마을은 심한 곤경에 빠지게 된다. 그런 외부 의존형은 결코 성공했다고 할 수 없다. 마을 사람들이 자부심과 아이덴티티(identity)를 확립하여 자립적으로 실행할 수 있는 정책으로 전환하지 않으면 안 된다.

셋째, 전통 문화에 대하여 새로이 인식하게 되었다. 종래에는 근대화 이전의 구습으로만 여겨지던 전통을 새로이 인식할 수 있었다. 또한 전통이 농촌을 살릴 수 있는 활력소로 도시인들에게 잠재되어 있다는 것도 발견할 수 있었다. 어찌 보면 근대화와 도시화에 역행하는 현상 같으나 현대와 전통은 상호 관련되어 있다고 할 수 있다. 현대화나 근대화가 전통의 변화와 개혁에서 이루어지는 반면 전통은 현대화나 근대화와 분리될 수 없는 것이다. 비록 실체적인 맥락에서는 관계가 없는 것처럼 보여도 인간의 심성에서의 분리는 불가능하다. 즉, 경제적 근대화를 정신 문화와 분리해서 경제적 고도 성장만으로 설명할 수는 없다라는 것이다. 인간 사회의 변화를 전체로 해서 볼 때 현대화는 전통과 분리될 수 있는 것이 아니다. 현대화된 사회일 수록 전통을 요구하면서 재창조하는 경향이 있다는 것을 앞서 말한 예에서 알 수 있었다.

농 · 산 · 어촌의 과소화는 전세계적인 현상으로 한국, 중국 등지에서도 유사한 양상이 일어나고 있다. 이러한 현상은 그냥 두고 볼 수만은 없기 때문에, 일본 정부와 농민들은 농촌을 살리기 위하여 많은 노력을 기울이고 있다. 앞에서는 주로 성공한 사례를 보았는데, 이러한 일본의 사례가 한국이나 중국에서 그대로 적용될 수 있을지는 알 수 없다. 따라서 한국이나 중국은 일본의 사례를 참고하여 각각 자신들에게 알맞는 형태를 찾아야 한다.

9 미즈코〔水子〕공양(供養)

(1) 사생관

인간의 죽은 영혼을 신앙의 대상으로 하는 대표적인 것으로 조상 숭배(祖上崇拜)와 사자 의례(死者儀禮)가 있다. 조상 숭배는 인간이 출생하여 통과 의례를 거쳐서 죽은 사자 가운데 가족 관계상 일정한 자격을 갖춘 조상을 모시는 것이고, 사자 의례는 조상 외에 많은 사자를 대상으

149

로 하여 모시거나 숭배하는 것이다. 이들이 실제로 엄격히 구분되는 것은 아니다. 그 구분의 기준이나 의례 내용에 대해서는 필자의 저서『한국의 조상 숭배』로 미루기로 한다. 나는 종래 특히 유교의 조상 숭배에서 제외된 불행한 인간, 즉 유아의 죽음, 미혼자의 죽음, 미성년자의 죽음 등에 관한 신앙 및 의례화되는 과정에 대하여 신앙의 문제와 동시에 인권 의식에 대한 비판적 시각을 부여하고자 하였다. 여기서는 그 연장선에서 일본의 사자 의례의 하나인 '미즈코〔水子〕공양(供養)'을 고찰해 보고자 한다.

필자가 이 문제에 관심을 가지게 된 것은 유산(流産) 등으로 인하여 버려진 태아도 생명을 가진 하나의 인간으로 보느냐 하는 논란과 사생관에 관한 것, 그것도 매우 비밀스러운 것이 신앙 형태를 취한 점에 있다. 거기에는 원초적으로 인간의 정의가 문제된다. 인간의 생명이 어느 시점에서 시작되며, 또 어느 시점에서 죽은 사자가 의례의 대상이 되는가 하는 것이다. 생명관 · 사생관의 유형도 시대와 사회에 따라 일정하지 않으므로, 특히 동아시아의 문화권에서의 태아의 생명을 보는 관점을 비교하고자 한다.

인류는 오래 전부터 출생을 억제해 왔다. 피임이나 영아 살인 등의 방법으로 인구를 조절하는 관습도 있었다. 인류학은 많은 민족들의 이러한 관습을 보고하고 있다.

주술이나 약간의 의술로 피임이 실패하면 관습적으로 출생한 갓난아이를 죽인다. 그들 사회에서 부모 또는 부모와 직접적인 관계자가 탄생 직후의 갓난아이를 살해하는 것은 범죄가 아니었다. 이러한 관습은 정도의 차이는 있지만 어느 시대 어느 사회에서나 미개와 문명을 가리지 않고 존재하였다. 식량 부족, 열악한 기후 풍토의 사회에서는 쌍생아의 하나 또는 모두를 죽이거나 기형아를 죽이고는 하였다. 그러한 관습은 부모의 경제적 불안정과 열악한 환경 때문에 어쩔 수 없다는 것이다. 또 쌍생아를 죽이는 것은 인간이 원칙적으로 한 아이만을 낳는 것인데 두 아이는 혼란을 야기시킨다고 하였다. 유명한 인류학적 보고의 한 예로 에스키모와 인도 토다족의 여아 죽이기 등이 있다. 그것은 혼인 제도 등과 밀접한 관계가 있는 것으로 알려져 있다.

대부분의 근대 법치국가에서는 그러한 관습을 범죄로 취급하고 있다. 그러나 이들 관습이 법적으로는 사라졌다고 해도, 아직도 변형되어 합법적 또는 관습적으로 존재하는 곳도 있다. 인류 사회가 인구를 증가시켜 온 반면 상황에 따라서는 인구를 억제하려는 노력도 계속되었기 때문이다. 일정한 지역에서의 인구를 감소하기 위한 이민이나 전쟁도 결과적으로는 인구의 억제를 초래했던 것이다. 인구 정책은 일종의 그러한 관습을 수렴하고 있다고 할 수 있다. 대개 근대 국가에서는 강압적이냐 자율적이냐의 차이는 있어도 기본적으로는 인구 정책을 행하고 있으며, 동아시아의 국가들도 예외는 아니다. 중국에서는 1979년 이후 '아이 한 명만 낳기 정책', 즉 '독자(獨子) 정책'을 강력히 실시하고 있다. 한국이나 일본, 대만 등에서도 강제 정책은 아니라도 사회 교육 운동 등을 통해서 '산아 제한 정책'을 펴고 있다.

개인적으로나 국가적으로나 출산을 억제하는 것은 자연스러운 현상은 아니지만 산아를 제한하는 것은 세계적으로 일반적인 실상이다. 피임과 낙태도 일반적으로 행해진다. 여기에서는 그러한 인구 억제 정책 등이 전근대적 생명 경시관을 그대로 답습하고 있는 문제점과 아울러 출생을 억제하려는 과정에서 발생한 성비(性比) 불균등의 문제, 그리고 남녀의 성 차별의 문제에 초점을 두고자 한다. 구체적으로 남아 선호의 전통이 강한 사회 구조를 반영하는 성비의 불균형의 실태, 남녀 성 차별의 사회 구조, 영아 또는 임신 중절에서 발생하는 태아의 생명권과 산모의 출산 결정권 및 인권, 낙태에 따른 신앙 형태의 발생 등의 문제를 고찰한다.

(2) 마비키(間引)

일본에는 전통적 인구 조절법의 하나로서 마비키(間

引]라는 관습이 있었다. 이 말은 농작물을 '솎다' 라는 어원을 가진 말로서 자녀의 수를 솎아 낸다는 뜻이다. 농작물 등을 솎아 내듯 연애, 간통, 밀통 등 혼외 정사에 의한 임신 또는 빈곤 때문에 출생된 아이를 살해하는 것을 말한다. 에도〔江戶〕 시대 중기 이후 세금 징수가 많아지고 기근이 들어 농민 생활이 궁핍하게 되면서 식구를 줄이기 위해서 마비키는 공공연히 행해졌다고 한다. 임신 중 복부(腹部) 주무르기, 꽈리의 뿌리를 자궁에 넣기 등 여러 방법으로 유산을 시도했고, 출생한 영아는 무릎이나 이불로 질식시키거나 돌절구로 압살시키거나 물 뿌려진 종이를 얼굴에 씌워 질식시키는 방법 등을 사용하여 살해하였다고 한다. 영아를 죽이는 것이 아니라 '되돌려 보낸다 (返)'고 합리화시키며, 스스로 살해라는 죄의식을 갖지 않았다. 정부에서는 이러한 관습을 형법과 '영아 양육법' 등으로 금지하고자 하였으나 메이지〔明治〕 시대까지 계속되었다. 이것은 태아, 영아, 유아에 대한 인권 사상이 발전되지 않았기 때문이다. 야마모토 유조〔山本有三〕는 희곡『영아 살해(嬰兒殺害)』에서 영아에 대한 인권 의식을 각성시키려고 하였다. 당시는 여전히 그러한 관습이 사회적으로 인정되고 있었는데, 영아를 죽인 여인을 체포한 경찰도 그러한 죄를 지은 사람이라는 것을 사회 고발적으로 다룬 스토리이다.

153

　현재 일본에서는 마비키를 범죄로 다룰 뿐만 아니라 원

칙적으로 일반 살인과 같은 것으로 본다. 법적으로 임신
중절에 대해서 타태죄(墮胎罪)(형법 212조 이하), 마비키에
대해서는 살인죄(형법 199조)가 적용된다. 하지만 살인죄
라 해도 정상 참작의 경우가 많다. 타태(墮胎), 즉 자연 분
만기에 앞서 인위적으로 태아를 모체 밖으로 분리 배설시
키는 행위는 임신 기간 발육 상태에 관계없이 태아를 죽
이는 것으로, '자기 타태죄'(징역 1년 이하), '동의 타태죄'
(징역 2년 이하) 등에 해당한다.

　이러한 법이 있음에도 불구하고 일본은 낙태 천국이라
불릴 만큼 낙태가 비교적 자유롭게 행해지고 있는데, 그
것은 '우생 보호법(優生保護法)'이 있기 때문이다. 이 법
에 의하면 배우자 4촌 이내의 혈족에 정신병, 정신 박약,
신체 질환, 기형이 있는 경우, 임신이나 분만이 신체적·
경제적으로 모체 건강에 뚜렷하게 해를 주는 경우, 폭행
이나 협박에 의해 간음된 임신의 경우는 배우자의 동의를
얻어 의사가 임신 중절을 할 수 있다. 그런데 경제적 이유
의 조항을 남용하여 비교적 자유스럽게 중절이 이루어지
고 있다. 그래서 지금 임신 중절이라면 불법적 중절을 의
미할 정도이다. 이 법은 신체장애자에 대한 차별을 포함
하고 있고, 강간 등에 의한 임신이라도 출생된 아이의 인
권에는 하등의 영향이 있을 수 없다라는 등의 주장 때문
에 1996년 '모체 보호법(母體保護法)'으로 개정되었다. 영
아 살해를 범죄로 보고, 피임과 낙태가 일반화되면서 영

아를 살해하지 않게 되었다. 그러나 피임만으로는 전부 통제할 수 없을 뿐만 아니라 임신 중절을 어느 정도 관용하지 않을 수 없었기 때문에 법적으로는 위법이라고 하여도 낙태가 일반화된 것이다.

(3) 미즈코〔水子〕

일본의 많은 절에서는 작은 동자상에 유아용 턱받이를 둘러 둔 불상을 모시고 있다. 그 대부분은 유산(流産)으로 죽은 태아의 영혼을 달래기 위해 만들어진 미즈코〔水子〕이다. 미즈코란 원래 유산 또는 유아사(幼兒死)로 죽은 영혼을 말하는데, 그 영혼을 위하여 절에서 불상을 만들어 모셔 두는 것이다. 이는 불교에 흡수된 민간 신앙으로서 사회적 현상을 반영하고 있다는 점에서 주목된다. 즉, 유산과 관련된 사회적 현상으로, 윤리나 종교적 가치관의 문제이지만 사회적 맥락에서도 큰 문제점을 안고 있는 것이다. 근대화 이전에 일본 여성들은 유산이나 사산 등의 비애를 느낀 나머지 절에 가서 에마〔絵馬:나무 조각에 기원하는 내용을 적어 바치는 것〕에 '미안하다, 용서해 다오, 편안하게 성불하거라, 또 올게'라는 식으로 적어서 바치고는 하였다. 그러나 그것이 하나의 독립적인 신앙 형태로 발전하지는 않았다. 그런데 고도 경제 성장기에 산아

155

제한과 임신 중절이 일반화되면서 유산, 사산, 낙태 등이
더이상 은밀하게 여겨지지 않게 되면서 '미즈코 공양(供
養)'이라는 현상이 나타난 것이다. 그런 점에서 그것은
고도 성장기의 사회적 산물이라고도 할 수 있다. 처음 어
떤 절에서 신자의 부탁으로 지장불(地藏佛)을 세웠던 것
이 계기가 되어 보급되었다. 전통적 불교에서는 없었던
미즈코 신앙이 1970년대에 발생하여 1980년대에 붐을 일
으키고 불교 신앙으로서 정착되었다는 말이다. 이와 같이
1970년대 이후 자연스럽게 시작되었고, 종교인들이 상업
적으로 정착시켰다. 지금은 거의 전국적으로 보급되어 있
다. 요즘은 많은 절들이 인터넷상에서 홈페이지를 만들어
신자를 모집하고 있다. 어느 절의 홈페이지를 보면 문답
식으로 다음과 같이 안내를 하고 있다.

▶ 미즈코란 무엇인가?
  어머니 뱃속에서 죽은 영혼, 즉 1세 미만 또는 3세 미만
  의 아기의 죽은 영혼, 당신 자신이 미즈코라고 생각되
  는 것은 미즈코이다.
▶ 태아에도 영혼이 있습니까?
  뱃속에서 생명이 잉태하는 순간 영혼이 생깁니다. 생명
  이 죽어서 천국에 가는 것은 어른이나 아이나 마찬가지
  입니다.
▶ 미즈코는 공양할 필요가 있습니까?
  필요합니다. 어른의 장례처럼 성대하게 할 필요는 없습

니다. 다만 마음속으로 양손을 합장하고 명복을 비는
것으로 족합니다.

▶ 그 영혼은 어떤 것입니까?

깨끗하고 순수합니다. 인간 사회의 더러운 때가 묻지
않은 순수하고 아름다운 영혼입니다.

▶ 그러면 그 영혼이 인간에게 해가 됩니까?

그런 질문이 많습니다만 결코 그런 일은 없습니다. 안
심하세요.

▶ 그 영혼은 정처 없이 떠돌아다니고 있습니까?

어른이 죽은 영혼은 성대한 장례식을 하지 않으면 저승
에 갈 수 없지만 미즈코는 간단한 공양으로 간단히 성불
합니다.

▶ 미즈코는 무섭습니까?

무서운 것은 더러운 어른의 영혼입니다. 미즈코는 결코
그런 것이 아닙니다. 다만 악령이 미즈코처럼 행세하는
경우가 있습니다.

▶ 치료해 주시겠습니까?

우리는 그런 병을 치료하지는 않습니다. 체질을 고치도
록 노력할 필요가 있습니다. 자세한 것은 메일을 보세
요.

157

  민속학자들은 일찍이 미즈코에 대하여 주목하였다. 미
야타 노보루(宮田登)는 원래 마비키(間引) 등으로 죽은
영아 또는 태아의 영혼은 태어나기 이전으로 되돌려 보낸
다는 의미에서 재생을 기원하는 전통적인 민속의 발전으

로 보았고, 지바 도쿠지〔千葉德爾〕는 아이의 양육이 전적
으로 모친에게 부담지워진 현대 가족의 배경에서 심리적
부담을 크게 안은 여인의 신앙적 발로라고 하였고, 나미
히라 에미코〔波平恵美子〕는 불행한 영혼을 모시는 것을
통해 복을 받고자 하는 신앙으로 보고 있다. 나미히라 에
미코에 의하면 부정이 강한 해산귀 또는 유아 사령의 신
을 모셔서 복을 받으려는 신앙에서 원혼을 모신다는 것이
다. 이는 모두 일본이라는 배경에서 설명하고 있는 것이
어서 그러한 입장이라면 한국이나 중국 등지에서 보이지
않는 것을 어떻게 설명할 수 있을까 하는 의문이 생긴다.
한국에도 영아의 사령이 해가 된다는 신앙이 있고, 중국
에서는 1980년대 이후 독자(獨子) 정책으로 인하여 많은
낙태가 행해지고 있는 것 등을 생각할 때 일본의 배경만
으로 설명하기는 어려울 것이다. 물론 일본에서는 전통적
으로 에마를 바치는 신앙에서 찾을 수도 있다. 그것과 유
사한 신앙은 한국에도 있다.

　전통적으로는 태아, 영아, 유아가 생명체이기는 하지
만 완전한 인권이 인정되지 않는 존재였다. 따라서 유산,
사산, 낙태 등에 대해서 별로 죄의식을 가지지 않았다. 심
지어는 출생한 아이를 죽이고서도 그다지 죄의식을 갖지
않았으며, 죽음에 따르는 의례적 처리도 행하지 않았다.
일본인들이 태아를 생명체로 보고 임신 중절이 살인적 행
위라는 의식을 가지게 된 것은 근대 법치 정신의 도입과

함께였다. 그런데 일본의 사례에서는 태아의 성별에 대해서는 거의 언급이 없는데, 이는 태아의 성별에 관계없이 영아 살인이 행해진 것을 의미한다. 즉, 부모의 상황에 의해서 이루어졌을 뿐이다. 출산 권리를 장악하고 여권을 주장할 수 있게 된 현대 여성들은 합리적인 사고에 의해 피임이나 낙태를 하지만, 한편으로는 생명에 대한 인식이 점차 고조되어 자기 모순에 빠지게 된 것이다. 그러한 불안한 심리에 전통적인 탈신앙이 자리잡게 되어 종교적으로 몰고 가게 된 것이다. 그 결과가 미즈코 공양이라고 할 수 있다.

태아 및 유아의 사령이 해가 된다는 의식이 전혀 없는 것은 아니지만 탈신앙이 심리적 갈등 문제로 확대 발전한 것으로 생각된다. 점쟁이나 종교인들은 탈신앙으로 유도하지만 그것보다는 개인의 양심의 문제와 직결되어 있다. 이를 신앙적으로 유도한 것이 불교 사찰이다. 일본 불교는 일상적인 문제에까지 깊이 관여하고 있다. 무주 고혼(孤魂)을 달래는 원혼 신앙이 일본의 조상 숭배의 한 특징이다.

근대적 법 의식과 인권, 전통적 관습상에서는 죄의식이 거의 느껴지지 않던 것이 현대 법 정신에서 실질적으로 형법상 위법이라는 점에서 심한 갈등을 빚어 이러한 신앙 형태를 발생시켰는지는 좀더 고찰되어야만 한다.

(4) 동아시아 나라의 인구 정책

인간이 출산을 어느 정도 억제하려는 것은 앞에서도 언급한 바와 같이 일본만이 아니고 인류 보편적 현상이라고 할 수 있다. 학문적으로 오랜 전통을 가진 우생학(優生學)은 좋은 인종을 증가시키고 불량한 인종을 억제하려는 학문이다. 부정적으로는 정신 박약자, 알코올 중독자 등에는 단종(斷種)시키거나 내시(內侍)처럼 성적 기능을 없애는 제도도 있었다. 그러나 근대 사회에서는 일반적으로 인구학적인 견지에서 출생을 억제하려고 한다. 오늘날 대부분의 국가는 많든 적든 인구를 조절하고 있다. 그래서 피임과 낙태(임신 중절)가 이제 보편적인 현상이 되었다. 이에 대한 윤리적 가치에 대한 논의가 종교인들을 포함하여 많은 지식인들 사이에서 다루어지고 있다.

미국에서는 의료 기술의 발달과 함께 낙태의 증가에 따라 많은 사회적 논의가 문제되어 왔다. 특히 1972년 최고 재판부가 낙태를 합법화한 이래, 여성의 선택권을 옹호하고자 하는 선택 중시 사상과 태아의 생명을 지키기 위한 낙태를 반대하는 생명 중시 사상이 대립하며 국론이 이분열되어 왔다. 전자는 바람직하지 않은 아이를 무리하게 낳게 하는 것은 사회적 불행을 재생산하는 것이 되고, 모체의 건강이나 경제적 빈곤 등을 고려해서 출산은 최종적으로 모친의 선택에 맡길 수밖에 없다는 주장이다. 거기에 대하여 후자는 실질적으로 어쩔 수 없는 사정에 의해 낙태하는 경우는 소수의 경우에 해당하며, 대다수는 안이한 산아 제한법 때문에 행해지는 것이니 그러한 생명 경시는 절대로 허용되어서는 안 된다는 주장이다. 이 논의는 동시에 생명의 시작에 관한 것으로 확대되어, 생명을 존중하는 많은 사람들은 정자와 난자가 수정되는 순간을 생명의 탄생 시기로 보지만, 임신 3개월 후나 분만 순간을 생명의 시작으로 보는 등 의견이 다양하다.

한국에서는 많은 사람들이 임신 중절을 합법적인 것으로 생각하지만 법적으로는 불법 행위이다. 1973년 모자보건법이 제정 공포되기까지 형법의 규정에 의해 인공 임신 중절은 원칙적으로 금지되었으며, 새로운 모자보건법에서 인공 임신 중절의 허용 범위가 다소 확대되기는 하였지만, 소수의 경우를 제외하고 불법으로 되어 있다.(安啓春,「인공 임신 중절과 모자 보건」『한국의 인구 문제와 대책』, 한국개발연구원, 1976:57)

이상주(李相周)는「인구 행동의 변화를 위한 정책 제안」이란 논문에서 한국인의 전통적 관념을 분석하여 한국 인구 행동의 변화를 위한 정책을 제안하였다. 그는 남아 선호 사상이 전통적인 수(壽), 부(富), 귀(貴), 강녕(康寧), 다자유복(多子有福)의 5복 사상에 기초한 조상 숭배와 가문 계승의 가족주의 가치관에 뿌리 깊은 남존 여비 사상이 증폭되면서 인구 행동에 영향을 미치고 있다고 했다. 그래서 남아 선호관(男兒選好觀)이 강한 사람일수록 가족 계획 실천율이 낮고 결과적으로 많은 수의 자녀를 가지는 경향이 있다는 것이다. 여아 출산 이후의 터울이 짧고, 부인들의 이상 자녀 수는 감소해도 남아 존중관은 변하지 않고 있으며, 부인들 중에서 96%가 2남 1녀를 원하고 1%만이 1남 2녀를 원한다는 것 등을 예로 들어 남아 선호 사상이 매우 강하며, 그것이 인구 행동에 큰 영향을 미치고 있다고 주장하였다(李相周,「인구 행동의 변화를 위한 정책 제안」『한국의 인구 문제와 대책』, 한국개발연구원, 1976:74~106). 김주수(金疇洙)는 「법적 제도적 관점에서 본 인구 성장 억제의 대책」이란 논문에서 남아 선호 사상이 유교적 유복친의 친족 관념을 바탕으로 전통적인 상속 제도 등에 문제가 있다고 지적하고 가족법상의 남자 우위 사상의 요인을 제거하는 것 이외에 사회법상의 여성의 지위를 향상시키고 나아가 인구 교육을 교육 과정화시켜야 한다고 주장하였다(金疇洙,「법적 제도적 관점에서 본 인구 성장 억제의 대책」『한국의 인구 문제와 대책』, 한국개발연구원, 1976:124~128).

이렇듯 남아 선호 사상이 인구 억제 등에 큰 영향을 미친다는 것을 알 수 있다. 그 결과적 현상 중의 하나가 남녀 성비(性比)의 불균형이라고 할 수 있다. 즉, 초음파 검사 등에 의하여 남아가 아니면 임신 중절을 해서 성비가 불균형되는 현상을 자아내고 있는 것이다.

중국의 독자(獨子) 정책은 동아시아를 넘어서 세계적으로도 인권 차원에서 논의될 수 있는 문제를 안고 있다. 생명의 출생에 대하여 국가가 정책적으로 규제한다는 것은 인간의 기본권을 침해하는 문제이기 때문이다. 중국의 상황을 1982년 영국 BBC가 보도한 것에 따르면 다음과 같다. 세계 인구 증가에 대한 위기감을 고취시키고 중국 인구의 증가가 빈곤화의 원인이라고 대대적으로 선전하며 조직적인 정책 선전원이 중앙에서 지방으로 파견되어 지방 공장 안에서의 산아 제한 실시를 권장하고 감시한다. 공장 안에서는 책임 감시원을 두어 임신 증세를 살피며 감시한다. 이러한 중앙의 정책은 많은 선전 매체를 이용하는데, 심지어는 공연과 강연도 최대한으로 이용한다. 마을에는 산아 제한에 대한 현수막이나 선전용 그림을 걸어 두고 있다. 또 어린이들로 하여금 '우리는 다른 형제를 필요로 하지 않고 행복하다'는 내용의 노래를 부르게 하는 등 철저한 선전 교육을 실시한다. 그럼에도 불구하고 아이를 가진 부인이 임신할 경우에는 강제로 낙태시킨다. 대개 부인들은 첫 아들 둘째 딸을 갖고 싶어한다. 딸을 가진 부인이 아들을 바라고 다시 임신하는 경우가 있으나 철저하게 저지하는 정책을 쓴다. 결혼을 하기 위해서는 신체 검사를 해서 허가를 받아야 하고 아이가 출생하면 출생증을 받아 경찰서에 신고한다. 아이를 한 명만 낳는 사람들은 보육원에서 대학에 이르기까지 교육적 혜택을 받을 수 있다(BBC Video Library, *China's Child*, BBC World Wide).

이러한 중국의 강제적인 인구 정책인 '아이 한 명만 낳기' 운동이 인권 차원에서 많은 비판을 받고 있으면서도 오랫동안 지속되어 온 것은 국민들이 단순히 강제적 정책으로만 인정하는 것이 아니라 자신들의 경제적 생활과 관련지어 이해하고 수용하고 있기 때문이라고 할 수 있다. 즉, 출산 문제는 인간의 생존과 관련된 매우 개인적인 문제이지만 사회적 관련성이 아주 큰 문제이기 때문에 국가 정책으로서도 성립될 수 있다는 설득력을 가지는 것이다.

대만, 한국, 일본 등 동아시아의 나라에서는 중국과 같이 강제적 정책은 수립하지 않았으나 상당히 적극적인 계몽, 선전, 교육, 법 제도 등을 통해서 실시하고 큰 성과를 거두고 있다. 그러나 거기에는 전통적인 가치관이 크게 작용하여 많은 문제를 일으키고 있기도 하다. 한국의 경우 1973년 현재 피임 실천률이 45%로서 영국(75%), 미국(65%), 대만(57%), 일본(53%), 홍콩(52%)에 비하여 상대적으로 낮은 것은 남아 선호 사상에 따라 아들을 갖기 위하여 출산을 계속하겠다는 부인이 69%라는 것과 대응하는 것으로, 이것은 전통적인 가족 관념 때문이라고 보여진다. (高甲錫, 「한국의 가족 계획 사업」『한국의 인구 문제와 대책』, 한국개발연구원, 1976:28~29). 그러나 보다 큰 문제는 남녀 성비의 불균형이라는 것이다.

이미 중국, 한국, 대만 등지에서는 성비의 불균형이 생겼다. 일본인들은 남아 선호의 경향이 거의 보이지 않고 서구와 비슷하며, 재일 교포도 일본인에 가까운 것으로 나타났다. 일반적으로 남아 선호 사상은 유교 문화권의 전통적 영향이라고 할 수 있다. 중국의 '아이 한 명만 낳기', 한국의 '아들 딸 구별 말고 둘만 낳아 잘 기르자' 라는 말이 상징적으로 인구 억제 정책을 나타내고 있다. '하나' 나 '둘' 이라는 숫자는 인구 억제를 상징하는 것이지만 거기에는 더욱 남아를 선호하는 경향을 내포한다고 할 수 있다. 아들을 낳을 때까지의 출산은 자연스러운 현상의 하나인 것이다. 그런데 중국처럼 하나에 국한하는 경우에 딸이 출생되었을 경우 출생 신고를 하지 않거나 양녀를 보내거나 심지어는 출생된 여아를 살해하거나 파는 일까지 있었다고 한다. 아예 태아의 성별을 감별하여 임신 중절을 하기도 한다. 임신 중절이 생명을 죽이는 것이라는 죄의식은 거의 없고 피임의 한 방법으로만 여기는 것이다. 즉, 소자녀(少子女) 정책을 강하게 실시하면 실시할수록 성비에 큰 문제가 발생하는 것이다. 이러한 실태는 한국인의 아들에 대한 태도에서도 확실하게 나타난다. 한 자녀를 가질 경우 아들을 원하는 것은 거의 일치하고 있다. 최근 의학의 발달로 융모 검사, 양수 검사, 초음파 검사 등을 통해 인공적으로 성별을 조절할 수 있게 됨으로써 의료인들 가운데에는 의료법에 의해 금지되어 있음에도 불구하고 상행위를 하여 성비의 불균형을 조장시키는 결과를 초래하고 있다(趙南勳·徐文姬,『性比의 不均衡 變動推移와 對應方案』, 1994:112~116).

출생 성비는 보통 여자 100에 남자 104~107이다. 그런데 이를 넘어서 남자가 많아진 것이다. 대개 1980년대 이후 3 국에서 남자의 비율이 높아졌다. 대만에서는 1990년대에 들어서 110, 중국에서는 '한 자녀 정책'이 낳은 결과라고 생각되는 1985년 이후 111~113, 한국에서는 1986년 111.8, 1994년 115.4이고 더욱이 세 번째, 네 번째 태어나는 아이의 성비는 115 이상이며, 극단적으로 1994년에는 네 번째 태어나는 아이의 성비가 237.7이라는 수치에 이른다. 잉태 22주(약 5개월) 이후 초음파에 의한 진찰로 태아의 성별을 판별한 후 여아를 중절시킨 결과에 의한 것이다. 이것은 남아 선호라는 전통적 부계 혈통주의를 지속시키고 있는 것을 의미한다. 또 산아 제한의 결과에 의한 불균형이다.

이러한 성비의 불균형이 인구 구성, 결혼 상대자의 불균형, 생명 경시관 등 많은 문제를 야기시키는 것은 당연하다. 그에 비하여 일본의 경우 성비의 불균형 현상이 나타나지 않는 것으로 보아 전통적으로 강력한 부계를 갖지 않았던 것을 의미한다. 핵가족화, 여성의 출산 선택권의 확보 등 근대적인 현상들이 진행되지만 구조적으로는 전통적인 가족 구조 및 혈연적 의식 구조를 탈피하지 않고 있다는 것을 의미한다.

(5) 유교의 영향

미즈코〔水子〕 공양은 인구 억제의 사회 현상에서 발생한 신앙 형태이다. 그런데 비슷한 사회 현상이 중국이나 한국, 대만에서도 일어나고 있다. 오히려 일본 이외의 동아시아의 유교 문화권에서 인공 임신 중절이 급격하게 증가하고 있음에도 불구하고 일본에서만 미즈코 현상이 일고 있는 점이 나의 관심사였다. 앞에서 다룬 바와 같이 그것이 유독 일본의 근대적 인권 의식이나 양심의 발전이라고는 보여지지 않는다. 만일 양심의 문제라면 임신 7개월 이후에도 낙태가 이루어지고 있는 중국에서 미즈코가 발생한다 해도 이상할 것이 없을 것이다.

나는 본고를 통해서 일본이 동아시아의 유교 문화권에서 그 외부에 존재한다고 생각한다. 동아시아에서는 일본을 제외한 중국, 한국, 대만 등이 남아 선호가 강한 가족주의를 가지고 있고, 그것이 인구 구성에까지 영향을 미치고 있다는 것을 앞에서 언급하였다. 만일 남아 선호가 확실히 유교의 가치관에 의한 것이라면 일본은 유교 문화권에서 벗어났음을 의미하는 것이다.

『유교란 무엇인가(儒教とは何か)』의 저자인 가지 노부

야[加地伸也]는 일본은 유교 문화권 안에 있다고 주장했
다. 나는 그와 함께 강연을 했을 때 일본은 유교 문화권의
외부에 존재한다고 주장하여 대립된 의견을 토론한 적이
있다. 남아 선호 사상에서 볼 때 일본은 분명히 유교 문화
권에서 제외된다. 다만 그러한 일본의 현상이 근대화에
의한 변화를 의미하는 것인지 아니면 전통의 결여로 보아
야 하는지는 별도의 문제이고 기본적으로는 유교의 영향
이 약하다는 것을 의미함에는 틀림없다.

　일본의 기본적인 가치관은 불교적이라고 할 수 있다.
장례식을 비롯해서 조상 숭배 및 관습 등에서 불교적 색
채가 강하다. 예를 들면 화장(火葬), 가족묘(家族墓), 불단
(佛壇), 순례(巡禮), 계명(戒名) 등에 이르는 일련의 의례
신앙이 불교로 일관되고 있다. 그런 점에서 유교가 설 자
리는 거의 존재하지 않는다. 따라서 미즈코 공양도 불교
적 민속 신앙이라고 할 수 있다. 미즈코 공양은 전통적인
탈신앙, 죄의식 등으로 설명되지만 역시 중요한 것은 불
교 민속 신앙의 연장선으로 보인다.

　근대 의학의 발전을 통해 출산을 인간이 주체적으로 결
정하는 산아 제한이 일반화되고 있다. 근대화 · 도시화라
는 사회 발전의 명목으로 산아 제한이 이루어지고 있다.
그것은 현재를 직시하는 시야에서 실행되기도 하지만 실
은 미래의 인구 폭등으로 인한 피해를 예방하려는 매우
선진 미래 지향적인 사고라고도 할 수 있다. 그러한 선진

적인 사고에 근거한 산아 제한이라고 해도 앞에서 본 것처럼 전통적 가치관이 강하게 작용하고 있음을 인식하지 않으면 안 된다. 결론을 말한다면 일본은 유교 문화권의 가치관에서 벗어나 있고, 전통적인 불교적 가치관이 산아 제한에 영향을 미치고 있다. 그러나 한국이나 대만, 중국 등지에서는 전통적 유교 가치관이 강하게 영향을 미치고 있다는 것이다.

10 일본 민속학과 조선

(1) 야나기다 구니오〔柳田国男〕

나는 일본 유학을 할 때까지 야나기다 구니오〔柳田国男〕라는 이름을 들어 본 적이 없다. 일본 민속학의 시조라고 하는데 민속학을 전공하는 나도 그의 이름을 들은 적이 없었던 것이다. 나뿐만 아니라 많은 한국의 민속학자들은 그의 이름이나 연구 업적을 거의 몰랐을 것이다. 그런데 내가 간 곳이 바로 그의 문고가 있는 세이조〔成城〕 대학이었다. 야나기다 구니오가 생전에 연구회를 하던 곳에 그의 문패가 그대로 걸려 있는 것을 보면서 자주 그 앞을 지나다니게 되었다.

  일본 민속학의 시조라 불리면서 세계적으로도 유명한 그가 우리에게 전혀 알려지지 않은 것은 그가 일본 중심의 국수주의자였기 때문이다. 그는 한국에 대해 관심이 적었고, 또한 식민지주의자였다. 그는 오키나와(沖繩)에 대해서는 상당히 관심을 가지고 많은 연구 및 문장을 남긴 것에 비하여 당시 조선(朝鮮)에 대해서는 거의 언급하지 않았다. 야나기다 구니오가 왜 한국에 대하여 관심이 적고 적극적으로 연구를 하지 않았을까. 어떤 이는 그가 조사 연구에 관심은 있었으나 소극적이었거나, 아니면 일본을 우선으로 하고 한국을 후차적으로 연구하려 했을지도 모른다고 한다. 또 식민지 정책에 말려들고 싶지 않았다는 이유일 것이라고도 하고, 한국 등 식민지 연구에 적극적인 연구 의욕이 없었다고도 한다. 그러나 가장 일반적인 통설은 야나기다 구니오가 일국 민속학(一國民俗學), 즉 일본에만 초점을 두어 연구했기 때문에 한국이나 주변 민족 또는 비교민속학에 관심이 미치지 못했거나 보류된 셈이라는 것이다. 결과적으로는 야나기다의 조선에 대한 태도가 일본 민속학의 성격을 특징짓는 중요한 요건이 되었을 뿐만 아니라 비교민속학으로의 발전 등에 한계를 긋는 결과가 되었다. 그러나 당시 그는 한국인 민속학자들에게 직·간접으로 영향을 주었다고 한다.

  야나기다 구니오는 두 번(43세인 1917년과 57세인 1931년)

이나 중국 대륙을 여행하기 위하여 조선을 통과한 적이
있다. 1917년 3월 20일부터 2개월간에 걸쳐 대만, 중국, 조
선을 여행했다. 5월 20일 베이징(北京) – 대련(大連) – 봉천
(奉天) – 경성(京城)을 경유하여 6월 2일 귀국하였다. "일
본에서 배달된 신문에 의해 정계가 크게 변한 것을 알았
다. 자신이 없는 동안에 내각의 경질이 있었는데 혹시 자
신이 나쁘게 말해지지나 않을까 하는 걱정 때문에 제정신
이 아니었으므로 봉천에서 일박을 하고는 대련을 왕복만 하
고 조선을 경유해서 급히 도쿄(東京)로 돌아왔다"고 자술
하고 있다. 1931년에는 4월 10일부터 5월 12일까지 간사이
(関西) – 조선 – 규슈(九州)를 여행하고 17일에는 부산에
서 경주로 가서 경주 박물관을 보고 불국사에서 일박하고
대구로 갔다.

    그는 통과한 조선에 대해서는 물론 중국에 대해서도 아
무런 글을 남기지 않았다. 1917년 대만 – 중국 여행에서 중
국 상해(上海)에서 손문(孫文)과 만났다는 것이 『70년(七
十年)』에 기록되어 있지만 감상 등은 한 마디도 적지 않았
다. 여기서 우리들은 실망과 동시에 다소 분노를 느끼지
않을 수 없다. 왜 손문과의 회견을 기록하면서 그에 대한
인상기를 남기지 않았는가에 대한 불만도 있다. 이를 좀
더 확대해서 생각한다면 야나기다 구니오가 중국의 문헌
에 밝고 또 항상 중국의 민속에 관심을 가진 것으로 알려
져 있으면서도 일반적으로 중국에 대해서 또는 일본과 중

171

국의 교섭에 대해서 거의 언급하지 않았다는 것이다.

그러나 야나기다 구니오가 조선이나 중국의 민속에 대하여 관심이 전혀 없었던 것은 아니다. 그는 적극적으로 한국이나 중국 등지의 인접 지역 또는 외국에 대한 연구인 민족학적 연구를 하지 않고 오히려 일본에 한정하려 하였다. 그럼에도 불구하고 야나기다 구니오의 민속학은 한국 민속학에 영향을 주었다. 그는 한국인 학자가 자국의 민속학을 연구할 것을 장려하고 기대하였는데, 손진태(孫晉泰), 송석하(宋錫夏) 등이 『여행과 전설(旅と伝説)』『민간 전승(民間伝承)』에 발표하기도 하였다. 그들의 방법론은 야나기다 구니오와 일치하였다. 야나기다 구니오는 스스로 체내에 흐르는 자연스러운 감정에서 일본이 전쟁에서 지는 것 등을 결코 바라지 않았으며, 말년에 비교 민속학에 관심을 기울인 것은 제국주의적 민속학을 이루기 위한 것이라고 주장하였다. 다만 그것이 패전으로 인하여 입을 다물게 된 것뿐이라고 상당히 냉철하고 부정적인 견해를 폈다. 이것은 앞에서 언급된 식민지 정책에 말려들지 않으려 했다는 등의 의견과는 정반대이다. 이는 야나기다 구니오의 야심이 말년에 들어난 것이거나, 야나기다 구니오 자신의 사상이 변화됨을 의미하기도 한다. 야나기다 구니오의 내셔널리즘(nationalism)이 한국으로 그대로 옮아가 한국에 뿌리를 내렸는데 다만 한국인 학자들이 의식하지 못했던 것이다. 야나기다 구니오는 매우 큰 회한을 남겼다고, 패전 직후인 1946년 11월 일본 민속학 강좌에서 '현대 과학이라는 것' 이라는 제목의 강연을 하면서 반성하였다.

일본 민속학자들은 야나기다 구니오의 조선에 대한 연구가 적극적으로 진행되지 않은 것을 일국민속학의 입장에서 지나치게 강조한다. 조선에 대한 연구를 실행하지 못한 것을 마치 무슨 학설로 해석하거나 장식하려고 한 것 같다. 그러나 조선에 관한 기사를 읽어 보면 그는 결코 조선에 대해서 관심이 없었다거나 일국민속학을 내세우기 위하여 조선 연구를 부정하거나 보류한 것이 아니었다는 것을 알 수 있다. 그저 손이 미치지 못했을 뿐이라는 인상이 든다. 야나기다 구니오는 일본 문화의 기원과 관련해서 한국 자료를 자주 인용하고는 했다. 문헌 자료나 오구라 신페이[小倉進平], 손진태 등의 이야기를 인용하는 등 최선을 다하고자 하였다. 그는 당시 일본인 학자들의 조선 연구 자료와 한국인에 대한 연구에 대해서 주목하고 인용하기를 주저하지 않았다. 그가 조선 연구에 대해 부정적으로 보거나 일본만으로 한정해야 한다는 입장으로 조선 민속에 대해서 부정적으로 언급한 부분은 발견할 수 없다.

한국 식민지 정책에 말려들지 않고자 하는 마음이 있었던지, 그는 일본이 한국을 식민지 지배하는 것이라는 표현을 쓰지 않는 대신 위임 통치(委任統治)라는 표현을 사용했다. 식민지에 대하여 긍정적 태도를 가지고 있었기 때문에 오히려 적극적이면 적극적이었지 결코 식민지를 부정적으로 의식하고 연구를 제한한 것 같지는 않다.

> 일본처럼 많은 섬을 영토 안에 가지고 있는 나라는 달리 없다. 통계 연감을 보면 알 수 있는 바와 같이 주위 10리 이상 또는 유인도가 4백 이상이다. 거기에 세계 유수의 다도해를 가지고 있는 조선 반도를 더하며, 위임 통치령으로 적도 이북의 보통 미소군도(微小群島)를 더할 수 있다.(「섬의 이야기」정본 『柳田国男集』25:136)

여기서 일본의 영토에는 조선 반도가 포함되어 있다.

> 토인(土人)의 행복을 본위로 하는 식민지의 경영법은 여하튼 점차 그 실현을 보려고 하고 있다. (중략) 우리들은 그들을 보살펴서 성장시키려고 하는 것이다. 그들의 복지를 증진시키도록 통치하는 역할이 위임되어 있는 것이다. 지금까지도 서적들이 서구 각국의 해외 영토가 거의 본국을 위한 존재처럼 생각하는 것은 좋지 않다. 토인을 무슨 사육하는 두견새나 누에 정도의 의미로서 애양(愛養)하여 보호하고 있다는 것은 무어라 말할 수 없다. 이제부터는 반드시 토인 본위의 경제 정책을 수립하지 않으면 안 된다는 등 이론상으로는 말하고 있다. 그러나 지금까지 본국의

의회에서는 항상 식민지에 이러한 돈을 들이는 것은
곤란하다는 불평이 그치지 않았다.

　실제로 대만이나 조선처럼 그 땅에서 얻은 세금이
나 기타의 수입으로 정비(政費)를 지출할 수 있을 만
한 영지(領地)는 많지 않다. 도로에서도 위생 설비에
서도 사람에 비해 토지가 넓어서 상당한 지출을 요하
는 것이기 때문에 직접 관계가 없는 본국의 납세자들
은 사치 사업처럼 생각한다. (정본 『柳田国男集』 29:
130)

　조선 신사(神社)와 호쿠만〔北満〕 신사를 세우는 의미에
대해서 다음과 같이 언급하였다.

　일본의 2천 6백 년은 거의 한결같이 이주탁식(移住
拓植)의 역사였다고 하여도 좋다. 최근 홋카이도〔北
海道〕, 화태(樺太), 대만, 조선의 경영에 이르기까지
매번 구석의 빈 공간에 동포를 나누어 보내어 새로운
마을을 창립하였다는 것은 모두 기록상 증명될 수 있
다. 신을 미테구라〔みてぐら:신에게 바치는 제물의 총
칭〕에 의해 맞아 모시는 것이 만일 불가능했다면 얼
마나 우리들의 생활이 적막했을까 알 수 없다. 그래
서 지금도 그러한 마음으로 조선 신사를 세우고 호쿠
만 신사를 계획하고 전개하는 것이다. (「日本의 祭」 정
본 『柳田国男集』 10:204)

　식민지 조사 자료에 대해서는 긍정적으로 평가하고 있다.

　　　최근 민속 조사가 중앙에서는 그다지 성적이 오르지 않는데 오히려 대만이나 조선 등의 관공서에서 오랜 후대에까지 남을 만한 훌륭한 일을 하고 있는 것과 마찬가지로 신예 발랄한 계획자에 이르러서는 얼마 안되는 호의와 비용을 나누어 갖는 것도 바람직하다. 만주국의 최고 학부 등에서 만일 이러한 사업에 손을 댄다면 세계 평화의 기운에 기여할 수 있을 것이다. 그러나 방법이라도 세운다면 꽤 용이하고 또 즐거운 일일 것이라고 생각한다. (정본『柳田国男集』 6:418)

　이와 같이 식민지에 신사를 세우는 것을 상당히 긍정적으로 평가하고 장려하는 말을 했다. 여기서 관공서가 조선총독부를 지칭하는 것은 말할 것도 없다. 그리고 신예 발랄한 계획자는 구체적으로는 조선총독부 촉탁인 무라야마 지준〔村山智順〕 등을 의미할 것이다. 그는 조선 식민지에 대해서 식민지나 위임 통치, 또는 경영이라는 말을 사용하는 등 비교적 긍정적으로 보고 있다. 또 현지 주민에 대해 토인(土人)이라는 표현을 사용하는 등 현지 주민의 자주 능력을 가볍게 보는 인종차별적 의식이 포함되어 있다.

이러한 점에 대해 전후 바로 후회하는 입장을 간접적으로 표현하였다. "전쟁이라는 엄청난 국민 총체(國民總體)에 대해서 자신은 아무런 대답을 하지 못했다"고 하였다. 야나기다 구니오가 자인한 바와 같이 그는 적어도 전쟁이라는 국민 총체의 운명이 걸린 큰 의문에 대해서 아무런 대답을 할 수 없었다. 그것은 당시 일본 사회의 일반적 견해로서 그도 일본의 영토 확장과 식민지화에 대해 긍정적 견해를 가지고 있었을 것이고 자기 학문의 시야를 넓히고 학문적 영향력을 확대하려는 제국주의적 경향이 전혀 없었다고는 할 수 없을 것이다.

그러면 조선이나 중국에 대해서 관심도 있고 또 비교민속학의 필요성을 주장했으면서도 직접 다루지 않은 것은 무슨 이유일까. 미야다 노보루[宮田登]는 1930년경의 야나기다 구니오는 확실히 한일 민속의 비교에 대해서는 소극적이었다고 전제하고 당시 시국의 추세에 영향받는 민족 결합의 원리와 비교민속학과의 결합에 대해서는 이후 충분히 고려되어야만 한다고 하였다. 이러한 점에서 후지이 다카시[藤井隆至]와 스즈키 미츠오[鈴木満男]의 연구가 주목된다. 그들은 앞에서 인용된 야나기다 구니오가 식민지에 대해 부정적이었기 때문에 조선 연구를 피하였을 것이라는 언급과는 상반된 견해를 밝혔다.

후지이 다카시는 1975년 『아시아 경제(アジア経済)』에 게재한 「야나기다 구니오의 아시아 의식」에서 독일의 구

177

식민지에 대해 언급한 것은 제국주의 열강에 의한 영토 확장의 야망이 잠재되어 있는 것이라고 지적하면서 당시 조선 등 동양의 일본 식민지에 대한 야나기다 구니오의 본심을 탐구하였다. 즉, 야나기다 구니오는 당시 아시아주의자로서 그 외적 계기는 일본의 아시아 침략이라는 동시대사였다. 종래 일국민속학이라고 주장하다가 갑자기 민족 결합의 원리로서 비교민속학을 주장하였다. 야나기다 구니오의 일국민속학은 결국 전후의 그를 떠받드는 후계 학자들에 의해 창조된 것이 아닌가 하는 의문이 들 정도이다.

야나기다 구니오는 긍정적이든 부정적이든 조선에 대하여 관심을 가졌다. 그의 관심을 정리해 보면 다음과 같다.

민담 등을 조선과 비교하면서 조선의 구전 자료를 상당히 인용하고 있다.

- 천녀(天女)가 두 아들을 데리고 하늘로 올라갔다는 민담이 조선에도 있다면서 손진태의 『조선 민담집』을 인용하였다. 아이가 하늘로 올라가 별이 되었다는 이야기는 규슈〔九州〕에 두세 가지 있으며 조선에도 비슷한 이야기가 있다.
- 또한 꿈을 사서 복을 받는다는 이야기를 『동국여지승람』에서 인용했다.

· 생선 장사가 눈병을 치료하는 이야기는 조선에도 있다.
· 눈이 하나인 사람의 이야기는 조선에도 있고 유럽에
  도 있다.
· 설화의 분류가 조선에서도 있는지는 알 수 있다.
· 도깨비에 혹 떼러 갔다가 혹 붙인 이야기는 조선에서
  온 것이라고 말하는 사람이 있으나 이 이야기는 세계
  적으로 널리 분포된 것이기 때문에 그렇게 말하기는
  어렵다.
· 신부가 첫날밤 오줌을 싸서 신랑이 다시 돌아오지 않
  았다는 이야기는 조선에도 있다.
· 어원적으로 일본어의 호토케〔仏〕가 조선어 부도가(浮
  屠家)라는 어원설은 억측이다.
· 오키나와〔沖繩〕의 이시간토〔石敢富〕라는 골목 수호신
  은 조선의 돌장승과 비슷하다.
· 돌을 놓아 숭배하는 조선의 서낭당과 일본의 도소진
  〔道祖神〕은 비슷하다.
· 조선의 무속 신앙에서 어린아이의 신을 모시거나 신
  령의 대표로 모시는 예는 일본과 공통된다.
· 『동국여지승람』에 보면 산 위에 신을 모신다고 하는
  데 그 곳은 신의 강신(降神)의 영지(靈地)였다.
· 미륵 신앙은 조선에도 있고 중국에도 있다.
· 무당이 산신을 모시는 것은 한국과 일본이 공통된다.
· 도자기의 한반도 전래설이 있다. 고려자기의 제조법

179

을 일본에 전한 조선인의 묘가 있다.

· 조선에서 귀화한 도공(陶工)의 묘가 있다고 하는데 그 지역 사람들이 과연 그것을 인정할까.

· 조선의 고종(古鐘)을 보니 명문(銘文)을 연구하고 싶어진다.

· 소작법과 관련해서 노동자가 민법상 토지 소유만이 아니라 실제로 수입면에서도 소유해야 한다.

· 조선과의 무역의 역사.

· 일본은 대해 안에 있는 섬나라로서 반도로부터 물건들이 떠내려 올 정도로 가깝다.

· 누이동생이 옛날 이야기에서 중요시되었던 것은 오키나와, 일본, 조선 등 고금을 통해서 일관되고 있는 것 같다. 손진태의『조선 민담집』에도 채록되어 있다.

· 우지 슈이〔宇治拾遺〕에 나오는 바가지와 쌀의 이야기가 조선을 통해서 들어왔다는 것은 지금으로서는 확실하다고 말할 수 있으나 이와 더불어 일본의 시타키리스즈메〔舌切雀〕 이야기와는 주인공이 참새인 것 외에는 일치하는 부분이 적다.

· 조선의 고전에도 호공(瓠公)의 이야기가 있다. 그리고 물독에 물을 바가지로 긷는다면서 손진태의『조선 민담집』을 인용했다.

· 석전(石戰)의 풍속은 조선에도 남아 있다.

· 고다〔幸田〕 선생님으로부터 바가지 가면을 받고 그

것을 시렁에 올려놓고 마주 보고 웃었다.
· 일본의 마을을 조사하다가 조선으로 이사갔다는 것
  을 들었다.

이상은 단편적인 거의 한 줄 또는 몇 줄에 걸쳐 조선에
대해서 언급한 것들이고, 조선 문제를 비교적 자세히 다
룬 것은 「비교민속학의 문제」라는 논문이다. 여기서 중
요한 부분을 초역하면 다음과 같다.

　　조선을 보고 오지 않으면 안 된다. "만요슈〔万葉
集〕가 걸어다니고 있어요." 죽은 아우 마츠오카 에이
큐〔松岡映丘〕가 그렇게 말하면서 나에게 권한 지 벌
써 20년이 되려고 한다. 그간 두 번이나 기차를 타고
지나기만 하였다. 좀 준비해서 다시 보고 오려고 한
다. 그래서 볼 만한 것을 남겨 놓은 셈이다.
　　이마무라〔今村〕를 비롯해서 다른 많은 학자들의
연구물이 책상에 나란히 진열되어 있을 뿐이다. 갈수
록 양이 많아져 오랫동안 읽지 않으면 안 된다는 생
각에 색인만이라도 만들어 두고자 했지만, 그것도 쉽
지 않다. 어느 때 집에서 한두 가지 읽는 것만으로는
지식의 부족감을 느낀다.(정본『柳田国男集』30:63)
　　조선과 일본과의 비교 등도 우리들의 정리 방식을
위해서 일단은 접어 둘 수밖에 없다. 단지 직관적인
첫인상으로 쌍방이 서로 비슷한 생활 모습을 보면서,
본래 다른 것이라면 이만큼 일치할 수 있을까 하거나

감탄의 소리를 내는 사람들도, 때로 이름의 유래를 알고서야 비로소 차이점이 있는 것을 알고는 힘이 빠지는 것이다. 그러한 것들은 조만간 면하기 어렵다. 꿈은 깨어져도 학문은 정확하게 된다. 유감스러운 것이 아니다. 원래 역사 과학이라는 것이 실은 지금까지 지나치게 기원론(起源論)에 사로잡혀 있었다. 천 년의 역사를 이야기하면서 최근 백 년의 추이를 무시하고, 원래는 하나였다고 증명하는 식이었다. 하나의 극단적인 예를 든다면 아이누(アイヌ)의 지명 풀이가 70년이나 계속되고 있다. 지명이란 인구가 늘고 토지와의 인연이 깊어지면 부여될 수 있는 것인데 한번 아이누가 있었다고 지금의 지명과 관련이 있는 것으로 생각하는 사람이 많다. 그들은 지금까지 전해지고 있는가에 대해서는 별로 생각하지 않는다. 현대 일본어로 간단히 설명될 수 있는 것도 에조(蝦夷)라고 하면서 좋아하는 사람이 있다. 아는 체하는 정도가 심하다. 전염되지 않도록 주의하지 않으면 안 된다. 민속 어휘 등을 많이 수집해 보면 그 이름에는 사람들의 마음이 나타나 있고, 오래된 것으로는 무로마치(室町) 시대로 소급될 수 있다. 가마쿠라(鎌倉) 시대 이전까지 소급하기는 어렵다. 반도에서도 그렇다고 생각된다. 이 두 가지를 대조해 보아 서로 다르지 않으면 오히려 이상할 것이다. 만일 우연이 아니라고 한다면 아마 그럴 만한 특수한 사정이 있을 것이다. 오쿠라(小倉) 박사가 회의에서 보고한 바에 의하면

양국의 국어에는 몇몇 공통된 사물의 이름이 있다고
한다. 어렵게 찾아 낸 것이기 때문에 경탄할 만한 일
이지만 한편으로는 매우 신중해야만 한다. 지금도 그
러한 것을 환영하려는 사람이 조선에도 있을지 모르
겠다. 아무리 일족이라 하여도 몇 천 년이나 서로 떨
어져 살게 되면 대체로 서로 멀어지게 되는 것이 당
연하다. 누구라도 인정할 만한 유사성이 있다면 거기
에는 분명히 무언가 적극적인 이유, 즉 역사적으로
새로 만들어진 것이거나 아니면 천성적으로 움직일
수 없는 특성이 있다고 생각하지 않으면 안 될 것이
다. 우리들이 찾아 내야 할 것이 그것이다. 조선의 남
쪽은 일본과 근접해 있어서 일찍부터 왕래가 있었을
것이다. 한자를 수입하였거나 불상불경(佛像佛經)을
가져왔다거나 공예를 전수하였다는 이상 그런 근본
적인 기록도 없으면서 단지 그와 같은 것이 있었다고
하는 것은 원래 연(緣)이 있어서 서로 생활이 닮았다
고 하는 추론과 다를 바 없다. 앞으로 분명히 밝혀질
지는 모르지만 현재로서는 분명하게 말할 수 있는 것
이 없다. 더욱이 다른 일면의 이름도 듣지 않고 아니
면 멀리 존재하고 있는 것을 알고 있는 제3, 4의 민족
들간에도 이와 같은 유사성이 있을까 없을까 하는 것
을 생각해 본 사람도 없고, 또 조사 방법도 알고 있지
않다. 이러한 시대에 있어서 일찍이 나의 죽은 아우
가 감동한 것처럼 반도의 고풍 속에서 만요진(万葉
人)의 생활을 회상한다는 것은 말하자면 시적이지 학

문이 아니다. 『조선 민속(朝鮮民俗)』이라는 잡지가 나
오고 있다는 것을 우리들은 모르고 있었다. 이번의 기
념호를 두 지역 사이에 비교의 첫발을 내딛는 계기로
삼고 싶다. 늘 부럽다고 생각하는 것은 반도의 학업
이 신흥의 기세가 넘쳐서 항상 계획이 장대하고 단시
일에 착착 성과를 이루고 있다는 점이다. 모처럼 고
향을 되돌아보고 이것과 저것의 관계를 설명하고자
하여도, 적당한 재료가 있으면 쉽게 설명할 수 있겠
지만, 지금은 우리들의 조사가 정태하고 있는 것이
왠지 부끄럽다.

　이마무라에게 권하는 것이 이런 것이다. 나는 나이
가 들어서 본격적으로 완벽하게 조사할 수 없을 그
때를 위해서 앞에서 언급한 민속 어휘의 분류를 서서
히 시작하였다. 완성되지는 않았지만 지금까지 많은
사람들이 기록해 준 지방의 자료를 주제별로 순서대
로 한 눈으로 볼 수 있게 할 계획이다. 사전에는 나와
있지 않은 방언을 중심으로 현재 아직까지 사용되고
있는 것은 그대로 생활의 한 모습을 대표하는 것이라
생각하여 가능한 한 많이 배열하여 놓고 검색하는 데
에 편리하게 하고자 한다. 이것이 양쪽에서 거의 공
유하고 있고 어느 쪽에서도 이용할 수 있게 하려고
지금까지 알아차리지 못했던 오래된 것을 많이 발견
했다. 우리들의 감동을 새롭게 한다. 이마무라 선생
님의 친구들은 무언가 이런 기계적인 것보다 연구에
도움이 될 수 있도록 할 수는 없을까. 또 내가 아직 알

지 못하는 사이에 착착 진행되고 있는 것이 아닌가
하는 생각도 해 본다.

민속학의 비교연구는 동기나 방법이 문화인류학과
는 다르다. 문화인류학은 대체로 민족들의 생활의 유
사성과 상이성에 주의하며 그 이유를 찾아 연구하여
온 것 같다. 우리들은 가까운 3백 년에서 5백 년 사이
에 단절, 고립되어 발전하였다고 생각하기 때문에 처
음부터 비슷할 리가 없다고 생각하고, 가끔 일치하는
점이 보이면 비상하게 그것을 규명하지 않으면 개운
치 않게 여긴다. 이러한 연구는 멀리 떨어진 이민족
사이에서 처음부터 큰 효과가 있다고 실행하였지만
그것을 수행하기에는 시간이 걸리고 또 약간의 연습
이 필요하다. 오랜 이웃 민족들이 정치·문화를 함께
하고 예전에는 시조를 함께 하였다고 말하는 사람조
차 보조를 맞추어 새롭게 인식한다. 우리들은 이것을
인류 자성(自省)의 출발로 삼고자 한다.

그는 패전 후에 자신의 민속학적 사상을 신국학(新國
學)이라고 주장하였다. "나라가 새롭게 되고 있다. 이것
을 신국학담(新國學談)이라고 하여도 좋을 것이다." 국학
에는 근세 국학(近世國學)과 신국학이 있다. 우치노 고로
[內野吾郎]에 의하면 근세 국학은 근세 쇄국 시대를 배경
으로 성립한 학문으로서 해외를 의식하지 않은 국내 학문
이고 자기 민족 문화를 자국의 고대 문화에서만 찾고자하

는 복고 신도학이며, 일본 고대 문화학이고, 방법론적으로 문헌학이며 문헌 사학적 신도학이었다. 한편 민속학은 서구에서 건너온 근대 과학이며, 현대의 생활 문화 가운데에서 민족의 기층 문화를 탐구하는 학문이다. 결국 신국학은 보다 서구적(비교연구) · 근대적 · 민속학적(문화인류학적)이라고 할 수 있다. 하가 노보루〔芳賀登〕는 야나기다 구니오 학문의 본질은 신한국이라고 전제하고 "시민의 생활의 장이 되는 소지역 공동체(小地域共同體) 그 안에 잠재하고 있는 일본의 전통에 기초하여 생각하는 학문을 주장하고 그것으로 인해서 비로소 국가의 장래의 계획도 가능하게 된다는 것이다. 야나기다 구니오는 그러한 학문을 신국학이라고 생각하였다"라고 하였다.

그의 관심은 비교민속학에서 연유된다. 일본 민속학의 많은 자료들이 실제로 한국과 연결되어 존재하는 것을 부정할 수 없기 때문에 어차피 비교민속학을 말하지 않을 수는 없었을 것이다. 한국 전래의 자료, 한국과 비교하여 비슷한 점과 차이점 등을 언급하게 된다. 여기 단편적으로 언급된 것은 조선 자료를 독립적으로 다룬 것은 아니고 대부분 일본 자료를 설명하기 위한 보조 자료로 인용한 것에 불과하다.

조선 자료를 때로는 제한적으로 사용하기는 하지만 인용하면서도 조선 민속에 대해 적극적이고 직접적으로 다루지 않은 또 하나의 이유는 언어와 문헌에 대한 태도라고 생각된다. 1943년 한 좌담회에서 일본과 대만, 한국 그리고 필리핀 등과의 비교민속학에 있어서 연구의 최대의 장애는 언어 문제라고 지적하였다. 한편 그는 민속학을 강조하고 성립시키기 위하여 문헌보다는 현존하는 민속에 관심을 가지고 있었을 것이다. 그럼에도 불구하고 현지 조사를 통해서 자료를 수집하는 쪽으로 기울기에는 언어적으로 어렵고 간단히 조사 실행이 되지 않는 한계점을 인식하였을 것이다. 그러므로 직접 조사를 하지 않았으리라고 생각된다. 그래서 복잡 유식한 사회보다는 단순 무식한 사회를 중요시하여 한국보다는 남쪽으로 기울게 되었을 것이다. 오키나와의 연구는 조선보다는 언어적으로 용이하였던 것이다. 그는 한국의 자료를 인용할 때는 고전을 염두에 두어야만 하므로 쉽게 한국 문제를 직접 대상으로 하기에는 벅차다는 느낌이 들었을 것이다. 그는 자주 고전을 인용하거나 번역된 자료나 일본문으로 정리된 것을 이용하였다. 한국 고전에 대해서는 이미 마에마 교사쿠〔前間恭作〕나 이마무라 도모〔今村鞆〕 등과 같이 상당한 수준에 이른 사람들이 있었기 때문에 거기에 의존하였던 것이다.

187

1940년까지 그다지 적극적인 태도를 보이지 않던 야나기다 구니오가 갑자기 『조선 민속(朝鮮民俗)』의 발간을 계기로 비교민속학을 제창하게 된다. 일본 민속학의 성숙에서 비교민속학으로의 전환이라는 점과 스즈키〔鈴木〕가 주장하고 있는 바와 같이 야나기다 구니오의 비교민속학의 제창은 시국 편승이라고까지는 말하지 않아도 적어도 '대동아전쟁'이 일본 국민을 사로잡은 열기에 상당히 편승한 것이라고 보아야 할 것이다. 스즈키는 1975년의 후지이 다카시의 논문을 인용하지 않았으나 그 논문과 구상이나 내용면에서 상당한 부분이 유사하다. 다만 최신의 저서에서 좀더 적극적으로 그 주장을 강조하여 '대동아권 비교민속학(大東亞圈比較民俗學)'이라고까지 하였다.

그가 한국 민속학에 영향을 주었다는 것이 과연 옳은지 알아볼 필요가 있다. 두 차례나 '손진태 군'이라고 거명하면서 연구 및 조사 자료를 인용하고 있다. '손진태 군은 그『조선 민담집』에서 노파가 나쁜 호랑이를 퇴치하였다는 것을 동일 계통으로 추측하고 있다'고 하는 점으로 보아 손진태의 연구에 기대와 신뢰를 갖고 있었던 것 같다. 그러나 이것만으로 야나기다 구니오의 민속학의 영향을 말할 수는 없을 것이다. 만일 그의 영향이 있다면 두 가지로 고찰할 수 있다. 하나는 민속학의 방법으로서 민속 또는 구전 중심으로 연구하는 태도일 것이고, 다른 하나는 '우국(憂國)의 지사(志士)'라 불리는 야나기다 구니오의 제국주의적 민속학 내셔널리즘의 영향이라고 할 수 있다.

손진태는 야나기다 구니오의 민속학의 영향으로 구전 또는 현존하는 민속을 다루면서도 문헌사학자적인 면을 가지고 있다고 하였다. 그러나 나는 문헌사학적인 면이

민속학적 방법보다 중요시되었다고 생각한다. 손진태는 와세다[早稻田] 대학 사학과에서 민속학을 연구한 것 같다. 그는 인류학과 민속학에 흥미를 가지고 그 방면의 책을 읽으면서 관심이 고조되어 고향에 나오는 길에 민속 조사를 행하였다고 술회하고 있다. 기본적으로는 와세다의 사학자 쓰다 소기치[津田左右吉]나 마에마 교사쿠[前間恭作], 니시무라 신지[西村眞次] 등의 당시 식민지를 대상으로 연구하던 문헌사학자를 스승으로 하여 사학과에서 민속학을 전공한 사람이다. 때문에 손진태의 민속학이라는 것은 자연히 문헌을 중심으로 다루게 되었으므로 민속에 중심을 두는 야나기다 구니오의 민속학과는 다르다.

쓰다 소기치는 당시 만철(滿鐵)의 만선 지리역사조사부(滿鮮地理歷史調査部)의 연구에 참가하여 『조선 역사지리(朝鮮歷史地理)』를 간행했고, 그것을 바탕으로 중국의 종교 등에 대한 연구를 한 대사상가이며 역사가이다. 쓰다 소기치는 1927년 3월 15일 일기에서 자신을 방문한 손진태에 대해 다음과 같이 적고 있다.

졸업하는 조선인 학생이 왔기에 어떻게 생각하면 조선에 돌아가서 역사 교사가 되는 것도 괜찮을 것 같다고 말해 주었다. 일본인은 무엇이든지 일본이 잘난 것으로 생각하고, 조선이 예전부터 일본에 복종하고 있는 것처럼 말하고는 한다. 한편 조선에서는 그 반대로 예전부터 조선은 훌륭한 독립국이라고 말한다. 양쪽 모두 잘못된 생각이다. 양쪽 모두 사실과 다르다. 역사는 사실을 밝히는 것이다. 사실을 사실대로 보는 데에서 진실한 사고가 솟아난다. 이것이 하나이다. 다른 하나는 일본인은 조선인만을 상대로 하고 있고, 조선인은 일본인만을 상대로 하고 있다. 좀더 높은 차원에서 좀더 넓게 세계를 보지 않으면 진실로 일본이나 조선도 알 수 없다. 조선인은 조선에 집착하고 일본인은 일본에 집착하기 때문에 감정적으로 충돌되고 참된 감정적 융화는 불가능하다. 될 수 없고 또 될 수 없는 것이 당연하다. 그러나 적어도 이지적으로 그것을 억제할 수는 없을까. 그것은 사실을 사실로 보는 것인데, 이것도 노인은 되지 않으니 젊은 세대에 기대하는데, 이들 선생들이 조선에 돌아가서 어떻게 할지 모르겠다.

여기에서 조선인 학생이 손진태임은 거의 확실하다. 손진태는 1900년생으로 1927년 3월에 와세다 대학을 졸업했기 때문이다. 그는 27세의 의기양양한 청년이었을 것이다. 마에마 교사쿠도 조선에 관한 문헌 연구를 통하여 방대한 자료를 출판하였다. 1928년 여름 손진태는 도쿄 아오야마[靑山]의 자택으로 마에마 선생을 찾아갔다. 그 때 선생은 손진태에게 『고금소총(古今笑叢)』고본을 보여 주었다. 나중에 손진태는 그것을 일본에서 출판하였다. 손진태는 이러한 식민지를 배경으로 하여 최첨단에서 조선사를 연구한 학자들에게 배웠다. 그가 일방적으로 야나기다 구니오의 영향을 받은 것은 아니다. 이기백(李基白)은 『손진태 전집』 해설문에서 '본인으로부터 들은 바에 따르면 손진태가 해방 전에는 역사를 자유롭게 할 수 없어서 민속학을 하였다'고 하였다. 손진태가 그러한 말을 하였다면 해방 후 소위 정통 문헌사학으로 돌아가기 위한 말이라고밖에 생각할 수 없다. 그의 조선 민속을 다루는 태도는 역사와 문헌이 방대한 민족에 있어서 불가피하다는 것을 의미한다. 해방 후 그는 문헌사학적 민속학에서 문헌 국사학으로 전환하여 신민족주의를 부르짖었다. 결국 와세다 사학으로 돌아간 셈이다. 그의 이러한 전환은 한국 민속학의 단절을 의미하며 한국 민속학 발전을 더디게 만든 것이 되었다.

송석하(宋錫夏)는 당시 일본 도쿄쇼다이〔東京商大〕에 유학하면서 『조선 민속(朝鮮民俗)』을 발행했는데, 주로 민속 조사를 행하였고 문헌 자료는 거의 다루지 않았다. 이와 같이 현지 조사를 중시한 점에서 야나기다 구니오의 민속학에 근접했다고는 하지만 문헌이 많은 한국 민속학에서 문헌 연구가 뒷받침되지 않아서인지 그의 민속학은 손진태에 비해 별로 주목받지 못했다. 아마 한국 민속학에서는 문헌과 민속을 겸하여 다루는 것이 옳다는 생각이 일반적이기 때문일 것이다. 필자는 손진태의 문헌사학적 민속 연구가 야나기다 구니오의 민속학보다는 와세다 사학의 영향이 크다고 생각한다. 물론 손진태가 사학을 전공하면서 야가기다 구니오의 민속학과 직·간접적인 교제를 통해서 영향을 받았을 것이라는 것은 배제할 수 없으나 손진태의 기본적 방법은 와세다 사학적이라고 할 수 있다. 야나기다 구니오가 손진태의 자료를 자주 인용하는 것으로 보아 적극적으로 조선에 대한 관심이 있었고, 손진태와 어느 정도 관계가 있었던 것은 사실인 것 같다. 이 점은 좀더 깊게 다루어져야 할 것이다.

다음으로 야나기다 구니오 등의 내셔널리즘이 손진태의 민속학에 어느 정도 영향이 있었을까 하는 것이다. 다케다 아키라(竹田旦)가 지적한 바와 같이 야나기다 구니오의 내셔널리즘을 배운 당시 손진태 등이 오히려 반일적이거나 전후 민족주의로 돌아간 것이 아닐까 하는 지적은 매우 예리한 관찰이라고 생각된다. 야나기다 구니오와는 대조적으로 손진태는 거의 야나기다 구니오의 문헌을 인용하지 않았다. 그것은 야나기다 구니오 자신이 한국에 대한 직접적인 글을 쓰지 않았던 점도 있을 것이나 그의 이론을 전혀 무시해서가 아니라 그의 내셔널리즘에 대한 저항감 때문이라고 생각된다. 필자도 야나기다 구니오의 글을 읽으면서 항상 그와 비슷한 감정을 느끼는 것이 보통이다. 야나기다 구니오가 말하는 일국민속학은 기본적으로 일본적 애국심을 가진 것이다. 지금까지 야나기다 구니오가 학문 외적으로도 일본 민족을 사랑하였다는 점에서 좋은 평가를 받고 있다는 인상을 버리기 어렵다. 한 나라의 애국심은 동시에 타민족에게는 소외감 내지 반감을 사게 된다.

11 재일 동포

(1) 전후의 민족 이동

전후 한일 민족은 서로 교차하여 민족 대이동이 일어났다. 한국에 살던 70만여 명의 일본인들은 일본으로, 일본에 살던 150만여 명의 한국인들은 한국으로 귀국하였다. 이것은 전쟁과 식민지에 의해 이동된 인구가 복귀한 것이다. 제2차 세계 대전 전의 인구의 이동이 정책적 또는 반강제에 의한 것이라면 전후의 이동은 비교적 자유 의사에 의한 것이다. 모리타 요시오〔森田芳夫〕의 『조선 종전의 기록』은 당시의 사정을 잘 정리해서 보여 주고 있다. 조선 총독부 총독을 비롯하여 관리나 주민들의 안전이 마지막까지 보장된 상태에서 철수한 것이다. 심지어 남산의 조

193

선 신궁(朝鮮神宮)에서 마지막 제의를 올리게까지 했다. 일본인들은 미군정에 의해 무사히 철수할 수 있었는데, 전후 일본으로 갈 때 원칙적으로 한 명도 한반도에 남지 않고 모든 재산을 한국 사람들에게 팔거나 양도하고 갔다. 일본인들이 가면서 남긴 가옥 등은 대개 종업원들에게 양도나 판매의 형식으로 넘겨 주었는데 후에 정부에서 일괄적으로 적산 가옥으로 처리하여 1985년 등기를 정정하여 과거 20년간 소유한 자에게 이전하게 하였다.

한국인들은 가옥은 일체 파괴하지 않았다. 소유가 불분명한 것은 공유로 하였다. 일본인으로부터 많은 재산을 위임받아 부자가 된 사람도 있다고 한다. 어떤 사람은 해방 직후 친일파를 규탄하면서도 적산 가옥을 점유하고 일부를 판매하여 재산을 모았다. 그리고 그것을 기반으로 해서 크게 성공하였고, 학교 건립 등에 기부금을 내는 공헌을 하기도 하였으나, 갑자기 부자가 된 사람이라는 인상 때문에 호감을 받지는 못했다. 이들은 일본인의 가옥을 그냥 빼앗은 것이 아니라고 정당성을 주장한다. 그러나 일본인 가운데에는 관리를 맡긴 것이지 준 것이 아니라며 후에 자기 재산에 대해서 문의를 한 사람도 있었다. 사람들은 일본인들로부터 정당하게 사들였다고 주장하지만 적산 가옥으로 점유한 것과 직접 일본인으로부터 산 것이 잘 구분되지 않았다. 해방 직후에는 일본인들의 연락이 전혀 없었으나 최근에는 이것과 연결해서 연락이 있는 곳도 있다고 한다.

(2) 재일 동포 사회

제2차 세계 대전이 일어나기 전 일본에 230만여 명이나
살던 재일 동포 가운데 소위 강제 연행, 징용, 강제 노동
등으로 끌려간 사람들은 전쟁 후 거의 한국이나 북한으로
귀국하였고, 50~60만 명이 일본에 남았다. 현재 70만여 명
이 정착하여 살고 있다. 그들은 원칙적으로 자신들의 의
사에 의해 일본에 거주하는 사람들이다. 물론 전쟁 전의
식민지를 배경으로 하는 것은 말할 것도 없다. 1965년에
한일 국교 정상화가 성사되고, 1970년대부터 모국 방문이
가능해지기 시작하면서 한국인으로서의 의식이 성립하
기 시작했다. 1980년대에는 한국의 경제 성장으로 국제적
인 발언권이 높아지면서 재일 동포의 모국에 대한 의식도
높아졌다.

넓은 의미에서 재일 동포란 비교적 장기적으로 일본에
서 영주하는 사람, 일본에 거주하는 사람을 말한다. 그들
이 한민족이라는 의식의 유무에 상관없이 동포의 범주에
든다. 동포 사회에서 서로 한민족이라는 의식을 가지고,
또 일본인들이 그렇게 생각하는 사람들이다. 여기에 반드
시 명확한 기준이 있는 것은 아니다. 일본 사회는 부락민

에 대한 뿌리 깊은 차별 의식을 가진 사회이기 때문에 일
본 국적을 취득하고 일본인으로 행세를 해도 일본인으로
인정되지 않고 구별되는 경우가 있다. 특히 결혼이나 직
장에서 차별받는 경우가 그렇다. 일본이라는 의식과 차별
과는 다른 것이다. 다시 말해서 한민족이 일본에서 동화
된다고 해도 차별을 벗어나기란 쉽지 않다는 말이다. 그
것은 한민족의 문제라기보다는 일본 사회의 문제일 것이
다. 여기서 말하는 한민족과 일본 민족의 구별은 경계라
고 할 수 있다. 귀화만으로 일본인으로 인정받고, 차별이
없어지는 것은 아니다.

　좁은 의미의 재일 한국·조선인은 국적에 의해 두 종류
로 나뉜다. 하나는 한국 국적의 재일 동포이고, 다른 하나
는 종래의 조선 적(20%)을 가진 일본 영주자들이다. 대체
로 67만 명 정도라고 한다. 거기에는 16만 명의 외국인 등
록자인 뉴 커머(new comer)와 귀화한 사람들은 포함되지
않는다. 그러한 숫자를 포함하면 100만 명이 넘어 거의 일
본 인구의 1%에 해당한다고 한다. 한국에 영주 거주하는
일본인의 숫자와는 비교도 안 될 만큼 압도적으로 많다.
오사카[大阪]나 신주쿠[新宿] 등지에는 한인가가 형성되
어 있을 정도이다.

　일본인과 한국인의 경계에 벽을 만드는 것이 조직이다.
재일이란 범주, 즉 전쟁 이전부터 살아온 사람이라는 의
식 뿐만 아니라 강제 이주 또는 강제 연행된 사람, 차별

등을 이용하여 벽을 만든다. 그것은 정치 조직일 수도 있고, 사회 조직일 수도 있다. '재일 대한민국 민단'과 '재일 조선인 총연합회', '성화회(成和會)'라는 정치 조직을 비롯해 상공회의소나 신문사, 교회 등 많은 기업이나 사회 단체들이 있다. 또한 이런 조직을 통해서 각기 다른 집단을 형성하고 있는 것이다. 조직 안의 사람(민단, 총련)들은 민족 의식을 가지고 조직 밖의 사람(귀화인)을 구별 짓는다. 그러므로 민족 안에서도 내부적으로는 결속하면서 밖으로는 정치적·사회적으로 경쟁, 적대, 반목 관계를 발생시킨다. 그들은 일본에 대해서, 또 민족 상호간 대립적 의식을 가진다. 한국 국적의 사람은 자녀들을 한국 학교에 보내고, 통일일보를 보고, 민단계 은행에 거래한다. 총련계에서는 민족 학교에 보내고, 조선신보를 보고, 조총련계 은행에 거래한다. 이러한 현상은 사회만이 아니라 가정 내에서도 존재한다. 어떤 집은 아버지가 총련, 어머니가 민단, 장남은 조선적, 차남은 일본 국적의 귀화인, 장녀는 한국인과 결혼한 한국 국적, 차녀는 일본인과 결혼하여 일본 국적을 취득한 일본인 등 복잡하다.

일반적으로 말해서 좁은 의미의 동포는 감소할 것이고, 한국 국적의 외국인 또는 귀화하는 사람은 점점 증가할 것이다. 이미 이러한 추세는 강하게 나타나고 있다. 즉, 재일 동포는 감소하고, 뉴 커머와 체류 한국인은 증가한다는 말이다.

재일 동포도 세대의 변화에 따라 언어, 문화, 가치관이
바뀐다. 1세들이 바이링걸(bilingual)인데 비해 2세 이후에
는 완전히 일본어를 모어(母語)로 한다. 대부분의 가정에
서는 한국어를 사용하지 않는다. 일본어가 더 잘 통하기
때문이라는 커뮤니케이션상의 문제만이 아니라, 일본에
동화하려는 의도라고 생각된다. 그것은 바로 한국어의 상
실로 이어진다.

2, 3세들의 대부분은 모어도 일본어이고, 일본식 이름
을 쓰고 있으며, 일본인과 거의 구분할 수 없을 만큼 일본
화되어 있다. 일본인들의 차별도 점점 적어지고 있기 때
문에, 일본인으로서 일본인과 사귀어 간다. '인적 교류',
'문화적 동화', '차별', '민족적 아이덴티티'는 고정된
것이 아니라 시대나 사회 변화에 따라서 유동적이다. 선
주 민족이나 소수 민족들의 인권에 대한 의식이 고조되면
서 재일 동포들은 함께 사는 사회를 부르짖으며 존재감을
갖게 되었다. 전쟁 전의 다민족 국가를 주장하던 일본이
전후에 단일 민족 국가를 표방하여, 종래 거주하던 조선
인들은 차별을 받았다. 그래서 민족을 감추거나 내세우지
못하다가 최근에야 비로소 민족을 드러내는 경향이 강해
졌다.

재일 동포는 민족적 열등 의식과 민족적 허무주의에서
탈피해야만 한다. 일본인이 가지고 있는 편견과 일본 사
회가 가지는 차별은 특수한 조건에서 생긴 것이며 결코

보편적인 것도 옳은 것도 아니다. 모든 민족에게는 민족마다의 결점이 있지만 각 민족은 서로 장점을 중심으로 민족성을 부여해야 한다. 그러나 일본인은 재일 동포의 약점만을 찾아 그것을 한국인상으로 간주하여 한국인을 오해하고 자위하는데, 그것은 잘못이다. 재중 한국인, 중앙 아시아의 한인, 재미 한인, 재독 한인, 브라질의 한인 모두 그 지역에서 근면한 소수 민족으로서 모범이 되고 있는데 일본에서만 열등시되는 것은 일본인의 편견에서 기인되었기 때문일 것이다.

(3) 일본인과의 결혼

1970년대까지만 해도 일본의 문화나 사회로의 동화와 결혼은 저조했으나 그 후 가속적으로 증가하여 왔다. 패전 직전에 230만 명에 달하던 재일 동포와 일본인의 결혼은 절무(絶無)라고 할 만큼 적었는데, 전후에는 같은 동포와의 결혼을 이상적이라고 생각하면서도 실제로는 일본인과의 결혼이 증가했다. 일본 국내적으로는 재일 동포의 의식 변화, 또 국외적으로는 통혼 기회의 증가 등의 영향을 크게 받아 국제 결혼 및 민족간의 결혼이 증가하게 된 것도 함께 고려해야 될 것이다.

일본 태생이 늘어남에 따라 국제 결혼이라는 특수한 법

률적인 절차를 밟아야 함에도 불구하고 일본인과 결혼하
는 재일 동포가 늘어났다. 1975년까지만 해도 일본인과의
결혼이 48.9%인 데 비해 한국인 사이의 결혼은 49.9%에
달해 숫자상으로 약간 많았으나, 1984년에 이르러서는 일
본인과의 결혼이 67%, 한국인 사이의 결혼이 23%로 크게
역전되었다.

일본인과의 결혼이 매년 증가하고 있는 원인으로는 민
족이나 혈통에 관한 가치관의 변화, 학교 생활 등을 통한
일본인과의 교제 관계의 확대와 심화, 산재해 있는 동포
들 속에서 결혼 상대를 찾기가 어려운 점, 일본 문화로의
동화 현상이 날로 뚜렷해진 점 등을 들 수 있다. 재일 동
포들끼리의 결혼이 어렵게 된 이유로는 일본에서 영주하
는 사람 가운데 결혼 상대자가 적고, 조총련이나 민단 등
다른 소속의 사람들과의 결혼이 어렵고, 평소에 일본 이
름을 쓰고 있기 때문에 같은 민족임을 알아보기가 힘들
고, 동성동본간의 결혼 기피, 지방색(地方色)에 의한 결혼
기피 등을 들고 있다. 한편으로는 한국인으로서의 아이덴
티티가 약하기 때문이라는 생각도 든다. 또한 1985년 1월
1일부터 실행된 신국제법은 일본인과의 결혼이 귀화를
쉽게 하여 일본인과의 결혼을 장려하게 된 셈이다.

그러나 그것만으로는 1990년대 일본인과의 결혼의 비
율이 다시 하락한 현상을 설명할 수 없다. 오히려 세계적
으로 선주 민족이나 소수 민족들이 민족 의식을 고취하게

된 국제적 환경의 변화를 들지 않을 수 없다. 따라서 재일 동포들도 민족적 아이덴티티를 갖기 시작했고, 국제화 시대와 더불어 통혼권(通婚圈)의 확대 등의 요인이 작용하였을 것이라고 생각된다. 한국인과 일본인 사이의 벽이 높아 재일 동포는 결혼과 취직에서 차별을 받는다고 한다. 일반적으로 일본인의 조선인에 대한 차별이 심하기 때문에 결혼을 꺼려 양 민족간의 결혼 사례가 적었다는 것이다. 그러나 2, 3세가 점차 많아짐에 따라 일본인과의 결혼도 늘어나기 시작했다. 1955년에 이미 일본인과의 결혼이 재일 동포간의 결혼의 30% 정도를 차지했고, 그 후 점차 증가하여 1976년에는 52%, 1986에는 71%에 달해 재일 동포간의 결혼은 일본인과의 결혼의 과반수에도 미치지 못했다. '재일 동포의 일본인에 대한 증오', '일본인의 차별 감정'이라는 세간의 보편화된 인식과는 무관하게 많은 사람들이 일본인과 결혼한다.

차별이 없기 때문에 결혼이 증가한다고 해석할 수 있을까. 만약 그렇다면 앞에서 언급한 일본인과의 결혼 증가는 무엇을 의미하는 것일까. 재일 동포에 대한 결혼 차별이 있다고 전제한다면 결혼 당사자들이 차별을 극복했거나 아니면 그로부터 해방되고자 결혼을 수단으로 삼았다는 것이 아닐까. 차별과 결혼은 어떻게 상호 관련이 있을까. 동포들이 살고 있는 나라들의 여러 가지 환경이나 상황에 의해 결혼 상황은 다를 것이다.

　현재 '일본인의 결혼에서 28쌍 중 1쌍이 재일 동포와의
결혼. 두 문화나 민족을 합한 아이들도 점차 늘어나고 있
다. 아직 소수이기는 하지만 어린이들도 복합성(複合姓)
을 잘 실천해 가고 있다. 두 민족을 갖고 있는 것을 좋다
고 생각한다' 라는 사람이 차츰 두각을 나타내고 있다고
도 한다.(朝日新聞, 1998. 9. 18) 그런 의미에서 국제 결혼은
시대를 상징적으로 표현할 수 있다. 한일 관계는 한국인
과 일본인의 결혼의 증감에 영향을 줄 것이다. 즉, 한일
관계가 악화되면 재일 동포와 일본인의 결혼은 줄어들고,
반대로 한일 관계가 호전되면 결혼이 많아질 것이다. 재
일 동포와 일본인의 결혼에는 민족적 아이덴티티, 국가
의식, 차별 등이 포함되어 있다고 생각한다.

　결혼 회피가 꼭 민족 차별이라고만은 할 수 없다. 근친
상간 금지라든가 족외혼(族外婚) 등에 의한 결혼 회피는 민
족 차별과 다르다. 따라서 종교나 문화가 다른 사람과의 결
혼을 회피하는 것은 차별이라고 할 수 없다. 흑인과 백인이
라는 인종적 구별은 하나의 분류나 카테고리이지 그것 자
체는 차별이라고 할 수 없다. 국적에 의해 외국인을 구별하
는 것은 차별이 아니다. 차별과 구별은 때때로 혼동되기도
하고, 이중 삼중으로 겹치기도 한다. 차별(discrimination)
이란 타인과의 차이를 인식, 유형화, 조직화, 우열화하여
타인을 자기보다 열등하게 취급하려는 것을 의미한다.

　1990년대 이후 80% 이상이 혼혈아라는 사실과 차별은

어떤 의미이며, 어떤 상관 관계가 있는 것일까. 차별이 있기 때문에 일본인과의 결혼이 늘어날 수밖에 없다는 의견도 있고, 차별이 없어야만 결혼이 늘어날 수 있다는 전혀 반대되는 의견도 있다. 때에 따라서는 그것이 자신들의 보호벽이 된다는 점을 간과해서는 안 될 것이다. 만일 재일 동포가 일본인보다 우위에 설 때는 그 벽을 이용하여 일본인들을 차별하는 쪽의 벽으로 사용하게 될 것이다. 따라서 그 벽은 가변적이라 할 수 있다. 중국의 조선족은 숫자적으로는 적으면서도 문화적으로는 차별하는 쪽의 벽을 갖고 있다고 한다. 차별 받는 측에 대해서만 차별을 생각할 것이 아니라 그것을 뒷받침해 주고 있는 긍정적인 면을 포함한 양의성(兩義性)도 생각해야 한다. 원칙적으로 일본 이름을 쓰기 때문에 일본인으로부터 차별을 느낄 수가 없다거나 한국인이라는 것이 알려지지 않았기 때문에 차별을 받은 일이 없었다고 하는 재일 동포가 많다. 그러나 일단 재일 동포라는 신분이 드러나면 차별을 받게 된다는 압박감은 언제나 지니고 있다. 따라서 차별을 받았다고 하는 체험이 의식되지 않았다고 해도 차별이 전혀 없다고는 할 수 없다. 1세가 받은 차별은 심신으로 체험한 것이고, 2세가 받은 차별은 간접적인 것이다. 어쨌든 그것이 결혼을 저해하는 요소가 될 수도 있다.

일본인의 차별이 감소하면서 재일 동포들이 피차별 의식에서 해방되고, 오히려 이중 문화적 요소를 장점으로

삼아 적극적으로 일본인과 결혼을 추구할 수 있다. 일본
인의 재일 동포에 대한 차별이 점차 사라져 가기 때문에
재일 동포와의 결혼이 증가한다는 견해도 있다. 다시 말
하면 이러한 민족간의 결혼의 증가는 차별이 이미 없어졌
다는 반증이라는 의견이다. 결혼과 혼혈에 의해 재일 동
포가 없어지지나 않을까 걱정하는 사람이 많다.

　민관식(閔寬植)은 동포끼리의 결혼이 이루어지지 않는
다면 장차 한민족은 일본 땅에서 사라져 버리지 않을까
하는 불안을 솔직하게 고백한다. "완전한 한국인으로서
안정되고 건전한 길은 동포끼리 결혼을 하는 것이다. 따
라서 2, 3세의 결혼은 개인의 문제인 동시에 민족적 문제
이기도 하다"라고 그는 말한다. 이 말은 한국인의 일반적
인 태도를 반영하고 있다고 할 수 있다. 한국의 입장에서
보면 재일 동포가 일본인과 결혼하는 것에 부정적이고,
본국인과의 결혼이 이상적이라고 보고 있다. 그러나 실제
로는 압도적 다수가 차별을 받으면서도 일본인과 결혼한
다. 즉, 일본인과의 결혼관은 다음과 같이 정리해 볼 수
있다.

　첫째, 결혼은 민족 차별과는 다른 차원의 문제라는 것
을 알았다. 일본인의 차별은 재일 동포에게 부정적인 것
이지만, 반면 재일 동포를 일본인과 분리하여 동포끼리
결속시키는 힘이 된다. 일본인은 재일 동포라는 벽을 만
들어 주기도 하고, 튼튼히 쌓아 그 속에 동포들을 안주시

키기도 한다. 양면 배타적인 벽인 것 같다. 다시 말하면 차별은 일방적인 문제는 아니다. '차별한다'와 '차별을 받는다'는 양면적인 문제이다. 이러한 벽이 통혼을 어렵게 하는 것은 사실이다. 그럼에도 불구하고 일본인과의 결혼이 압도적으로 많은 것은 차별로서만 결혼을 설명할 수 없기 때문이다.

둘째, 동화와 결혼은 상관성이 있다고 할 수 있다. 러시아나 중국의 조선족은 기본적으로 동포끼리 밀집해서 살고 있으나 재일 동포는 일본인 속에 널리 퍼져 살고 있다. 따라서 자연히 일본인과 접촉이 많다. 1세들은 일본 문화에 대한 적응이 아직 충분하지 않았으나 세대를 거듭하여 동화되면서 일본인과의 결혼 비율이 증가한 것이다. 2, 3세는 어느덧 일본인과 거의 다름이 없게 되었다. 한일 양국은 인접 국가로서 한자·유교 문화의 영향으로부터 유사한 문화를 갖고 있기 때문에 재일 동포와 일본인의 결혼이 많다고 할 수 있다. 그러나 재일 동포와 일본인의 결혼의 증감은 차별이나 동화로만 설명할 수는 없다고 할 수 있다.

셋째, 한일간의 결혼은 접촉이나 동화만으로 설명할 수 없다. 왜냐하면 1990년대 이후 재일 동포와 일본인의 결혼이 감소했기 때문이다. 그것은 재일 동포들이 민족적 아이덴티티를 의식하게 되었고, 또 세계로의 국제 결혼 등 결혼 시장이 보다 넓어졌다는 것을 의미한다. 즉, 국제적

인구 이동의 증대, 접촉 기회의 증대로부터 이민족간의
교류에 의한 문화적 교류가 통혼권을 확대하여 국제 결혼
이 증대하는 것이다. 차별에 대항하여 '공생'을 주장하면
서 자신들의 통혼권을 확대했기 때문에 상대적으로 일본
인과의 결혼이 감소된 것이다.

(4) 재일 동포 사회의 연구

오사카[大阪]의 이쿠노쿠[生野区]의 한국인 마을 등에
사는 재일 동포들은 일본인이 그다지 선호하지 않는 비전
문직을 갖고 있으며 표면적으로는 일본화되어 있지만 식
사 등은 한국식이다. 제사가 민족적 정체성을 유지해 보
이는 것에도 좋은 것이 되어 있다. 어느 초등학생이 말한
것처럼 한국인은 불쌍하지만 무섭다고 한다. 여기서 재일
동포의 차별에 대해서 일본인 측의 문제점을 지적해 보고
자 한다.

대부분의 연구는 재일 동포 스스로에 의한 연구이다.
재일 동포 연구가 재일 동포들에 의해 주도되면서 저항적
연구로 일관된 느낌이 있었고, 일본인들은 다루기 어려운
문제로 남겨 두었다. 일본에서 한국과 북한 양국이 정치
적 영향을 받으며 민족적 차별을 극복해야 하는 재일 동
포 자신들이 저항적이 되고 일본인들은 이를 다루기 꺼려

하는 것은 당연하다고 할 수 있다.

최근 국제 정세의 변화와 더불어 소수 민족들이 발언할 기회를 갖게 되자 재일 동포들도 민족적 아이덴티티의 주장과 함께 비저항적인 발언도 하면서 국제화를 부르짖고 있는 새로운 현상이 나타난다. 여기에 일본인 학자들도 국내 문제를 언제까지나 방치할 수 없다는 생각과 중요성을 인식하고 재일 동포에 대한 연구를 시도하고 있다. 이러한 현상은 중국, 소련 등 한반도의 주변 국가에서 집단적으로 거주하고 있는 동포들에게서도 나타나고 있다.

여기서 중요한 문제는 민족의 아이덴티티이다. 국어나 풍속 등으로 '한민족(韓民族)'이란 아이덴티티를 규정하게 되면 2세나 3세에는 적용시키기 어렵다는 것을 발견하게 된다. 최소한의 규정 요소로서 한국인들이 가장 중요시하는 '핏줄' 의식, 즉 단군 할아버지의 한 자손이라는 신화가 존재한다. 가령 한국인의 피가 섞인 경우에는 혼혈아의 경우에 피부색이 달라도 적용하려고 한다. 어느 민족이나 혈연 의식이 있지만 한국인에게 있어서는 유별나다고 할 수 있다. 해외에서 몇 세대를 살거나 완전히 국적이 다른 사람에게도 핏줄 의식을 갖는다. 즉, 이미 국적과 문화도 다른 남의 나라의 사람과 핏줄 의식으로 민족적 아이덴티티를 갖는 것이다. 이러한 혈연 의식은 일본인의 의식 구조와는 차이가 난다. 일본인들의 재일 동포의 생활 실태 조사와 더불어 민족적 아이덴티티에 관한 연구가 특히 주목된다.

　일본인들이 언어에 혼(魂)이 들어 있다고 하는 것처럼
한국인도 언어에 민족 정신이 들어 있는 것으로 생각하여
한국어를 지키려는 것이 재일 동포들에게서도 나타나고
있다. 그런 점에서 조총련계 학교에서 민족 의상인 치마
저고리를 입고 조선어를 말하는 것이 긍정적인 평가를 받
는다. 한편으로는 실제로 한국어를 고수하는 것이 어렵지
만 두 개의 언어를 동시에 가지는 다언어(多言語) 민족의
특성을 가지려는 생각도 갖고 있다. 한국에서는 해외 동
포들이 한국어를 잃어버리면 곧 민족 정신을 잃은 것이라
고 핀잔을 주는 예가 얼마든지 있지만, 해외에서 몇 세대
를 사는 사람들이 언어를 상실하는 것은 당연한 일일 수
도 있다. 그런데 최근에는 스스로 이중 언어를 고수하려
는 경향이 강하다. 그들은 언어가 일차적으로 의사 소통
의 중요한 수단이라고 생각하기 때문이다. 한편 민족 혼
이 들어 있어서 외부에 대해서는 장벽이고 강한 배타성을
갖는 것으로는 생각하지 않는 방향으로 기우는 경향이 있
다.

　기타 민족적 아이덴티티를 나타내는 것으로 민속이 있
다. 특히 전통적인 복장에는 민족적 특성이 강하게 상징
적으로 나타난다. 그래서 재일 동포는 의례 복식으로 민
족 의상을 사용한다. 평상시에는 잠재적이었던 것이 의례
때에 표출되는 것이다. 한국은 오랜 역사 동안 중국 문화

를 존중하고 거기에 숙련되어 왔지만 복장에서는 중국식
을 전적으로 습용하지는 않았다. 독자적으로 민족적 아이
덴티티를 지켜 온 셈이다. 그러한 특징이 일본에서는 어
떻게 유지되는가가 관심의 대상이 된다. 그것은 단순히
중국 문화가 이질적인 점이 많았기 때문이라고만은 할 수
없다. 하라지리 히데키〔原尻英樹〕의『재일 조선인의 생활
세계(在日朝鮮人の生活世界)』등의 연구가 있다.

12 일본 연구

(1) 일본의 타자성(他者性)

일본 문화론이 독일에서『Othernesses of Japan』이라는
제목의 책으로 출판되었다. 일본 도쿄〔東京〕에 있는 일본
독일연구소가 '일본학의 국가적 접근'이라는 주제로 국
제 학술 회의를 주최하고 그것을 기초로 해서 독일에서
출판한 것이다. 이 책은 세계의 수많은 나라들이 일본을
연구하는 경향을 보여 주는 좋은 예이다. 여기에 수록된
내용을 살펴보면 대체로 일본의 실체나 실상을 그대로 연
구한다기보다는 연구자들이 소속되어 있는 나라의 문화

를 배경으로 일본의 특수성을 연구하는 것으로 보여진다.
즉, 각각 다른 나라들에서 본 추상적인 이미지를 가지고,
자국의 문화적 배경에서 일본을 연구하고 있는 것이다.
그렇다고 연구 결과가 아주 상이하다고만은 할 수 없다.
세계 여러 다른 문화 배경에서 이루어지는 모든 일본 연
구의 경향은 서로 다른 것도 있고 서로 비슷한 것도 있다.

　미국의 일본 연구자들은 대개 대동아전쟁 후 점령지 일
본에서의 체험을 가진 사람들이다. 전쟁을 통해 일본에
대한 관심이 고조되어 일본 연구는 상당한 수준에 달하고
있다. 영국은 많은 나라를 식민지화하면서 피식민지를 연
구하는 등 이민족 연구가 일찍부터 상당한 성과를 올렸으
나 일본과는 관계가 깊지 않아서인지 별로 연구되지 않다
가 최근에 연구되기 시작하였다. 일찍부터 일본과 교류를
가진 네덜란드는 일본 연구가 왕성한 나라이다. 독일에서
도 19세기 중엽 시볼트(Siebold)가 일본 연구를 시작한 이
래 본격적으로 성과를 올리고 있다. 국방상 경제적 연구
가 중요하여 국가적 지원을 받는 나라도 있다. 그러므로
일본 연구는 일본 자체도 중요하지만 그보다는 각국의 자
국의 국가적 이데올로기 등 여러 가지 여건에 의해 진행
된다는 특징이 있다. 예컨대 실용주의(pragmatism)가 강
한 나라에서는 사회과학적 연구의 경향이 강하다. 그러므
로 미국, 영국, 캐나다 등에서는 지역 연구(area study)를
중심으로 하는 반면, 프랑스에서는 구조주의(structuralism),

전체주의(holism)적 연구의 경향이 강하다. 프랑스에서는 사회과학적으로는 거의 연구되지 않고 있다. 소련에서는 마르크스주의(Marxism)의 영향 아래에서 일본학이 공산당 정권의 정치적 도구로 이용되었다고 한다. 전반적으로 일본 연구가 순수한 학문적 목적에 의해 비교적 개방적으로 연구되는 곳은 네덜란드라고 할 수 있다. 문헌학의 전통이 강한 독일 등에서는 문헌학의 분파로서 일본어학 나아가서 인문과학적인 문학과 종교 등을 중심으로 연구되고 있다. 미국에서는 주로 사회과학적 연구, 즉 현지 조사에 중점을 둔 연구가 주류를 이루는 것과는 대조를 이룬다.

서양과 동양의 차이도 보인다. 많은 서양의 일본 연구자들은 오리엔탈리즘(orientalism)에 사로잡혀 일본에 대해 미개하고 신비한 나라라는 전제하에 문화에 관심을 두었다. 인도는 같은 동양이라는 점에서 아시아로서의 아이덴티티를 강조한다. 한국의 상황은 다른 나라들과 상당히 큰 차이가 있다. 한국에서는 대개 일본과의 유사성을 강조하여 일본 문화의 한국적 기원을 강조하려는 경향이 있다. 반면 일본의 식민지를 경험한 나라로서 식민지 청산이라는 과제 때문인지 경시한 점도 있어서 최근에야 연구되기 시작한 신흥 학문 분야이다. 여기서 나는 『Othernesses of Japan』에 기고한 글에서 일본 연구가 일본을 연구하는 보편적 학문이면서도 국가에 따라서 연구의 경향은 차이가 난다는 것을 강조하였다.

상술한 바와 같이 한국에 있어서의 일본 연구는 학문 이외의 한일 관계사 때문에 식민지 시대부터 크게 제약받았다. 그것은 정확히 말해서 학문의 자유가 제약되어 있다는 것을 의미한다. 한국에서의 일본학은 그것을 극복해야만 한다. 지구상에서 몇백 년이나 피식민지였던 나라는 수없이 많다. 동남아시아에서 한국과 가장 유사한 식민지 체험국으로서는 대만을 들 수 있다. 또한 한국은 중국, 몽고, 소련 등과도 인접하고 있어 역사적으로 수차 전쟁을 하였고, 또 침략을 받았다. 그러나 한국의 일본에 대한 감정은 다른 나라와는 다르다. 중국은 한국 전쟁 때도 참전한 적이 있는 한국인이 두려워하는 적국이기도 했다. 그러나 이제는 중국에 대해서 적국으로서의 원한 등 민족 감정을 그다지 크게 갖지 않는다. 하지만 일본의 식민지였다는 것에 대해서는 강한 민족 감정을 아직까지 유지하고 있다. 물론 전쟁을 했었다는 것과 식민지였다는 것에는 큰 차이가 있을 것이다. 또한 한일 양국은 국가, 사회의 규모가 그다지 크게 차이가 나지 않는 비슷한 상대라고 여기기 때문에 경쟁 의식이 일어나는 것이라고 생각된다.

(2) 한일 관계와 일본 연구

한국인들은 일본이 우리와 마찬가지로 한자 문화권에 속하는 나라이며 역사적으로 중국이나 한국의 영향을 강하게 받은 것으로 여겨 일본 문화는 무엇이든지 한국 문화의 아류쯤으로 간주한다. 고대에서 근세 이전까지의 연구는 주로 조일(朝日) 관계사, 특히 한국 문화의 우월성과 직접 또는 간접적으로 결부시키고 있다. 근대 이후는 종전까지의 일본 근대화 이론이나 침략사에 주목하고 있는 것이 많다. 그것도 독립운동사가 중심이다. 최근 친일 문학론 등이 논의되고 있지만, 그것도 침략사적 맥락에서 나온 것이다. 그러나 이러한 민족주의적 연구는 국수주의(國粹主義)적 경향으로 기울거나 맹목적인 전통주의에 빠지고 만다. 특히 한국의 국학(國學) 사상은 특히 일본의 국학 사상에 대해 반대급부로 발생한 것으로, 그것을 배경으로 자란 연구도 방향은 달라도 일본인의 사고의 틀을 벗어나지 못하고 있다는 비판을 면치 못한다. 한국인의 일본인론, 일본 문화론을 봐도 그런 경향이 강하다.

일본은 한국과 달리 남방 문화적 요소도 강하게 받아 우리 문화의 아류만으로 생각할 수는 없는 특징을 가진 나라이다. 한국 문화를 일본 문화와 비교하게 되면 의외로 폭이 넓어지는 장점이 있다. 일본은 동남아시아를 포함하는 폴리네시아(Polynesia) 등의 문화로부터 영향을 받

213

앉고, 북쪽으로는 아이누〔アイヌ〕를 포함하는 민족, 즉 지금까지 기원 문제가 거의 수수께끼로 알려진 민족을 통한 시베리아 문화와도 관련이 있다. 일본은 한국처럼 단일 민족이라고는 해도 오키나와〔沖縄〕, 아이누, 태평양의 많은 섬들 그리고 북쪽으로 사할린 등지의 영토를 통해서 타민족들과의 접촉이 다양한 문화적 지역을 포함하는 상당히 이질적 문화와 민족을 포함하는 나라이다.

이와 같이 형식화된 부분에서 일본의 전통 문화가 자리잡고 있는 것이다. 즉, 일본 문화는 일상적으로는 보이지 않는 것 같아도 의례적으로 형식화된 부분에서 작용하고 있다. 이들 문화는 다시 일본적인 현대 문화를 창출한다고 할 수 있다. 일본 문화의 본질은 무엇이고 어떻게 일본인들의 의식 구조 안에 자리잡고 있는가를 규명할 필요가 있다.

『현대 일본의 해부』라는 책에 실린 전해종의 「일본인·일본 사회·일본 문화」는 일본인론, 일본 문화론을 다루어 주목받고 있다. 그 내용을 보면 첫째, 일본은 일반적으로 지정학적 특징을 가진 섬나라라는 것이다. 그래서 처음에는 대륙의 외부 문화를 잘 수용하지만 일단 어느 정도 발전한 다음에는 폐쇄적이 되어 대륙 문화에서 이탈해가는 특징이 있다고 한다. 둘째는 폐쇄된 좁은 지역에 갇혀 살기 때문에 혈통을 중시하고, 계층간의 이동성이 거의 없으며, 긴장감이 강하고 호전적이라는 것이다. 7세기

동안 계속된 무인(武人) 정치는 이런 호전성을 더해 갔고, 천황 제도는 그러한 것을 잘 나타낸다. 모방성이 강한 민족으로서 일본 문자는 한글의 독창성에 비할 수 없다. 일본에서는 문화보다는 법이나 권력이 우위에 있다. 일본의 사회와 문화의 특징인 비합리성의 결점은 일본을 파탄 속에 빠지게 한 요인이 되었다는 것이다.(전해종, 『현대 일본의 해부』, 한길사, 1976:292)

송건호(宋建鎬)는 「일본인의 한국관」이란 글에서 적응에 능한 조선인, 단결심이 부족한 조선인관이 있다고 했다. 이를 요약해 보면 한국은 일본의 국방상 없어서는 안 되는 존재이면서도 멸시받고, 대등한 경쟁 상대국으로 인정받지 못하는 이웃 원수로 되어 있다. 이는 전적으로 일본의 침략 근성에 기인한다고 한다.

홍승면(洪承勉)은 일본 사회를 가족국가적·집단주의적 사회라고 전제하고, 그것이 일본을 전쟁으로 이끌었고, 동시에 일본을 경제대국으로 만들기도 하였다고 주장한다.

이 글들은 대개 1970년대에 쓰여진 것으로, 한국에 대한 부정적 태도를 소개하는 글도 없지 않으나 근본적으로는 일본을 매우 부정적으로 보는 견해이다. 이러한 부정적 태도는 아직까지도 근본적으로 바뀌었다고는 할 수 없다. 오히려 일본을 부정적으로 보는 견해가 더욱 심화되었는지도 모른다.

일본 문화의 이해

일본은 총면적 37만 7천 8백㎢, 한반도 총면적 22만 7백
㎢, 한국은 약 10만㎢로 대체로 일본이 한국의 4배에 해당
하고, 인구는 한국의 3배 정도이다. 그럼에도 불구하고
우리에게는 소국(小國) 일본이라는 인상이 강하다. 또 나
라뿐만이 아니라 일본인 나아가서는 국민성마저도 작다
고 여긴다. 그것은 무엇 때문일까. 거기에는 소심함과 세
심함이 키워드가 된다. 흔히 중국인들은 일본인을 '작은
사람(小人)'이라고 부르고 한국인들도 거의 같은 뜻으로
'왜인(倭人)'이라고 부르며 비하하였다. 일본은 중국보
다 작은 나라이지만 한국보다는 훨씬 크다. 중국인들이
일본인의 신장이 작은 것을 비하하는 말도 많다. 일본이
중국에 비해 작은 나라임에는 틀림없지만 중국인이 다른
인종들보다 반드시 큰 인종이라고는 할 수 없다.

한국은 역사적으로 대륙에 연결되어 있어서 한때는 고
구려가 만주까지 진출했던 적이 있었기 때문에 중국인의
사고 방식을 빌려 항상 주변 민족에 대하여 오랑캐라 하
고, 일본을 비하하는 태도를 갖고 있었다. 그런데 민중들
이 그러한 역사를 자세히 알아서 일본을 비하하였던 것은
아닐 것이고, 위정자들이 그러한 허구를 만들어 배포해서
생긴 것이라고 생각된다. 역사적·문화적으로 일본은 한
반도로부터 많은 것을 수용했던 것은 사실이다. 그러나
그것만으로 비하될 수 있는 것은 아니다. 다만 일본인이
신체적으로 작은 것을 섬사람의 좁은 성품으로 확대하는

것 같다. 그러나 일본의 영토가 작다는 것은 아마 중국의 해석을 빌린 것이라고 생각된다. 이러한 국민들의 허상은 무시해도 좋지만 때로는 그런 것이 여론을 형성하고 심지어는 폭력을 발휘하는 경우도 있다는 것을 생각하면 좀더 세심한 주의가 필요하다.

국학의 대극점에 일본학이 위치한다. 국학·왜학(倭學)의 대립성의 경향이 강하다. 다른 나라에 비해 한국의 일본학은 이와 같이 학문 외적인 요소가 강하게 작용하고 있다. 국학이 높은 위치에 있다면 일본학의 위치는 항상 최하위에 존재한다. 예컨대 대학 요강의 학과의 순서도 대개는 국학이나 서양 학문의 마지막에 놓이는 것이 일반적이다. 대학의 학과 개설에서도 순서상 중국학과 앞에 나와도 좋을 경우에도 일본학과는 중국학과의 아래에 위치한다. 인접 국가이면서 언제나 하위를 면치 못하는 것은 학문의 순수성과는 상관없다는 것을 알 수 있다.

신문 보도에서도 국학이나 다른 서양의 나라, 중국 등의 학문을 우선시한다. 대중 매체가 일본학의 연구 동향 등에 대해서는 거의 다루지 않으며, 일본학의 연구 성과에 대해서 냉담하거나 무시하는 것이 일반적이다. 국학에 비해 매우 대조적이다. 한편, 신문사가 독자적으로 '일본 문화 탐방' 등을 기획하여 선도하는 경우도 있다. 그것은 일본 자체에 대한 이해를 위한 것이라기보다는 일본에 있는 한국 문화에 대한 관심과 탐방인 것이다. 즉, 냉철한 연구 성과에 의존하기보다는 매스미디어가 민족적인 입장에서 선도적 태도를 취한다. 물론 신문사들의 그와 같은 독자적인 기획 자체가 나쁘다는 것이 아니라 일본 자체를 이해시키는 데에 대한 관심이 부족하다는 것을 지적하고자 한다. 그것은 한국학자들의 일반적인 경향과도 유사하다.

국제화라는 물결을 타고 많은 학자들이 해외 조사라는 것을 행하지만 대부분은 해외 동포에 대한 것이지 그 이국 문화 자체에 관한 연구가 아니라는 것으로도 짐작할 수 있다. 해외 연구를 주로 하는 국제 정치, 국제 경제, 문화인류학 등이 해외 연구를 주도하기보다는 국학자들이 해외에 나가기를 선호하는 경향이 있다. 한국의 민족주의는 국제화도 주도해야 한다는 식이다. 정말 국제화 시대에 대처할 준비를 어떻게 할 것인가. 일본에 잠시 체재하면서 부정적인 것만을 수집하여 쓴 '일본은 없다'는 식의 책이 선풍적인 인기를 얻은 것은 한 마디로 그런 단편적인 민족주의적 경향을 상징적으로 보여 주는 것이라고 할 수 있다.

(3) 새로운 연구 경향

최근 한국에서는 일본 연구가 급증하고 있다. 특히 일

본어 및 일본 문학의 분야에서 젊은 연구자의 수가 급증하고 있다. 분야별로 보면 일본어, 일본 문학의 연구자가 가장 많고, 정치학, 경제학, 역사, 고고학 등의 순서로 되어 있다. 1970년대 중반부터 증가하기 시작한 유학생이 1980년에 귀국하고 나서부터, 일본 문학 연구는 가속화되어서 한국 문학자와 그 밖의 외국 문학자에 의한 비교문학 분야도 활발해지고 있다. 그러나 미국에서의 일본 연구와 비교해 보면 사학자가 적은 것이 특징이다. 반일 감정 때문이거나, 혹은 대학에서 일본사의 강의가 적기 때문일 것이다. 대학의 일본어문학과의 교과 과정은 거의 일본어, 일본 문학으로 되어 있기 때문에 자연히 그런 분야에서 발표되는 논문이 많을 것이다. 그것을 구체적으로 보면 한국어와 일본어의 비교, 한자에 관한 것, 일본어 교육의 방법론 등이다.

다음으로 많은 것은 정치학자들의 일본 연구이다. 대부분이 일본의 국내 정치 또는 정책 등에 관한 연구가 아니라 한국과의 비교 연구이거나 식민지 정책 연구가 많다. 그 때문에 지역 연구로서의 일본 연구는 아직 그 지반이 확고하지 않다. 종합적이고 학제적인 연구가 잘 되지 않고 있다.

이제 일본학 연구는 어문학 중심에서 지역학 학제적 연구로 전환해야만 될 것이다. 왜냐하면 외국과의 왕래가 어려웠던 시대와는 달리 사람들이 직접 접촉하는 시대,

일본 문화의 이해

문화의 수용과 갈등 등이 다이내믹하게 작용하는 시대로
변하고 있기 때문이다. 그러한 시대에 대처하기 위해서는
어문학만으로는 불충분하다. 흔히 일본을 연구하는 사람
들의 연구 동기는 단순한 지식에 머무른 것이 아니고, 그
것이 긍정적이건 부정적이건 보다 동적으로 문제에 접근
하고 있다. 예를 들어 어떤 적대적 관계에서 일본 연구를
시작한다면 정치나 역사가 우선될 것이다. 일반적으로 일
본에 대한 관심은 어학, 정치, 경제 사회 등 사회과학이
중요한 부분이라는 것은 경험적으로 알 수 있다.

　　현재 많은 대학에서 일본어문학 중심으로 학과가 설치
된 데에는 아마 종래의 한국 학문의 전통성 때문으로, 인
문과학의 내용이 주로 어문학으로 구성되어 있는 것에 기
인한 것이라고 생각된다. 일제 시대 우리말 대신 일본어
를 국어로 배우기를 강요받았던 비극을 기억하고 있는 사
람들이 많음에도 불구하고 어학 중심의 학과가 많다. 물
론 일제 시대의 국어로서 일본어를 배우고 연구하는 것이
아니고, 의사 소통 수단의 하나인 외국어로서 배운다는
실용적인 사고가 작용하였을 것이다. 그러나 연구자들의
연구 동기나 학생들의 학과 선택의 동기를 고려한다면 학
과가 일본어문학 중심으로만 설치되어서는 안 된다. 아마
학과가 성립될 당시 기존의 학과 구성의 형식을 답습한
데에서 기인한 것이라 생각된다. 일반적으로 한국 대학의
인문과학 학과는 거의 어문학(국어국문학, 영어영문학 등)

을 중심으로 하고 있다. 그래서 국어국문학에 대응하는
식으로 만들어졌을 것이다. 이는 일반의 관심이나 일본
과의 역사적 관계 등 일본 연구의 필요성이 설립 정신에
충분히 반영되지 못한 것을 의미한다.

주요 참고 문헌

閔寬植, 『在日本韓國人』, 아세아정책연구원, 1990

李光奎, 『재일 한국인』, 一潮閣, 1983

趙南勳 · 徐文姬, 『性比의 不均衡 變動 推移와 對應 方案』, 한국보건사회연구원, 1994

崔吉城, 『일본학 입문』, 계명대학교 출판부, 1980

崔吉城, 「일본 인류학 · 민족학의 교육」『한국 문화인류학』 19, 1987

崔吉城, 「韓國 日本學의 回顧와 展望 : 민속학」『日本學報』 20, 1988

崔吉城, 「韓国における日本文化研究の動向」『日本學報』 24, 한국일본학회, 1990

崔吉城, 「日本 硏究의 國際的 現況」『日本學年報』 3, 日本文化硏究會, 1991

崔吉城, 『일제 시대 한 漁村의 文化 變容』, 아세아문화사, 1992

江守五夫 · 崔龍基, 『韓国両班同族制度の研究』, 第一書房, 1982

高桑守史, 「地域開発と民俗文化」『日本民俗学』 210, 1997

金圭煥 外, 『日本と韓国の文化摩擦』, 出光書店, 1982

大貫恵美子, 『米の人類学』, 東京大学出版部, 1995

渡邊忠世, 『稲の道』, 日本放送出版協会, 1977

藤崎康夫, 『捨られた日本人』, マルジュ社, 1986

梅棹忠夫, 『日本とは何か』, NHKブックス, 1986

朴在一,『在日に関する綜合調査研究』, 新紀元社, 1957

森栗茂一,『不思議谷の子供たち』, 新人物往来社, 1995, 1992

小松和彦,『祝祭とイベント』, 小学館, 1997

小熊英二,『〈日本人〉の境界』, 新曜社, 1998

若槻泰雄,『韓国・朝鮮と日本人』, 原書房, 1989

鈴木裕子,『従軍慰安婦・内鮮結婚』, 未来社, 1992

原尻英樹,『在日朝鮮人の生活世界』, 弘文堂, 1989

柳田国男,『遠野物語』, 角川文庫, 1955

尹正錫,『韓国における日本研究』, 国際交流基金, 1989

李青若,『在日韓国人3世の胸のうち』, 草思社, 1997

益田庄三,『日韓漁村の比較研究』, 行路社, 1991

斎藤弘子,『韓国系日本人』, 彩流社, 1994

朝鮮総督府,『朝鮮の人口現象』, 1927

佐藤勝巳,『在日韓国人に問う』, 亜紀書房, 1991

佐々木高明,『稲作以前』, 日本放送出版協会, 1971

祖父江孝男,「日本社会の変化」『韓国社会の文化人類学』,
　　弘文堂,

中根千枝,『タテ社会の人間関係』, 講談社新書, 1968

村上由見子,『アジア系アメリカ人』, 中公新書, 1997

崔吉城,「韓国における日本民俗研究の回顧と展望」『日本民俗
　　学』, 1988

崔吉城,「韓国における人類学日本研究」『民族学研究』, 54-3,
　　1989

崔吉城,「韓国における日本文化の受容と葛藤」『思想』7月号,
　　岩波書店, 1992

川村湊, 『＜大東亞民俗学＞の虚実』, 講談社選書, 1996

秋葉隆, 『朝鮮民俗誌』, 六三書院, 1954

J. Milton Yinger, *Ethnicity*, State University of New York Press, 1994

Choe, Kil sung, Trends in Japanese Studies in South Korea, *Othernesses of Japan*, Monographien aus dem Deutschen Institut für Japan studien der Philipp−von−Siebold−Stiftung, Band

가깝고도 먼 일본 만나기

이상일

1 체험적 일본인론

나는 아마 일본어를 할 줄 아는 일제 식민 통치 시대의 마지막 유민일 것이다. 초등학교 5학년 때 해방이 되었으므로 그냥 잊어버리고 살았으면 일본말은 몽땅 잊게 되었을 것이다. 그러나 어려서부터 책읽기를 좋아해서 꽤 많은 소설들을 읽었고 그런 버릇이 해방이 되어 한글 세대가 되어서도 이어져 소설이라면 한글책, 일본어책을 가리지 않고 읽어대곤 해서인지 일본어가 그다지 낮설지 않다.

그렇다고 해서 일본어책을 일본어 발음으로 완벽하게 읽어 낸다는 말은 아니다. 문장에 들어 있는 한자는 한글로 읽는데, 일본어가 표의문자이므로 뜻만 새겨서 아는 척 넘어간다. 따라서 한자를 일본어로 읽는 경우에는 전혀 이해할 수 없다. 읽는 것과 듣는 것이 그렇게 다른 것이다.

해방이 되고 나서도 어쩌다 일본어책을 계속 읽을 수 있었다 하더라도 한자를 한글로 읽으며 넘어간 일본어 실력이 오죽했겠는가. 그렇게 일본을 잊고 살다가 다시 일본을 만난 것은 1967년 스위스 정부 장학생으로 취리히 대학에서 공부할 무렵이었다. 그러니까 일본과 상관없는 먼 나라에서 22년만에 일본학과의 강의를 수강하면서 일본을 접하게 된 것이다. 그 무렵은 가와바타 야스나리〔川端康成〕가 일본인으로서는 최초로 노벨문학상을 수상한 다음이라 동양 문학을 유럽 사람들이 어떻게 해석하고 수용하는가를 체험해 보고 싶기도 했고 까다로운 독일어를 일본어로, 혹은 동양어인 일본어 문장을 독일어로 어떻게 번역하는가를 알고 싶었던 것이 나의 본심이었다.

내 생애에 그 전까지 일본에 아는 사람이란 아무도 없었다. 초등학교 시절 일본어 선생님이 있었겠지만 유감스럽게도 그렇게 인상에 남아 있는 분은 아니셨다.

나는 첫 해외 나들이에서 외국인으로서 일본 사람들과 처음 만난 셈이었다. 나와 함께 스위스 연방정부 장학생으로 취리히 대학에 적을 둔 한 일본 여학생은 사교적이라서 어린 스위스 남학생과 잘 어울려 다니더니, 몇 년 후에 내가 다시 스위스에 들렀을 때는 그 남학생과 부부가 되어 있었다. 그녀와 나는 서로 외국인으로서, 또 같은 동

양인으로서 그리고 나이가 꽤 든 늦깎이 학생으로 학교에
다시 들어온 공감대가 있어서 비교적 친한 사이였지만 그
것은 어디까지나 같은 외국인 유학생 신분 그 이상은 아
니었다.

당시 취리히 대학 철학부에는 동양어문학과가 있었고
중국문학과 교수 한 분과 일본어문학과 교수 한 분이 강
의를 담당했는데, 그 일본어 교수가 일본 민속학계에서도
잘 알려진 오우베한트(E. Auvehand) 박사였다. 그는 일본
에서 지진을 일으키는 민물고기로 알려진 매기 설화와 그
민간 신앙으로 학위를 받은 네덜란드 출신의 노교수였다.
동양학 전반에 조예가 깊었고 한국에 관해서도 많은 관심
을 보였다.

그의 부인이 일본인이었기 때문에, 나는 처음으로 가까
이에서 일본 사람을 대하고 일본인의 생활 습관, 사고 방
식, 태도 등을 접할 수 있었다. 그녀는 네덜란드와 스위스
등지에서 일본 문물을 알리는 전령이었다. 그녀는 언제나
일본 기모노[着物]를 입고 붓글씨와 일본 전통 음악을 가
르쳤다. 유럽 생활 속에서 일본을 돋보이게 하는 여성 전
령사였던 것이다.

그녀는 절제되어 있었고 전형적인 일본 여성의 다소곳
한 모습으로 나에게 비쳐졌다. 그 절제는 어쩌면 가장 부
정적인 일본적 성격의 이중 구조처럼 보인 것인지도 몰랐
다. 그 집에 초대를 받아 교외선을 타고 거의 두 시간이

걸려서 찾아간 나에게 이 노교수 부부는 일본 차 한 잔과 종이짝처럼 얇게 썬 양갱 두 쪽만으로 손님 접대를 했다. 나중에 생각해 보니 스위스식 4시 티타임에 부른 것이니까 특별한 먹거리를 대접하지 않아도 되었고, 담론이 위주인 만남이라서 서로 부담갖지 않는 가정 방문이었기 때문이어서라고 이해는 간다. 그러나 한국이라면 그렇게 손님을 홀대하지는 않았을 것이라는 생각과 일본 사람들의 절제가 손님에 대한 홀대로 여겨졌던 것은 그만큼 아직 내가 외국 생활에 익숙하지 않았기 때문이었는지도 모른다. 오우베한트 교수와 그 일본인 부인과의 만남은 1969년 7월 내가 스위스를 떠나면서 두절되었다.

일본 사람에 대한 나의 인식은 적과 동지의 의식이었다. 이웃 나라라는 긍정적인 인식과 먼 이웃이라는 부정적인 인식이었다. 중고등학교 시절 이승만 정권의 평화선 선언과 반공 · 반일 교육에다 임진왜란, 한일합방의 식민지 강점에 따른 역사 의식이 일본에 대한 '적의' 감정으로 키워졌는데, 만약에 일본에 대한 친밀감이 든다면 그것은 일본어책을 통한 지식과 문물의 소통 매체 탓이었을 것이다.

어쩌다 유럽을 드나들면서 스쳐가는 일본은 1970년대만 하더라도 전혀 내가 생각하는 문화 선진국의 유형에 들지 않는, 한국을 조금 개화시켜 놓은 정도의 도시화 선진국이었고, 어쩌다 도쿄〔東京〕에 머물면서 겪는 것은 영화나 술집 같은 데서 풍기는 외설과 폭력뿐이었다.

그런 점에서 나에게 일본은 '없었다'. 일본은 서양에서 공부를 한 나에게 있어서는 후진국이었으며 연극 · 극장을 중심으로 한 나의 드라마, 연극평론 분야에서는 낯선 이국이었고 별로 배울 것 없는 이웃 나라였고 먼 이웃이었을 뿐이다.

낯선 이웃이면서 그래도 가까운 이웃이었던 것은 내가 일본어책을 내 나름대로 한국식으로라도 읽을 수 있다는 장기 때문이 아니었을까.

그런 내가 스위스에 있을 때 몰입하기 시작한 '축제' 연구에 대한 병이 도져 스위스와 함께 독일어권의 도이칠란트, 오스트리아의 마을 축제까지 섭렵하고 1970년대 국내 향토 축제 필드워크(fieldwork)를 바탕으로 일본의 축제에 관심을 갖게 되면서 일본이란 나라가 다가오기 시작했다.

일본의 축제인 마쓰리〔祭り〕와 일본 전통 연극에 대한 나의 지적 호기심은 1983년 일본 국제교류기금의 펠로우십(fellowship)이 결정되면서 방향이 잡혔고, 그 10개월의 일본 체류와 함께 1994년부터 1995년에 걸친 나고야〔名古屋〕 주부〔中部〕 대학 국제지역연구소에서 교환 교수로 체류했던 기간이 내 체험적 일본 · 일본인론의 중심이 되었다.

1980년대 초의 일본은 바야흐로 전후 일본 민주주의가 뿌리를 내리는 시기였고, 일본 봉건주의 사무라이(武士) 지배 사상이 글자 그대로 민초들에 의해 민주적으로 재정비된 민중들의 시대처럼 보였다.

정치·경제계의 리더들은 몰라도 문화 예술·학술계에서 만나는 일본인들은 외형적으로 외국인인 나에게 친절하였고 민주적이었으며 도움을 주려는 적극적인 자세가 뚜렷하였다. 특히 관청에 드나들다 보면 관료적 관행이 독일보다 훨씬 부드러웠다. 스위스 연방정부는 1960년대 말 우리 군사정부의 소위 '동베를린 간첩 사건' 탓으로 민간인이 본인의 뜻에 반하여 강제 송환될 위기에 처하게 되면 자기들에게 즉각 통보해 달라는 친절을 베풀 정도였지만, 서독의 행정 관료 체제는 그런 경우 친절하고 정확한 대신 딱딱한 냉혹감이 감돈다고 느껴졌다. 나는 일본의 행정 체계가 독일과 비슷하리라는 선입견을 갖고 있었고 그런 선입견은 일본 사무라이 계급 사회, 그리고 이어진 일본 제국주의·군국주의 때문에 당연한 것으로 받아들여졌다.

일본 식민지 통치하에서 일본 사람들은 민간인이 없었다. 단지 헌병들과 순경들의 칼찬 모습만 있었을 뿐이었으므로 일본의 새로운 민주주의는 나에게 있어서 신선한 충격이었다.

나하고 친하게 지냈던 O씨는 도쿄 대학 출신으로 1960~1970년대 한창 안보 투쟁이 격렬했던 무렵 도쿄 대학 점거 농성의 가담 학생이었다. 좌경 학생으로서 격렬했던 혁명의 꿈이 좌절되고 나서 사회인이 된 그는 군국주의 정신으로 무장된 일본인만 상상하던 나에게 어쩌면 무력한 지식인상을 심어 주기에 충분하였다. 그는 해방 이후 세대로서 일본 제국주의의 악몽에 시달리며 죄의식 속에서 성장했노라고 고백하였다. 선배들이 저질러 놓은 죄과에 짓눌려 그는 같은 동양인들 앞에서 고개를 들 수 없었노라고 하면서, 그런 점에서 자기 세대들은 구미(歐美) 여러 나라의 사람들과 사귀기가 오히려 편하다고 말했다.

우리는 일본 봉건 사회에서 사무라이 계급이 평민들을 쉽게 칼로 쳐죽이는 횡포를 범하는 이야기들을 책에서 읽거나 들었고, 그런 끔찍한 만행이 한반도의 식민치하에서 거리낌없이 저질러진 것이 악몽처럼 뇌리에 박혀 있다. 그래서 일본인들은 잔인하고, 그 잔인성에 겹쳐서 영주들은 자기의 씨를 밴 여성들을 부하에게 내려 그 집안을 장악하는 경우도 있었는데, 그런 과정에서 제물이 된 여인들은 감정을 죽이고 시세(時勢)에 순응하며 인내와 절제로써 스스로 살아남는 법을 배웠고, 그 영향으로 일본 여인들이 부드러우나 강인해졌다고 한다.

그것은 상류층 사람들이 살아남는 지혜였는지 모른다. 부드럽고 겸손하고 예의 바르고 감정을 숨기고 낯색을 바로 하며 본심을 숨긴 채 구실을 내세워 명분을 바로 하는 삶의 지혜는 상류층 사람들의 지혜였고, 여인들의 숙명이

233

었고, 민초들의 생활 방식이었다. 죽어라 하면 죽는 체 하고 자기보다 약한 자에게 죄를 뒤집어씌워 살아남아야 하고 그래서 살아남은 다음에 비로소 소리지르고 춤추는 '명분과 본심'의 이중 구조적 생리는 역사가 그렇게 만든 것이다.

민주주의 시대에 아직 봉건적 상하 관념은 남아 있겠지만 민주화 의식과 개성 존중은 매스컴의 사회교육적 기능으로 강화된 것이 사실이다. 그만큼 자기중심적이 되고 충성심이나 집단적 희생 정신은 약화된 것처럼 보인다.

그러나 우리는 아직도 일본의 종속 관념, 질서 의식, 집단 행동에 대하여 불안과 공포심을 지우지 못한다. 그들은 개인적으로는 약해 보인다. 그러나 집단이 되면 무서운 힘을 발휘한다. 그것은 일본의 역사가 길러낸 국민성이기도 하다. 봉건 체제 아래서 영주는 집권 세력인 사무라이들의 상전 의식과 상하 관계로 그들의 봉토(封土)를 유지해 왔다. 상하 관계는 죽음으로 연결되어 있고 그 단결력이 없으면 언제 이웃나라에 의해 침략당할지 모른다. 지배 계층은 그렇게 충성심의 윤리로 결속된다. 그러나 민초들은 전혀 다른 계층이다. 그들은 그들의 지혜로 살아남아야 한다. 상전이 누가 되든 그들에게는 상관이 없다. 약고 눈치빠르게 세태의 변화에 민감해야 한다. 살아남기 위하여 뿔뿔이 흩어져 하나라도 씨를 유지시켜야 집안이 유지된다. 하나하나는 약하게 동정을 받으며 꿈틀거

리며 삶을 헤쳐 나간다. 그러다가 그 하나하나가 집단이
되면 힘은 보통 집합의 힘이 아니라 가승(加乘)의 힘이 된
다.

일본적 봉건 제도의 붕괴 내지 변전은 제국주의·군국
주의로 승계되었으며 그런 체제 가운데는 사무라이 정신
인 집단적 복종, 충성, 희생이 있었다. 그런 정신이 자살
특공대에 의해 상전 천황 폐하를 위한 죽음의 형식이 되
었다. 그런 정신을 뒤집어 말하면 상전(천황)을 위한 일이
아니면 죽지 않는다는 의식이 되고 살아서 상전에게로 돌
아가겠다는 귀향 의식이 된다. 그리하여 동향(同鄕)이 아
니면 사람이 아니고 혈연이 닿지 않으면 그 죽음은 오불
관이 된다. 그것은 어쩌면 종교적 순교 의식 같은 것이다.
상전(천황이나 왕이나 지도자)을 위하여 집단적으로 죽고
집단적으로 죽이고 그 죽음을 개의하지 않으면서 죽음에
대하여, 삶에 대하여 허무주의적으로 생각하는 것은 그렇
게 사무라이들의 싸움에서 허무하게 죽어간 뭇 생령(生
靈)들의 한이 서려 있기 때문일 것이다.

물론 불교의 영향도 있겠지만 삶과 죽음에 대한 일본
사람들의 담담한 대접은 어쩌면 한 사람 한 사람의 개별
적 대응이 그다지 강력하지 않았다가 집단적 응집력에서
전혀 다른 감도(感度)를 보여주는 것과 마찬가지로 집단
적일 때 어쩌면 광기를 드러내는 것인지도 모른다.

한 방울의 이슬이 대하에 합류해 바다로 돌아가듯 고백

적 사생론을 펼친 작가 이쓰키 히로유키〔五木寬之〕는 그
바다의 집단력이 미친 듯이 폭풍으로 휘몰아치는 일본 사
람들 특유의 광기를 그저 종교적인 달관으로, 그것도 개
개인의 달관으로 보아 넘기는 것 같다. 집단의 바다는 그
렇게 생명의 무게가 실감되지 않기 때문에 그런 광란을
그 밑바닥부터 조성하고 있는 에너지에 대하여 우리처럼
으스스하게 바라보지 않는 것 같다.

지속적인 이야기, 연상(이미지), 일의 맥락이 개개인의
행동을 좌우하는 것이라면, 집단은 그 이야기나 이미지나
일의 맥락을 이어주지 못하고 끊기게 만든다. 그런 의미
에서 집단은 책임질 개체를 갖지 못한 채 결국은 집단 자
살로 끝을 맺거나 집단이 해체되어 하나하나로 흩어져 무
미한 존재로 환원되어 버린다. 이렇게 되면 오히려 일본
이라는 나라는 축축한 인정과 의리에 꽁꽁 묶이고 가족
제도나 공동체 사회(Gemeinschaft) 속에서 개성이나 자유
가 없는 시대를 살아왔다. 작가 이쓰키는 그런 일본이 전
근대적이고 나이와부시〔浪花〕적인 정념을 끊고 합리적이
고 드라이한 기능적 인간 관계를 설정하고 합리적인 노하
우를 중시하는 민족 개조론을 펼친다.

일본이 만약 이제는 거꾸로 밝다는 것, 빠르다는 것, 힘
차다는 것, 강하다는 것을 지향하여 경제대국, 기술입국
을 실현시켰다면 그것이야 말로 집단의 광기를 가장 잘
드러내는 것이라고 할 수 있다. 한반도의 우리가 이웃 나

라로서 불안해 하고 두려워하던 사태가 전세계적으로 전
파되어 일본의 우익적 민족주의는 감정에 의한, 건조한
이성의 조절이 없는 광기로 치달을 수도 있다. 감정적인
주관주의와 냉철한 합리주의의 적절한 조화, 그것은 반드
시 일본만의 경우가 아니라 같은 동양권의 모든 황색 인
종에게 부과된 자기 개조의 초점이 될 것이다. 주관적이
기 때문에 폭풍 같은 집단의 광기에 사로잡힐 수 있고, 동
시에 그것을 뒤집어 말하면 생명을 사물(事物)시하는 합
리주의의 과학 정신으로 집단적 폭풍을 불러 올 수 있다.

그런 의미에서 일본의 역사는 종교 집단의 역사였다고
할 수 있을 것이다. 조용하고 평화로운 신앙 공동체는 어
느 날 계시를 받으면 이데올로기적으로 미칠 수 있다. 그
들의 상하 관계, 질서 의식은 인간 존중의 그것이 아니지
않았을까.

그러나 제2차 세계 대전 전후의 민주주의 교육은 어쩌
면 그런 일본적 풍토를 서서히 변모시켜 나갔는지 모른
다. 자기중심주의, 현실주의, 이기주의를 바탕으로 한 개
성 존중의 새로운 사회 체제가 이루어지면서 내가 일본어
책에서 얻은 얄팍한 일본인상(傷)을 거부하는 새로운 일
본인 세대들이 성장해 나오고 있는 것은 아닌지······.

그런 까닭에 나는 체험적 일본인론을 쓸 수밖에 없다.

O교수는 학문적으로 큰 업적을 쌓은 합리적 진보주의
자임에도 불구하고 동양적 신비주의자이다. 서구적 학문

체계를 수립하고 필드워크를 전제로 한 철저한 현장 공부를 했다는 의미에서 사회과학자임에도 불구하고 그는 나의 드라이한 합리주의에 대하여 회의를 드러낸다—어떻게 우리의 영혼이나 정신이 그냥 사라진다는 말인가. 물질 불멸의 원칙에 의하여 정신과 영혼은 남는다.—그는 절이나 신사(神社)에서 경건한 기도꾼이 된다. 그래서 그는 사람에 붙어서 한풀이를 하는 생령을 믿는다.

내가 가장 의아해 하는 것은 이 진보적 지식인이 기계 속에도 정신이 존재한다는 식으로 신비감을 정밀한 컴퓨터 기기나 자동차 기계 속에 투영시킨다는 것이다.

그런가 하면 S씨는 극장 관련 인사로 아주 합리적인 신사이다. 그는 전형적인 일본인으로 키는 작지만 마음은 넓어서 일본인의 습성을 아주 객관적으로 비판한다. 대인 관계에서도 이중적인 잣대가 없고 이지적으로 사물을 판단한다.

그런 그가 생사의 갈림길에서는 허무적이다. 삶 그 자체를 허무적으로 느끼고 있다. 살아 있기 때문에 〈살아준다〉는 식이며, 역사의 변천에 대해서도 냉소적이다. 아무리 역사에서 배운다 하더라도 사람이라는 동물은 달라지는 것이 없다는 것이다.

10년 전에 긴자(銀座) 거리의 다방에 앉아서 아무리 일본의 수도 도쿄가 발전한다 해도(내가 도쿄가 크게 달라지고 있다는 인상을 피력하자) 사람은 달라지지 않는다면서,

238

그는 문명을 비관하고 일본의 발전을 남의 일 보듯이 냉철하게 비판하였다. 하지만 또한 그런 그가 한일 문화 교류, 특히 연극과 영화를 통한 교류 산업에는 열심이었는데, 그것은 과거의 역사에서 배운 것을 문화 교류에서 실현시켜 보겠다는 집념이 있었기 때문이다. 그의 지론은 문화가 선행하는 교류는 정치나 경제의 땅 따먹기 같은 오류를 범하지 않는다는 것이다. 그러나 문화 예술이 오늘날처럼 문화 산업으로 규모를 넓혀 갈 때면 S씨의 꿈도 어쩌면 한낱 이상주의자나 낭만주의자의 그것이 될지도 모른다는 우려를 낳게 한다.

그만큼 일본인들도 세대별로 확연한 차이를 느끼게 한다. Q교수는 신진 문화 평론가로서 정평이 나 있는 인물이다. 그는 주고받는 것이 분명하다. 조그마한 실수도 용납하지 않는 그의 성격이 어쩌면 오늘날의 젊은 세대들의 개성을 대표하는 것이 아닐까 한다. 하고 싶은 말은 다하고 선배들처럼 축축한 정에 빠지지 않고 도와줄 것이 시간이나 경제력이거나 자기 능력의 한도 안에서 가능하면 적극적이지만 한번 심사가 뒤틀리면 싹 토라져 뒤돌아보지 않는다.

나는 평소에 그의 후의를 많이 입었다. 그런데 어쩌다 그를 한국학회에 초대하면서 주최측에서 시일과 체류 조건을 어긴 탓으로 완전히 그의 신용권 밖으로 밀려나는 수모를 겪어야만 했다. 선진국의 학회는 용의 주도한 수

239

순에 의하여 몇 년 전부터 진행된다. 따라서 학회 개최 몇 달을 앞두고 연사가 변경된다거나 날짜가 바뀔 수는 없다. 그러나 우리 나라의 학회들 가운데는 주먹구구식 모임이 없다고 할 수가 없다. 그러므로 우리 처지로서는 급조되는 심포지엄이나 세미나 개최를 탓할 수 없다. 그리하여 내가 그 무렵 일본에 가 있었다는 죄 하나로 그런 메신저 노릇 한번 하다가 크게 망신당한 것이다.

나는 Q씨를 탓하지 않는다. 그런 신진 학자가 아닌 학자들 가운데는 한국에서 개최하는 급조된 모임에 참가함으로써 한·일 학술 교류에 일조를 한다고 생각하는 부류도 있다. 한·일 교류가 이제 막 물꼬를 튼 마당에 그런 자리에 함께 함으로써 학술적·문화 예술적인 교류의 노하우를 쌓아 나가는 것 자체 만으로도 긍정적이라고 생각하는 부류는 늙은 세대, 경험 많은 세대, 그리고 전전(戰前) 세대들로, 우리 나라에 대하여 어딘지 모르게 죄의식을 지닌 세대가 아닌가 생각한다. 그 대신 일본의 젊은 세대들은 우리가 일본을 외국으로 생각하듯 한국도 외국으로 생각한다. 그러므로 외국 대 외국의 시선으로 외교적 관행이 제대로 집행되지 않으면 그것을 무례로 간주한다는 것이다.

우리는 일본에 대해 외국으로서의 관행을 주고받기보다는 가까운 이웃 사촌쯤으로 생각하며 무례를 범하는 것은 아닐까. 일본은 외국이다. 남의 나라이며 다른 민족임

을 분명히 인식해야 한다. 어쩌면 우리나 일본 모두 동양
권 전체에 대하여 비슷한 인종, 비슷한 지정학적 환경이
라는 이유로 상대를 쉽게 생각하며 함부로 대해 불쾌감을
주고 무례를 저지르는 것은 아닐까.

그런 점에서 보면 K씨는 교류의 단초를 민초에서부터
찾는다. 그는 시골 신사(神社)의 14대 장손으로 도쿄에서
생활하면서 시골 신사의 간누시〔神主:절·사찰의 주지 스
님〕직을 이어오고 있다.

일본 신토〔神道〕이즘의 핏줄을 타고 난 그는 전형적인
일본 정신의 화신처럼 여겨진다. 그러나 그는 잘 개화된
일본 정신, 즉 전통적인 일본과 서구화된 일본인 의식을
지니고 있다. 일본 신사라는 것은 우리 나라의 당집이 발
전한 형태이다. 당집 안에 신체(神體)를 모시는데 원초적
감정으로서는 바위나 나무가 모셔지고 그것이 조금씩 의
인화(擬人化)되면 산신도나 부처상으로 격상되어 마침내
당집 형식이 작은 절 모습을 이루었다고 보면 된다. 우리
나라의 당집에는 신을 지키는 사제(司祭)가 없다. 옛날식
으로 말하면 그 사제는 무당이다. 그리고 무당이 강신(降
神)의 매체로 여기는 칼이나 방울이나 (구리)거울을 그 당
집 안에 모실 수 있다.

일본의 신사는 우리의 당집이 그대로 성장한 듯하다.
절 모양으로 굴절된 것이 아니라 무당 계통과 당집 형식
이 자연스럽게 발전하면, 가계를 이루어 간누시가 되고

신사 모양을 세워 그 지역 공동체의 정신적 거처로 자리
매김한다고 생각하면 이해하기 쉽다. 그런 신사와 무당
체계의 정점에 일본 천황가가 있다면 일본 사람들은 듣기
싫어하겠지만 어쩌면 그것이 역사적 진실일지도 모른다.

K씨는 천황가로 이어지는 자기 고장의 신사나 간누시
가계에 대하여 길게 설명하지 않는다. 그것은 역사적 기
능의 잔재라는 사고 방식이 아주 합리적이다.

그는 도시화의 핵심인 도쿄에 자신의 개인 공부방을 마
련해 놓고 글쓰기를 게을리하지 않으면서 가을과 겨울이
되면 고향으로 돌아가 자기 고장의 신앙적 관습을 이어
나간다. 그는 자기가 없어지면 결국 자기 집안에서 누군
가 이 신앙 공동체의 집행자 역할을 맡음으로써 관습에
의존해 온 지역 주민들의 구심점 역할을 해야 된다고 믿
고 있다.

그렇다고 그가 사주(四柱)를 봐 주거나 점을 쳐 주기에
는 그의 사고 방식이 너무 합리적이다. 그런 그의 수구(守
舊) 사상과 현대 의식은 지역 살리기 운동으로 펼쳐진다.
그의 신사가 관장하는 지역을 중심으로 그는 전통 예능을
부활 전승시키고 중세의 마을을 재건하면서 밤하늘의 별
자리를 관찰하는 천문대를 유치하며 고대와 현대를 묶어
주고 있다.

신사 집안의 역사를 현대적으로 개편하여 과학적 합리
주의에 메말라 가는 정서와 정신을 꿈의 중세 시대로 되

돌려 관광 명소로 탈바꿈시키고자 하는 그의 낭만주의와 이상주의는 일본 신토이즘의 원류인 샤머니즘의 예능으로 귀착하여 고대의 노래와 춤의 합연을 실현시키려고 중국과 한국으로 눈을 돌린다. 그는 축제의 제사상에 마련되는 제수(祭需)의 일상화인 음식 문화에 대하여 관심을 확대시키고 있는 것이다.

그런 일본적인 것의 확대와 확산이 어쩌면 일본·일본인이 그리는 다음 세대, 다음 세계의 꿈일는지 모른다. 나는 그런 일본·일본인의 이상을 믿는다.

2 일본의 축제

(1) 여름의 민중 축제와 그 활력

미국이나 유럽으로 떠나는 길목인 도쿄〔東京〕에서 때때로 우리는 일본인들의 축제와 마주칠 때가 있다. 머리에 질끈 동인 머리띠와 허벅다리가 드러나는 핫피〔法被〕라는 동옷 같은 차림새…… 관광객들의 카메라에 잡히는 일본의 축제는, 신체(神體)를 담은 미코시〔神興〕와 다시〔山車:축제에 쓰는 장식한 수레〕, 그리고 그것을 떠받들고

243

떠드는 수많은 우지코〔氏子:같은 씨족신을 모시는 고장에 태어난 사람들〕들의 열띤 표정 등이다. 가마 같기도 하고 상여 같기도 한 미코시와 큰 수레 같은 다시의 정물(靜物) 위로 쏟아지는 뜨거운 태양과 그 빛을 반사하는 흥분한 군중의 얼굴빛은 저 멀리 솟아 있는 높은 빌딩과 지나가는 자동차, 상점의 플래카드와 전혀 어울리지 않는 풍물이다. 그러나 그런 축제가 곧 일본의 활력이 된다.

축제가 없는 일본은 풀이 죽은 삼베 옷자락처럼 후줄근하다. 그러다가 축제가 한 번 열리게 되면 후줄근하던 거리와 사람들의 표정이 일변한다. 그런 축제의 나라를 나는 홋카이도〔北海道〕의 삿포로〔札幌〕에서 남쪽의 규슈〔九州〕까지 두루 찾아다녔다. 우리는 그런 축제를 잃어버리고 살아왔다. 시대가 어렵고 가난하면 축제는 움츠러들게 마련이다. 그러나 그 생명은 끈질기다. 생활에 여유가 생기면 동면(冬眠)하던 축제의 활력은 되살아난다. 일본의 축제가 그랬다고 한다. 그 동안 움츠렸던 축제가 이 몇십년 사이에 재현되고 창조되고 있다.

원래 축제는 일상의 스트레스를 발산시키는 사회적인 장치였다. 위정자는 죽지 않을 만큼 착취한 민중들을 그렇게 한 번씩 풀어 놓았다. 신화적으로 축제는 카오스가 질서로 돌아섰던 저 태고적에 이미 질서에 찌든 심신에 활력을 주기 위해 만들어졌던 것이다. 축제는 즐기는 것. 함께 어울려 춤추며 노래하는 난장판 속에서 내일의 질서를 잉태하고 있었다. 그래서 축제에는 음식과 가무가 따르고, 동시에 무질서의 틀에 가두어진 섹스와 내기와 반란의 모티브들이 숨쉬고 있다.

나는 그런 요소를 찾으면서 일본의 축제를 지켜 보려고 했다. 이름하여 '축제의 드라마 타이즈 — 일본의 경우'. 그렇게 되면 가장 즐겨야 할 축제의 자리에서 나는 가장 즐겁지 않은 손님이 된다. 괴테의 『파우스트』에 나오는 메피스토의 핀잔이 아니라 하더라도 푸른 초원에서 하필이면 마른 풀잎만 골라내는 학자의 작업이란 정말로 재미없는 일이 아닐 수 없다.

내가 일본 국제교류기금의 펠로우로서 도쿄에 닿은 것이 1983년 8월, 이미 일본의 3대 축제는 끝나 있었다. 일본 축제의 고비는 성하(盛夏)의 여름철이다. 나는 늙은 파우스트처럼 푸른 축제의 초원에서 '연구'라는 이름으로 마른 풀잎만 뜯어 먹어야 하는 그런 나그네가 되어 일본 땅을 밟았다. 이미 비행기 속에서 나는 끝나 가고 있는 일본의 축제를 만났다. 그것은 비디오에 담긴 아오모리(靑森)시의 네부타(ねぶた) 축제였다.

소위 일본의 3대 축제의 하나라고 손꼽히는 네부타 축제를 나그네길의 첫걸음에서 만나게 된 것 자체도 기연(奇緣)이기는 했지만, 일본 축제 연구라는 것 자체가 나의 전공과 동떨어져 보이고, 그런 의미에서 일본의 축제와의 만남이라는 것이 도저히 나에게 있어서는 기연이 아닐 수 없었다. 독일 희곡이 전공인 내가 드라마와 관련해서 세계 연극사의 기원에 대한 민속학적·문화인류학적 관심을 갖는 것까지는 당연하다 할 것이다. 그러다가 나는 급기야 우리 나라 무속(巫俗) 안에 스며 있는 연희(演戱)적 구조, 즉 굿의 드라마가 바로 축제가 아닐까 하고 생각하게 되었다. 나의 이러한 지적 편력은 1960년대 말 스위스 유학 시절에 만났던 유럽 축제 형식이 나에게 끼친 잠재적인 영향과 무관하지 않다. 독일어권의 축제와 한국·일본 등 동양의 축제를 비교해 보고 싶은 것은 인류학적인 관심이 있는 사람이라면 누구나 마찬가지일 것이다. 그리하여 일본의 축제에 대한 10개월 시한의 연구를 위해 떠났던 비행기 속에서 바로 그 유명한 네부타 축제를 간접 체험하게 되었으니 그것이 기연이 아니고 무엇이겠는가.

　일본 축제는 센다이〔仙台〕의 7월 다나바타〔七夕〕 축제, 치치부〔秩父〕의 밤 축제, 기온〔祇園〕 축제 등 3천여 가지가 있고, 그것들은 7, 8월을 고비로 그 열기가 잦아들어졌다. 전국 방방곡곡 축제 없는 곳이 없고 1년 열두 달 축제 없는 달이 없지만, 그래도 축제의 계절은 7, 8월의 여름이다.

　한여름의 더위를 쫓고 성하의 고비에 이르는 번식을 찬양하며 음력 한가윗날인 오본〔御盆〕을 양력으로 바꾼 7, 8월의 축제 분위기는 패전 8·15기념일을 8·15 '본' 으로 옮겨 앉힌 그 날을 정점으로 사그라진다. 내가 나리타〔成

田] 공항에 내린 16일은 바로 일본 전국을 휩쓸던 '본오도
리[盆踊り]'가 끝날 무렵, 그러니까 축제의 고비가 여진
(餘塵)을 남기고 잦아들 무렵이었다.

원래 이 '본'은 음력 7월 15일을 중심으로 한 일련의 행
사로서, 불교의 우란본(盂蘭盆, Ullambana)에서 유래한다.
아귀(餓鬼) 지옥으로 떨어진 어머니의 고통을 덜기 위해
공양을 바친 목련(目蓮) 스님의 고사(故事)에서 유래한다
는 이 행사는, 불교가 들어온 다음 대궐이나 교토[京都]
근교의 절에서 성행했고, 정초(正初) 행사와 쌍벽을 이루
는 2대 소레이[祖靈] 축제의 하나이다. 일반적으로 7월 13
일 넋맞이를 해서 16일 넋을 보내는데, 그 사이 등불을 달
고 조령을 맞는 구요다나[供養棚]를 설치하고 일정한 음
식을 바친다. 그 기간에는 마을 공동으로 취사를 하거나
마을을 둘로 나누어 줄다리기를 하여 풍년을 점치기도 했
다는 것이다. 넋보냄 행사 때는 조령에게 바쳤던 제물을
네거리나 묘지로 가져가거나 우리 나라처럼 넋배를 만들
어 바다나 강으로 띄우기도 한다.

그러한 공동체 의례(儀禮)에서 우리의 관심을 끄는 것
이 본오도리라는 춤인데, 신사나 사찰 혹은 마을의 광장
에서 춤추거나 무리를 지어 그 해 돌아가신 어른이 있는
집들을 돌며 춤추는 이 군무는 특히 풍년을 비는 뜻에서
풍년춤, 또는 팔삭(八朔)춤이라 일컬어진다. 춤의 형식은
배젓는 노 같은 것을 둘러싸고 춤추는 윤무(輪舞)식과 길

247

거리를 돌며 춤추는 행렬식이 있다. 후자의 경우는 망자
(亡者)의 넋을 달래서 보내는 옛스러움이 남아 있다. 내용
적으로는 염불(念佛) 계통과 풍류(風流) 계통으로 나누어
지는데, 전자의 경우는 등불을 선두로 저마다 차려 입은
참가자들이 북이나 징을 두드리며 행렬을 꾸미는가 하면,
후자의 경우는 윤무의 형식으로 갖가지 소도구, 의상 등
으로 분장해서 호사스러운 포크 댄스가 된다. 노래는 7·
7·7·5조(調)가 많고 민요조의 노래를 리더가 도창(導唱)
하는 경우가 있다. 손 동작이 단순할수록 구식이라고 하
고, 동작이 복잡하고 기교적이며 노랫가락에 따라 안무가
바뀔수록 신식으로 간주된다.

　이러한 변화는 시대와 더불어 조금씩 나타나게 마련이
며, 축제가 보편화되면서 어떤 모델이 각지로 전파되어
전국적인 규모의 춤사위나 노랫가락으로 유행한다. 그리
고 그러한 기본적인 특수 지역의 춤이나 노래가 축제의
분위기 조성에 결정적인 기폭제 구실을 다한다.

　아와오도리〔阿波踊り〕도 성하의 더위를 몰아내는 축제
적인 무용이다. 원래 그것은 도쿠시마〔德島〕, 소위 세토
〔瀨戶〕 바다의 나루토〔鳴門〕 해협에 있는 아와〔阿波〕 지
방의 향토 무용이었다. 그러나 이 일개 지방 향토 무용이
전국적인 축제에 꼭 필요한 향도(嚮導) 역할을 하게 된 것
은 그 춤사위나 노랫가락 속에 민족 심상(心像)의 형성에
알맞은 요소를 지녔기 때문이다. 그리하여 아와 춤은 단

순히 아와 지방의 춤으로만 그치지 않고 그대로 일본의 대표적 예능으로 전파되어 각지에서 살아 있는 축제의 선도(先導) 역할을 하게 된 것이다.

축제는 원래 풍요제의(豊饒祭儀)에서 발생했으며, 그렇기 때문에 봄가을에 맞추어 계절제의적 연중 행사로 그 맥락을 유지해 왔으나, 그런 민속 행사도 역사적 사건과 연관되어 성쇠를 거듭해 나왔다.

아와 춤의 경우도 역사적으로는 1585년 축성(築城)과 관련된 축하 행사로 마련된 것이었는데, 때가 마침 한가윗날이라 긴 전란이 끝나고 찾아온 평화를 즐기던 백성들의 즐거움이 위정자의 뜻에 맞아 매년 '오본' 날 사흘을 춤추는 향연으로 바뀌었다는 것이다. 원님의 시책으로 생긴 이 춤은 오락이 없던 당시 민중들의 축제로 성장해서 관제(官制)의 벽을 허물고 마침내 일본적인 향토 문화로 정착되었는데, 그것은 누구나 참가할 수 있고 자유롭게 춤출 수 있고 길놀이처럼 행렬지어 나갈 수 있는 특색을 지닌 까닭에 그만큼 전파력이 강했다고 볼 수도 있다. 밝고 명랑한 이 춤사위의 템포는 일본 고유의 악기인 샤미센〔三味線〕, 피리, 징, 북과 같은 경쾌한 멜로디와 조화를 이루며 거리의 남녀 노소를 끌어들인다. 그런 풍경은 일상적인 질서와는 동떨어져 보인다.

이와 같이 축제는 일상적인 질서와 두드러지게 대립된다. 특히 도시화, 산업화가 진행되고 있는 현대 문명 사회

249

에서 축제는 생활에 짓눌린 심령(心靈)을 풀어 주는 하나
의 메커니즘이 되어 생활의 장(場)으로 끼어들고 있는 것
이다.

　일상 생활 속에서 축제는 무질서해 보인다. 그것은 반
질서이다. 그러나 그 반질서는 창조적이다. 그렇기 때문
에 일본은 고도의 과학 문명 속에 살면서도 축제를 통해
창조의 기능을 유지할 수 있었다. 축제가 없었다면 오늘
날의 일본은 없었을 것이라는 추측은 축제가 바로 그들의
전통의 힘이고, 역사의 힘이고, 바로 민중의 힘이며, 잠
재된 활력이라는 사실을 감안해 볼 때 더욱 실감나는 것
이다.

(2) '사천왕사(四天王寺) 왔소' 축제

　축제는 일반적으로 한 지역을 중심으로 열린다. 따라서
축제는 향토적·민속적인 성격이 강할 수밖에 없다. 그것
은 그 지역의 역사적인 연고에 의해 계승 발전되고 그 지
역의 주민들에 의해 보존 유지되는 것이 상례이다.

　그래서 향토 축제는 대체로 규모가 작다. 규모가 커지
기 시작한 것은 어쩌면 상업주의적인 관광 효과를 노려서
지역 축제를 공공 차원에서 정책적으로 행사화했기 때문
일 것이다. 축제가 많다는 일본이나 스위스의 본고장 축

제도 민속적인 특징 내지는 전통적인 고유성으로 유명해
지고 나면 관광 자원으로 육성 개발되었다. 결국은 공동
체 의식과 시장 경제적 계산에 의해 축제의 역사는 쌓여
간다. 따라서 축제가 자연발생적이라는 사실은 옛말이고
이제는 인위적으로 축제의 규모는 커지기도 하고 작아지
기도 하며 소멸되기도 한다.

　'사천왕사 왔소' 축제는 전형적인 인위적 축제로 시작
되었다. 그것이 연륜이 쌓이면서 세월의 이끼가 끼면 자
연의 빛깔을 더해 가겠지만, 일단 이 국제적 교류의 역사
성을 띤 새 축제는 인공적 축제 형식의 전례(典禮)가 될 가
능성이 있다.

　향토적인 지역적 축제가 그 본바탕을 떠나서 다른 지역
에서 정착되거나 외국의 축제로 성장하는 예를 찾기가 어
렵기 때문에 나는 이 '사천왕사 왔소' 축제가 한 · 일 양
국간의 국제 교류의 축제 형식이라는 데 많은 관심을 가
졌으며, 그 시종(始終)을 유의 깊게 살펴보지 않을 수 없
었다. 그것은 나의 축제 연구의 새로운 주제이기도 하지
만, 이 국제 교류의 축제 형식이 성공하면 지구촌의 여러
나라들이 고유의 문화나 축제로 민족적 고유성을 내세울
근거를 상실하게 되고 국가간의 교류, 민족간의 교류가
축제라는 문화 양식을 통해서 스스럼없이 이루어질 수 있
을 것임을 예견할 수도 있기 때문이다.

　'사천왕사 왔소' 는 역사적 · 시대적 풍물을 보여 준다

는 의미에서 계몽적이고 교육적인 뜻이 많은 데다가 축제
의 종교적 기원(풍요 제의)에 따른 신화적 카오스를 재현
한다기보다 행렬·대열 축제의 전시 효과가 높다.

고비를 이루는 시간과 장소는 8월 19일 일본 오사카〔大
阪〕 소재의 사천왕사(寺)이다. 거리상 사천왕사 구역의
생옥초등학교에서 다니마치〔谷町〕 가두를 거쳐 사천왕사
에 이르는 1.5㎞가 축제 행렬의 공간이 되고, 이미 일본의
중요 문화재, 혹은 경내 전역이 사적(史蹟)으로 지정되어
있는 3만여 평의 사천왕 사원이 축제의 성역이다. 사천왕
사 연기설에 의하면 593년 성덕(聖德) 태자가 세운 일본
불교의 최초의 관립 사찰이라는 점에서 불교의 전래 과
정, 고대 한반도 문화의 유입 측면에서 한국과 일본의 문
화 교류, 국제 교류, 축제 교류가 논의될 수 있는 계기가
된다.

일본 전통 축제의 후렴이라 할 구호 함성 '왓쇼이'가
우리말 '왔소'에서 유래한다는 민간 어원설을 굳이 믿지
않는다 하더라도 고대 한반도를 거쳐 일본으로 건너간 신
화·전설적인 문화 영웅들과 역사상 실재 인물들의 행적
을 재현한다는 것은 민속인류학적으로 여간 뜻깊은 행사
가 아니다. 문제는 이 축제 행렬의 구성 인물들이 신화나
전설상의 인물들이 대부분이고 역사적으로 고증되고 확
증된 실존 인물들이 많지 않다는 사실이지만, 축제 자체
가 엄밀한 역사의 재현이 아니고 고대 종교 심성의 반영

이라는 의미에서 축제적 인물들에 대해 일종의 문화 영웅
적 이미지 실현으로 간주한다면 현실적인 무리는 사라진
다.

　고대 종교 심성의 발현이라는 면에서 행사 일정의 초기
에 임진각, 부여, 제주도, 경주 등에서 성토제(聖土祭)를
통해 문화 발상지나 문화 영웅 탄생지의 거룩한 흙을 담
는 의식을 거치면서 잠재적인 혈연 의식을 정화시켰다는
것도 의의 있는 작업이었다. 부산을 통해 일본으로 배를
타고 건너는 장도식(壯途式)이 거행됨으로써 '사천왕사
왔소' 축제는 8월 19일 하루를 위해 이미 6월 12일부터 시
작되었고, 사천왕 사원의 성역화만이 아니라 70일에 걸친
시간의 정화가 이루어졌다는 사실을 나는 높이 평가한다.
축제는 시간과 공간의 정화이고 성화(聖化)이며, 결국 신
화·전설 시대로의 회귀인 것이다. 그런 마음가짐으로 산
업화 사회의 도시 문명을 상징하는 일본 오사카 시내에
일정 기간 일정 장소의 부정(不淨) 씻기인 하라이〔はらい〕
가 이루어졌다는 것은 역사적인 시대 구분이나 인물 등장
그 자체보다 의의가 있다고 할 수 있다.

　나는 구경꾼 틈에 끼여 행렬 축제를 길거리에서 직접
참관하였다. 축제에 동참할 기회는 봉쇄되어 있으므로 구
경꾼들은 어디까지나 참관자에 지나지 않는다. 따라서 이
축제는 사회극으로서의 신화·전설 축제가 될 수 없었고
그것이 바로 산업화 도시 문명 속의 축제의 한계임이 분

명해졌다. 그러나 깃발, 의물(儀物), 가마, 배 등 1만 8천
여 점의 소요 물품과 3천여 명의 동원 인원은 길가에 늘어
선 약 10만 명의 관람객과 사천왕사의 경내를 가득 메운
참관자들과 함께 축제적 분위기를 고조시키는 데 크게 기
여하였다.

　길거리에 늘어선 구경꾼 가운데 교토〔京都〕에서 왔다
는 어떤 중년 사내는 20대의 아가씨에게 "이 행렬은 지다
이〔時代〕 축제와는 달라. 이건 도래인(渡來人)들의 역사
를 말하는 거야. 나도 한반도에서 이렇게 유명한 사람들
이 온 줄 몰랐어"라며 아는 체 했다. 그만큼 전체 행렬의
구성은 탐라, 백제, 고구려, 발해, 신라, 조선조에 이르는
다양한 인물들로, 그 행렬의 중심은 말이나 가마를 타거
나 배에 실려 지나간다. 그들을 옹위하는 선남선녀의 깃
발 행렬, 음악 그리고 춤사위와 행렬의 중간 중간을 누비
는 농악 놀이와 행렬대의 시윗소리 '왔소 — 왓쇼이' 함성
은 뜨거운 8월 하오의 햇빛과 더위를 잠시 잊게 했다. 대
로의 교통을 완전히 차단하는 것은 아니고 좌행선 4차선
가운데 3차선만 통제시키고 1차 주행선을 열어 놓은 까닭
에 버스나 대형 트럭에 의해 축제 행렬의 위세가 꺾이는
것이 아쉬운 점이었다.

　무엇보다도 문화 영웅들을 나타내는 중심 인물이 돋보
이도록 구성한 연출과 그들의 일본식 이름을 내세운 고대
국가의 도래인들은 오늘날의 일본인들로 하여금 고대국

가 창설의 측면에서 활동한 기마 민족의 후예들에 대한 역사를 생각하게 하고 그들의 영향에 대한 위력을 실감나게 했을 것이다. 구리 거울이나 칼, 창 그리고 갑주 등에 대한 고증과 가마와 배에 대한 고증도 의상이나 음악, 춤과 함께 적어도 향토 사학자들의 관심과 흥미를 끌기에 충분하고, 그들의 연구가 정통 사학계에 큰 영향을 미칠 것이다. 그리고 그것은 이 축제의 정착과 더불어 더욱 활성화될 것이다.

축제 행렬의 구성과 연출에 대한 노하우는 국내 기획 단체로서는 유일하게 '축제문화진흥회(대표 허규)'에 누적되어 있다. 그러나 국내 준비가 일본의 오사카 현지의 실무팀과 민활하고 원만한 협력이 이루어지지 못해서 약간은 거친 접목 현상을 일으킨 것은 행렬 구성팀과의 정보 교환, 행렬 대오의 단절, 그리고 행렬의 마지막 도착지인 사천왕사원 경내에서의 출영과 돌다리 석(石) 무대 공연 등에서 도착과 환영의 극적 구성이 축제의 절정에 이르도록 조직되지 못한 점 등에서 두드러진다. 축제 행렬의 참가 인원들이 모두 함께 어울리는 뒷전풀이 같은 공식 절차로 축제가 마감되어야 했던 것이다. 그러나 '사천왕사 왔소' 축제가 매우 드문 국제적 교류의 시범 케이스라는 사실과 올해(1990년)가 그 첫 출발의 해라는 점을 감안하면 한·일 양쪽 실무팀의 협조, 기획 고문들과 자문위원들의 공동 학술 회의나 심포지엄 등을 통해 차츰 내실을 기할 수 있는 문제라고 여겨진다.

'사천왕사 왔소' 축제의 국제적 교류의 성격을 감안해 여러 나라 사이의 국제적 교류 축제의 진행을 권장하는 '인터 페스티벌'이라는 새로운 문화 형식의 조어(造語)도 만들어봄직하다고 생각한다.

(3) 굿의 가구라(神楽)와 축제의 변모

일본의 축제는 그 많은 수가 바로 현실 생활이라고 단정할 수는 없다. 축제가 열리는 시간과 공간은 그만큼 특수한 시공이기 때문에 일본의 수많은 축제가 생활과 밀착되어 있다면 현대의 삶, 생활 그 자체가 현실적으로 운용될 수가 없기 때문이다. 축제가 열리는 시간과 공간은 신화가 살아 숨쉬는 특수하고 거룩한 시간과 공간이어야 하는 것이다. 그런 신화의 시간, 거룩한 시간에 세속의 부정(不淨)을 씻어내는 굿을 통해서 세속적 공간이 성역으로 바뀐다. 그러므로 축제의 시간은 천지 창조가 이루어지고 풍요의 소망이 실현될 수 있는 거룩한 태초의 신화적 시간으로 회귀한다. 그 태초의 시간에 더러움을 씻는 굿·제의가 우리의 세속에 때묻은 공간을 성역으로 돌려 놓고 거기에서 신화적 기적이 이루어진다. 그러나 현대의 축제 현장에서 그런 기적을 믿는 사람은 아무도 없다. 축제가

벌어지는 시간은 인공적인 공휴일이 대부분이고 축제의
대열이 지나가는 거리는 대도시의 시멘트나 콘크리트로
이루어진 고층 건물로 둘러싸인 아스팔트 길이다. 축제의
신화 회귀가 불가능할수록 태초의 근원적 세계로 돌아가
고 싶어하는 인간의 욕망은 잠재적으로 치열해진다. 그
무의식은 원초적인 향토 축제로 치닫거나 아주 현대화된
축제 형식으로 새로운 변모를 거듭한다.

　일본 향토 축제를 형성하는 것은 가구라(神楽)일 것이
다. 그 가구라는 마을 신앙의 표상이다. 마을마다 정초가
되면 우리 나라 농악대처럼 가구라꾼들이 사자 가면을 쓰
고 집집마다 돌면서 치성을 드린다. 마치 우리 나라의 지
신밟기 행사와 비슷한 이 세시 풍속은 집안 기도에 가까
운데, 무당에 해당되는 간누시(神主)가 그 의식을 집행하
지만 숙련된 가구라패들도 단골 집안을 순회한다. 새해를
맞아 집집마다 받드는 신체(神體) 제단의 먼지를 털거나
새로 맞추고 집안의 안녕을 비는 이 신년 풍습은 간누시
나 가구라패가 북을 치면서 제문을 읽고 노래를 부를 때
절정에 오른다. 원래 가구라는 일종의 산악 수련을 위한
기도 방법 가운데서 예능화한 것이라는 견해도 있다. 그
기도는 단순하고 소박한 것이었으며 신령(神靈)에 대하여
경건한 짓거리를 보여 주었을 것이다. 신 · 정령 · 초월자
가 깃들어 있다고 믿어지는 산, 강, 마을, 집에서 벌어지
는 신사(神事), 곧 제의의 모든 것을 우리가 굿이라고 부

를 때 일본은 그것을 가구라 행사라고 부른다. 신 앞에서
의 가무는 소망을 반영한다. 따라서 신들을 불러들여 달
래고 비는 제의·굿이 일본의 가구라이다. 그런 가구라가
행사화되고 전승되는 과정에서 제의 절차보다 예능 기량
을 중시하게 되면서 제주(祭主)나 무당이나 소망을 비는
사람이 몸으로 행해야 할 것을 예능이 뛰어난 재주꾼이
연기하게 된다. 도쿠가와〔德川〕막부 중후기에 이르러 각
지에서 가구라굿의 예능화, 가구라패의 직업화가 이루어
졌다. 오늘날 예능 수준이 뛰어난 프로 가구라라고 일컬
어지는 비추〔備中〕가구라, 이와미〔石見〕가구라 등도 근
세에 이르러 제의·굿에서 예능으로 크게 전환된 것이다.
이쯤에서 가구라는 신이 즐기는 것에서 사람이 즐기는 놀
이로 바뀌었다고 할 수 있다.

　궁중에서의 미카구라〔御神楽〕는 아악(雅樂)이라고도 불
리는데, 민간에서 공개되고 있는 가구라 중 주요한 것만
들어도 50개 이상으로 미코〔巫女〕가구라, 가면이나 소도
구를 많이 쓰는 이즈모〔出雲〕류 가구라(이것은 신노〔神能〕
라고 불리기도 한다), 뜨거운 물로 부정을 씻는 유다테〔湯
立〕이세〔伊勢〕류 가구라, 북과 사자 가면을 활용하는 시
시〔獅子〕가구라 등 네 계통으로 분류된다.

　일본 민간 예능이라면 아마추어 실력 정도로 참가할 수
있는 본오도리〔盆踊り〕와 가구라 예능을 들 수 있을 것이
다. 본오도리에도 저마다 일정한 스타일이 있다고 하지만

대개 집단으로 노는 것이고 대충 흉내로 따라잡을 수가
있어서 남녀 노소가 함께 어울릴 수 있다. 본오도리처럼
춤을 춘다면 하체와 연기·짓거리가 중심이 되는 데 비하
여 가구라는 손 동작이 섬세하고 상체의 움직임이 유연하
면서 엄격하다. 그것을 습득하기 위해서는 상당한 수련을
쌓아야 하기 때문에 가구라는 사제 관계가 이루어지고 직
업화하는 경우도 있다. 그만큼 개인의 기량이 평가의 기
준으로 떠오를 수 있다. 스타일(定型)의 학습은 지역에 따
라 조금씩 유형별로 달라질 수 있어서, 가면을 쓰고 의상
을 갈아입고 손에 소도구를 드는 것으로 무당이나 놀이패
가 신으로 바뀐다. 신의 증명이 이루어진다. 신을 역할로
생각한다면 연극 배우들이 의상을 걸치고 화장을 하는 것
과 마찬가지다. 그 순간 개성은 없어지고 개인은 사라진
다. 이미지 트레이닝(image training)이 이루어지면서 보는
사람이 납득하는 연기가 이루어진다. 그렇게 예능이 예술
의 원류로 거기 존재하는 것이다.

　역사적으로 궁중의 아악 계통을 제외한 거의 대부분의
가구라는 세속 생활 가운데 축제의 시간과 공간을 통해
살아남은 민간 예능으로 전승된 것이다. 그런 의미에서
전업(專業)이 아니라 축제 기간, 농경기 사이에 아마추어
적인 흉내와 학습만으로 전승된 지역 마을 공동체의 민중
적 저력이 가구라에 스며 있다. 마을 신앙의 징표이자 오
락이었고 자랑이었던 가구라는 그런 의미에서 일본 축제

259

예능의 원류의 하나라고 말할 수 있을 것이다.

일본 축제가 종교적 신앙 공동체인 신사를 중심으로 지역 주민 생활 공동체인 우지코[氏子]와, 그 당골판을 관장하는 제의 집행자인 간누시와의 3자 합의에 의해 진행되어 온 것이라면 그런 향토 축제의 원형이 현대에 들어와 많이 변형된 것은 사실이다.

도시의 전통적 축제가 성행한다고 해도 그것이 모든 신사 · 사찰을 중심으로 한 것이 아니라서 지명도가 높고 규모가 크고 특수한 제의 · 굿(神事)을 집행하는 몇 군데의 신사 · 사찰만이 두드러질 뿐이고, 대개의 지방 신사에서는 간신히 명맥만 유지하고 있다. 떠들썩한 축제와 쇠퇴한 축제가 뚜렷이 양분되어 있는데, 규모가 큰 교토[京都] 야사카[八坂] 신사의 기엔[祇園] 축제나 아사쿠사[浅草]의 산샤[三社] 축제 등의 도시 축제는 백만 명이 넘는 참가객들을 모으고 있다.

특수한 신사 제의 의식을 바탕으로 축제를 벌이는 곳은 아무래도 역사적 유래가 깊은 긴키[近畿] 지방의 교토나 나라[奈良] 등이다. 5월 15일의 아오이[青い] 축제가 그 하나로, 그것은 헤이안[平安] 왕조 시대를 회상하게 하는 타임 터널을 만들어 낸다. 나라 지방의 아스카[飛鳥] 대사(大社) 방계인 와카미야[若宮] 신사 축제는 1136년에 시작된 것으로, 7월 1일부터 시작되어 여러 의식을 거쳐 12월 7일 절정에 이른다. 이 날 빙의된 신령(神靈)은 길을 떠나 가(假)숙소로 옮겨 앉는데 17일 영시 천행(遷幸)의 의식에 따라 가숙소인 어전으로 옮긴 다음 17일 12시 반부터 예능 집단이라든가 제례에 참가하는 행렬이 그 곳에 참근(參勤)하는 형식을 취한다. 이 행렬은 정오에 현청(縣廳) 앞을 나와 신사 남쪽의 소나무 앞에서 여러 가지 예능을 바치고 길떠나는 가숙소로 향한다.

지방에도 이러한 오래된 전통을 간직한 축제 형식들이 많다. 수와[諏訪] 신사의 수와 기둥 축제는 6년에 한 번씩 4월과 5월에 걸쳐 경내 네 구석에 네 개의 기둥을 세우는 행사를 정형화했다고 한다. 그 기원은 수와 신사의 사전(社殿) 조영 때의 축제 행사가 간략하게 그 잔형으로 남겨진 것이다.

전통 축제의 상당한 부분이 일본 전승 신앙인 신사 행사와 연관된 것임을 누구나 쉽게 알 수 있다. 그러나 그런 행사에 참가하는 그 지역 사람들도 그 축제의 내력을 모르는 경우가 많다. 유명한 간다[神田] 축제같이 도시 한복판에서 열리는 신사 축제에 참가하는 사람들도 그 구역의 우지코 대표나 지역 유력자들과 일부 정치가들이다. 다른 지방 사람들이 축제라고 여기는 것은 본래 신에게 바치는 길놀이와 부정거리 행사뿐이거나 연례 행사에서 파생된 축제적인 이벤트뿐일 때도 있다.

전통 제의와 축제의 대부분이 그 지역의 신들, 정령, 초월자에 대한 신앙에서 생겨나 지역 주민들인 우지코의 감사와 기도와 찬송에 의해 계승되어 온 것이라면, 오늘날처럼 신과 인간의 관계가 단절되어 버리거나 엷어져 버리는 축제라 하더라도 외형만 옛날과 같을 뿐 내용에서 신이 빠져 버린 현대에서는 그것을 오래된 전통의 지속이라고 말할 수가 없을 것이다.

　신사나 사찰의 연중 행사는 그 지역의 생활 집단, 곧 우지코 사람들에 의해 지켜져 내려왔고 지속되어 왔다는 것이 일반적 상식이다. 그러나 오늘날에 와서는 이러한 상식도 믿을 수가 없게 되었다. 예를 들면 기엔 축제에 참가하는 주 동(洞)만 하더라도 이제는 개인 주택이 하나도 남아 있지 않으며 축제를 위한 회합에 모이는 사람들은 그 지역 회사 간부들만이라는 이야기도 있다. 아사쿠사의 산샤 축제에도 행렬의 중심에서 메고 다니는 미코시[御輿]가 각 지역에서 출장나온 동호회 멤버들에 의해 운송된다. 저마다 한텡이라는 옷차림으로 참여하는데, 20여 개의 동호회 단체들을 실어나를 관광 버스들이 그들의 귀갓길을 기다리며 동회 주차장에 대기하고 있다는 사실은 축제의 현대적 변모를 실감케 한다. 그만큼 도시화가 확산된 현대 생활에서는 같은 땅에 뿌리내려 함께 삶을 영위하는 가운데 지탱되어 내려온 축제의 전통이 허물어진 게 사실이다. 전통적인 축제라고 믿어지는 것들 가운데 신이나 신사·사찰과 전혀 상관없는 것들도 있다. 아오모리[青森]현의 네부타[ねぶた] 축제는 민속 행사 가운데서

생겨났으며, 시로네〔白根〕의 연 싸움 등에서 보여지는 연 날리기는 우리 나라 연놀이와 함께 풍속 가운데서 태어난 소박한 민간 행사이다. 그것도 지역에 따라 싸움의 방식이 달라진다. 시로네의 경우는 두 마을이 서로 커다란 연을 날려 줄 끊기를 하는데, 다른 지역에서는 동 단위로 만든 여러 연들을 하늘에 날려 줄 끊기를 한다. 이런 놀이 축제도 원래는 풍요 제의적인 다산, 풍년, 건강을 빌던 주술적인 의미가 있었겠지만, 신사·사찰의 제의와는 상관이 없다.

　보다 새로운 전통의 축제로서는 교토 헤이안〔平安〕 신궁의 지다이〔時代〕 축제를 들 수 있다. 이 신사는 1895년 창건된 헤이안 왕조 시대의 궁중 양식으로서, 이 곳에서 거행되는 역사적 축제는 헤이안 천도(遷都)부터 메이지〔明治〕 유신까지의 교토 풍습을 구성해 놓은 행렬로 유명하다. 고베〔神戶〕에서는 1970년대부터 시작한 고베 축제가 거의 30년째 계속되면서 시민 축제로 정착되고 있다. 특히 수천 명이 함께 추는 삼바춤이 볼거리인데, 다른 지역 축제에서도 삼바 축제가 생겨나 호평을 받고 있다. 도쿄〔東京〕에서는 1957년에 시작된 고엔지〔高丹寺〕의 아와 오도리〔阿波踊り〕가 40회를 넘겨 매년 8월말 축제에 1백만 명이 넘는 관광객이 모여들고 60여 개의 팀들이 춤의 물결에 휩쓸린다. 이러한 30년, 40년 전통의 축제들 또한 그 자체로 훌륭한 전통을 만들어 나가고 있다고 해도 과

언이 아니다.

　그렇게 보면 전통적인 축제란 무엇인가, 몇 년이 지나면 전통의 범위로 드는 것인가, 어느 시기를 기점으로 축제라는 현대의 이벤트가 문화 예술 기획으로 문화 산업 형식이 되는 것인가 등등 새로운 문제들이 고개를 들게 된다. 바로 일본의 축제들이 그런 새로운 과제를 던지면서 일본이라는 땅의 지역 공동체에서 일본이라는 민족 공동체와 어울려 일본적인 활력을 담보로 한다는 사실을 우리는 인문학적으로, 사회인류학적으로, 그리고 마침내 관광경제학적으로 관찰해야 할 것이다.

3 한일 문화 교류와 대중 문화 개방의 문제점-1998년의 시각

(1) '문화의 날'에 풀린 일본 대중 문화의 빗장

　1965년 한·일 국교 정상화가 이루어진 이래 일본 대중 문화에 대한 우리 쪽의 빗장이 풀린 것은 30여 년이 지난 1998년 10월 20일, 바로 우리 '문화의 날'에 때맞춘 결단이었다. 그리고 이어서 서울시가 주최한 문화 한마당에서 일본어로 부른 재일 교포 소프라노 정원선의 '새벽의 노래'가 텔레비전 중계를 탔다. 이미 10월 10일 김대중 대통령은 일본 국빈 방문 귀국 보고에서 일본 문화 개방과 관련, 일본의 대중 문화를 겨냥하여 어떤 문화든 받아들여 우리 것으로 만들어야 한다는 점을 강조했으며, 불교와 유교를 받아들여 우리 것으로 만든 우리가 일본 문화 정도는 받아들일 수 있고 두려워할 까닭이 없다고 말했다.

　　실제로 미국이나 유럽의 선진 문화는 받아들이면서 일본 문화만은 받아들일 수 없다는 태도는 일종의 텃세이거나 생떼에 가깝다. 그런 점에서 일본 문화 개방과 수용에 대한 논란은 이미 오래 전부터 야기되어 온 것이다. 꼭 10년 전에 한국일본학회가 개최한 하계 학술 발표의 주제가 '일본 문화 수용에 따른 문제점'이었으며 당시 발제를 맡았던 나는 일본 대중 문화 유입에 따른 시비를 이렇게 풀어 나갔다.

일본 대중 문화 수용에 따른 시비
（「일본학보」 제 23집, 1989년 11월）

　　발제를 맡음에 있어서 발표자는 이웃 나라 문화 수용의 당위성과 필연성이 왜 하필 일본에 한해서만 한국이 신경 과민적이지 않을 수 없는가를 생각하게 된다. 동시에 우리 같은 나이가 어쩌면 반일도 친일도 아닌 객관적인 시각에 서는 것이 아닌가 생각도 해 본다. 나의 전공은 드라

일본 문화의 이해

마이며 대학에서는 이른바 양학(洋學)을 했다. 잠시 유럽 생활과 학풍에 젖어 본 상태에서 전공의 연장선상으로 유럽 축제와 비교하는 입장에서 몇 달 동안 일본에 머물며 일본 축제를 참여 관찰할 기회도 가져 보았다.

일본이 한국을 침탈한 것은 과거의 사건이지만 엄연히 20세기의 역사이다. 문제는 과거와 역사에 있는 것이 아니라 그런 일본 영향의 현재성에 있다. 정치·경제·군사 등을 제외하고 문화 교류에 있어서도 문제는 과거와 현재의 혼유에 있고 대중 문화 유입도 이와 상관된다. 문화 수용은 받아들이는 쪽의 주관과 적극성을 감안해야 수용의 형식이 되는 것이다. 그러한 주체적 입장에 서지 않는 한 문화 수용도 일방적인 유입·범람에 지나지 않으며, 따라서 일본 대중 문화 유입은 적어도 대중 문화에 관한 한 우리 대중 문화 자체의 수동적 객체화를 뜻한다 할 것이다.

그렇다면 일본 대중 문화는 수용의 한계를 넘어서 유입의 수준에 이르렀는가? 아니다. 아직 일본 대중 문화는 유입 단계에 있지는 않다. 다만 그러한 위험성에 대비하여 수용을 논의할 단계에 왔다는 것이 정론일 것이다. 일본 문화의 유입·범람에 앞서서 수용의 입장으로 일본 대중 문화를 검토한다는 것은 우리의 문화적 주체성으로 봐서는 당연한 과정이다. 그러나 우리는 그러한 당면한 과정을 의도적으로 회피해 왔다. 그 회피는 대중 문화만이 아니라 일본 문화 전반에 걸친 것이었으며, 그것은 군사

동맹에 관해서도 같은 맥락에 선다. 한일 국교 정상화라
는 이름으로 교류의 길이 열린 것은 정치와 경제의 분야
였지만, 그 과정을 한 고비 넘기 위해서 우리의 학생운동
사에서는 6 · 3사태라는 아픈 상흔을 남겨야 했다. 지금도
한 · 일 교류에는 언제나 우리 일반 국민 대중의 잠재 의
식 속에 피해 의식과 회의와 불신이 꿈틀거리고 있음이
사실이다. 그것은 역사적 과오가 남긴 후유증이다. 당한
쪽은 당한 시간의 3배수 기간 동안 잊지 못하는데, 피해를
입힌 쪽은 3분의 1 기간 내에 잊어버린다. 그런 심리학적
기간은 아직 우리로 하여금 60여 년을 더 일본 제국주의의
악몽에 시달리게 할 것인데, 일본은 이미 30년 전에 그들
의 죄상을 잊었다는 얘기가 된다. 가해자와 피해자의 관
계는 그렇게 미묘한 것이라서 가해자는 피해자의 망상이
정도 이상이라고 시비하며, 피해자는 가해자의 망각이 제
멋대로라고 나무란다. 따라서 피해자와 가해자의 관계 정
상화는 환자의 치료 과정처럼 신중해야 한다. 그것은 정
치적 교류나 경제적 원조라는 밥과 고기 반찬으로 다스려
질 병도 아니고 군사 동맹 같은 진찰실 차림만으로 나아
질 병도 아니다. 그런 경우에 과학 학술 교류라는 이름으
로 함께 이루어지는 문화 예술의 교류는 어쩌면 이 비정
상적 관계의 치유를 위한 유동식 식이 요법 정도는 될는
지도 모른다.

267

문화 예술과 과학 · 학문 · 스포츠 교류와 그에 부수된

예술가 · 학자 · 스포츠맨들의 인간적 교류, 그리고 더 나아가 그 분야의 젊은 세대, 청소년 교류가 시간이 지남에 따라 상호 신뢰의 터전을 마련하게 될 것임은 당연하다. 그리고 실제 그런 방향으로 한 · 일 교류가 진행되고 있음을 우리는 유념하고 있다.

문화 예술 분야의 상호 교류도 치료적인 차원에서 서둘 것이 없다. 불신과 피해 의식과 회의의 시선을 감안한다면 오히려 느리다는 인상을 주는 것이 성공적이다. 그만큼 이 몇 년 사이에 이루어지고 있는 한일 문화 예술 교류의 느린 템포는 타당한 조치이며 지혜로운 선택이다. 거기에다, 문화 예술 교류의 대상을 전통 문화 예술과 현대 예술로 대별해서 노〔能〕와 분라쿠〔文楽〕와 가부키〔歌舞伎〕를 전면에 내세우고, 예술로서의 연극 · 무용 · 전통 음악 등으로 문화 예술 교류의 통로를 연 것은 해방 40여 년이라는 이 시점에서 새롭게 자라나는 새 세대들의 일본 문화 예술에 대한 정상적인 이해를 위해 지혜로운 선택이었음을 지적하고 싶다.

(2) 전위와 실험의 예술적 에로스, 그리고 폭력

이제 남은 것은 일본 문화의 현대적 · 대중적 측면의 수용이다. 그것은 현대 예술의 교류와 대중 문화의 교류이

다. 일본 현대 예술의 경우는 그것이 예술의 이름으로 다
가오는 전위(前衛)와 실험성(實驗性)으로서 일본적인 에
로스와 폭력의 예술화가 될 가능성이 높다. 그러나 그런
경향과 유형은 그것이 예술 애호가들이라는 한정된 계층
에 주는 충격이 될 정도이고, 우리 예술계도 그 정도의 충
격은 이겨 낼 수 있는 힘이 축적되었을 것이기에 이 점은
그다지 염려할 것이 없다.

그러나 일본 대중 문화의 경우는 그것이 자본주의적 상
술과 관련되어 있고 문화 예술의 테두리를 벗어난 예능·
쇼라는 상업주의적 대량 생산 매체의 성격을 배제할 수
없으므로, 대중 문화의 수용에 대해서는 일단 문화 예술
적 단계의 '정화'라는 여과 과정(濾過過程)이 필수적이
다. 만약 그런 장치가 없으면 일본 대중 문화는 우리의 입
장에서 수용이 아니라, 그야말로 유입·범람이라는 위험
성을 내포하고 있는 것이 사실이다.

어차피 한·일 국교 정상화가 한·일 양국간의 전면적
교류이므로 결국 문화 예술의 교류가 정치·경제·군사
의 협력 관계 증진에 이바지하는 방향이라면 일본 대중
문화 수용도 불가피해질 것이며, 그런 면에서 적어도 우
리는 그 수용을 유입·범람이 되지 않도록 민족적 주체성
으로 통제해야 할 당위성이 있는 것이다. 그것은 일방적
인 적의나 폐쇄성, 증오심만으로 해결될 성질의 것이 아
님이 분명하다. 동시에 정치·경제·군사적 협력 관계가

일본 문화의 이해

문화 예술에서 대중 문화나 종교와 같은 특정 분야에서만
배타적일 수는 없다는 것도 확실하므로, 대중 문화나 종
교의 유입·범람과 일방적인 압도는 당하는 쪽의 책임,
그 정신적 허약성이 논란되어 마땅하다. 대중 문화에 의
한 정신적인 침해와 오염을 두려워하는 것은 이미 문화
예술 교류에 앞서서 정통성과 민족성 고취, 그리고 문화
적 특수성의 문제로 일찍이 제기했어야 옳았던 문제였다.

　대중 문화라는 영화, 만화, 대중 소설, 가요, 비디오 등
위락 레저 산업 취향의 문물의 유입·범람은 반드시 일본
대중 문화만의 전매 특허물이 아니다. 물론 제국주의적
군사력으로 한일 합방을 강요했던 역사적 사실 때문에 일
본 대중 문화의 한국 진출에 대한 우려와 불안은 경제적
식민주의의 형태를 취할지도 모른다는 경계 심리를 유발
하는 것은 분명하다. 그러나 그 때문에 일본 대중 문화의
한국 진출이 억제되어야 한다는 논리는 그 전의 경제 협
력이나 문화 예술 교류마저 우리의 정신적 허약성 때문에
용납되지 말았어야 한다는 논지 앞에서 무력해진다.

　비록 융단 폭격 같은 상업주의적 대중 문화 진출이 가
정된다 해도 그것을 이겨 내느냐 먹히고 마느냐는 우리의
내면적·정신적 결단에 달린 문제이다. 해방 이후 미군의
주둔으로 인해 유입되기 시작한 미국의 대중 문화도 오늘
날의 격렬한 반미 성향을 생각하면 결코 이 땅의 얼과 넋
을 완전히 오염시키거나 지배하지는 못한다는 사실을 입

증하고 있다. 미국식 정치 · 경제 · 군사 문화의 힘도 결코
우리를 예속화시켰다고 단정할 수 없다.

우리는 우리 입으로 미제국주의의 경제 · 군사적 예속
및 종속화를 비판하고 정치적 사대주의—양키이즘이나
G.I화—를 탓하지만, 적어도 그런 비판과 배척의 구호가
나올 수 있는 정도의 문화적 자유가 미국적인 대중 문화
의 유입 · 범람에서 싹텄다는 사실마저 잊어버릴 정도로
경색되어 있지는 않다.

국제적인 대중 문화, 특히 영화나 팝송 등의 유입 · 범
람으로 이미 선량한 소시민들의 눈살을 찌푸리게 하고 있
는 이런 세계적 추세는 앞으로 수입 개방 압력에 의해 지
적 소유권 문제와 함께 광고, 패션, 디자인, 그리고 일취
월장하는 정보 관리 체제와 첨단 과학 기기의 발전에 따
라 우리의 두려운 취약점이 될 것임에 틀림없다.

(3) 일본 대중 문화 개방의 당위성

그런 가운데서 유독 일본의 대중 문화, 그것도 주로 영
화, 가요만이 문화 수용이나 개방 유입의 대상이 되어서
는 안 된다는 발상은 너무 일방적이며 특정 이익 집단의
심정적 호소에 대한 맹목적 추종이 아닐 수 없다.

대중 문화에 대한 우려는 우리들 자신, 우리 체제 자체

속에서도 문제가 된다. 동시에 그것은 일본이라고 해서 건전과 퇴폐의 지적 패러다임 속에서 문제되지 않을 리 없으며, 또한 세계적으로도 건전한 대중 문화의 육성과 퇴폐적 대중 문화의 발호에 대한 경계 심리 및 비판의 소리가 될 것이다. 따라서 대중 문화에 대한 우리의 불안은 비단 일본 대중 문화의 유입·범람에 대한 두려움보다 보수적·도덕적 가치관의 확립과 관련된 정신 무장적 차원에서 논의되는 것이 옳다.

그렇게 되면 21세기를 눈앞에 둔 포스트모던한 이 산업화 사회의 자본주의적 상업성과 몰윤리적인 이익 추구의 대량 생산 매체를 상징적으로 주도하는 대중 문화는 고전적·전통적 보수주의에 의한 적대 논리(敵對論理)로 환원되는 것이 옳고, 같은 차원에서 논의되는 일본과 한국, 일본과 국제적 추세, 국제적 위상과 한국적 위상을 가지고 일본 대중 문화 유입만 논한다는 것은 문제를 스위치시킬 위험—국내 대중 문화 매체의 상업주의에 편드는, 상업주의적 민족주의 추세에 수동적으로 부응하는 형편이 되는 것이다.

좁아져 가는 지구촌에서 미국의 상업주의적 대중 문화나 일본적 대중 문화나 그 동시성과 국제성은 한국의 대중 문화가 갖는 속성일 수도 있고, 지구 반대편의 라틴아메리카의 그것일 수도 있으며, 어쩌면 체제가 다른 사회주의 국가들의 대중 문화적 요소들과도 일맥 상통하는 풍조가 될 수도 있을 것이다.

문제는 미국의 대중 문화가 주둔 기지의 위락적 문화
현상을 대변한다는 것인데, 거기서 건전하고 긍정적인 대
중 문화의 측면이 소홀히 취급된 것처럼 일본의 대중 문
화에서의 퇴폐, 외설, 폭력, 저속이라는 부정적인 측면만
이 부각되지 않는다면, 건전하고 긍정적인 대중 문화—
예컨대 보수적이고 전통적이긴 하지만 예의라거나 경로
라거나 양보, 단결이라는 덕목과 동시에 현대적으로 추가
되는 대중 문화적 덕목인 개성 존중, 봉사 정신, 인권 의
식, 합리주의, 시간 관념, 준법 정신 등 범세계적인 대중
문화를 길러낸 민주주의의 여론 수렴을 배격할 수는 없
다.

따라서 우리가 일제 36년간의 강압적 문화 유입을 통해
서 시달리게 되었던 악몽과 잠재 의식 아래서 수용하게
된 미국의 대중 문화에 대해 무비판적이었다고 해서 반드
시 일본의 대중 문화마저도 무비판적으로 수용하리라는
패배 의식은 지나친 열등감의 발로이다. 경계심과 각성은
열등이나 패배 의식과는 엄연히 다르다. 열등 의식과 패
배 의식은 문화적 폐쇄주의와 연결된다. 그것은 우리 내
부의 정신적 결단과 상관없는 자아의 객체화를 뜻한다 할
것이다.

현상적으로 두드러지는 정치·경제 교류에 있어서도
그런 논리는 성립될 것이며 문화 교류에 있어서도 그런

273

논법은 타당하다. 정신적 결단에 달린 문제로 정치·경제·문화 교류가 개방되어 가는데 대중 문화 교류만 폐쇄적이라는 것은 대중 문화를 통한 상업주의적인 이익 추구에 있어서의 열세와 패배감을 '여론'이라는 이름으로 담보 잡는 행위가 될지도 모른다.

따라서 정치·경제 협력과 앞으로 전개될 군사 협력, 그리고 과학 정보 및 첨단 기기 기술 이양 등의 여러 문제를 둘러싼 넓은 의미의 문화 교류와 예술 교류의 불가피성을 감안했을 때, 유독 대중 문화라는 이름의 몇 개 부분에 대한 폐쇄적 조치는 논리적 타당성이 결여된 조치가 될 것이다. 어차피 대중 문화의 유입·범람을 경계하는 경우에는 과거의 역사적 체험을 전제로 한 상호간의 경계 심리를 이성적으로 활용하는 점진적 개방, 자주적 결단, 선택적 적극성을 우리 자체 내부에서 거론해야 하고, 그런 면에서는 공격의 화살을 일본 자체에 겨누기보다는 국내의 수요자, 상업주의적 매판 세력, 일반 대중의 무비판적 자세에 대한 계몽을 위해 노력해야 할 것이다.

어차피 종전 이후 40년, 국교 정상화 이래 20년의 세월이 덧없이 흘러갔다. 일본과 여러 부문에서 교류 협력을 이루고 있는 마당에, 우리 기성 세대가 희망으로 삼는 것은 신세대의 발랄한 국제 감각과 대외국인 관념 및 그들이 살아야 할 세기의 다양한 생활 관습이다.

(4) 신세대에 있어서 일본은 외국

젊은 세대에게 있어서 일본은 외국일 뿐이다. 그리고 경쟁해야 할 상대일 뿐이다. 그들의 감각과 생리는 일본에 대해 어쩌면 과거 한국을 침범하고 식민지화한 제국주의 일본보다는 극동 삼국 중의 하나이며 환태평양 시대의 동맹국 내지는 경제적 블록으로서의 이웃으로 여길 수도 있다. 동시에 일본은 국제적 첨단 기기, 디자인, 유행 감각의 수출입국으로서의 선진국쯤으로 치부할지도 모른다.

한국의 복합적인 일본관인 구세대의 적의, 경계, 복수 심리는 당사자 세대가 사라져 감으로써 관념적으로 신세대의 의식 속에 전승될 것이고, 그런 관념적인 적의, 경계, 복수 심리는 현실적인 문제와 부딪쳐 바람직한 선린 의식으로 전환될 수도 있다. 물질적 협력 관계나 동맹 관계와 더불어 정신적인 협력과 동맹, 그리고 교류도 가능해질지 모른다.

그런 면에서 우리는 이제 '용서하되 잊지는 않겠다' 라는 수사학(修辭學)마저 현실적으로 수정해야 할 것이다. 그러한 수사학은 차라리 용서하지 않겠다면서 차츰 잊어가는 '망각의 원한' 보다 더 무서운 것이다. 그 수사학이 내포하고 있는 것은 외형적으로는 용서를 하면서 내면적으로는 더 다져지는 원한을 품는 것이다. 결국 어느 날 잊지 못하던 죄와 벌은 용서라는 관용의 탈을 벗어 던지고 복수의 칼날을 갈지도 모른다. 나는 그렇게 수사학적으로 마무리지은 독일과 이스라엘의 관계는 현실적인 관계로 재정립되어야 한다고 생각한다. 죄를 지은 독일은 벌 받는 마음, 용서하고 잊어 달라며 보상하는 자세이되, 이스라엘은 용서하지도 잊지도 않은 채 거리를 두고 스스로를 지키면서 자국에 유익한 방향으로 관계를 유도하는 신중한 자세가 요망된다 할 것이다.

현실적으로 적대 관계의 지속이 국력의 낭비가 되고 선린 관계로의 전환이 국책으로 필요할 때, 수사학적으로 '용서하되 잊지는 않겠다' 라는 사족은 어쩌면 약자의 푸념 같은 것이다. 물론 그것도 자기 경고의 의미가 있을지도 모른다. 그러나 그 경고가 독일이나 일본에 대한 이스라엘이나 한국의 일종의 '푸념' 이나 '벼르기' 라면, 그것은 약자의 허장성세일 뿐 스스로 자기 자신을 닥달하며 강화시키는 방편일 수는 없다는 점을 강조하고 싶다.

스스로 경고함으로써 스스로 경계하고 틈을 보이지 않고 스스로를 단련하여 넘보이지 않으면 용서할 것도 없고 잊지 말 것도 없다. 동시에 스스로 경계함을 게을리하고 틈을 보이고 단련하지 않음으로써 넘보이게 되면 마찬가지로 용서할 것도 잊지 말 것도 없다. 그런 미사여구의 수사학은 국제 정치의 역학 관계에서 국익 도모가 지상 과제인 국가간, 민족간의 벼르기나 푸념을 호도하는 한갓

허장성세에 지나지 않는다는 의미에서, 결국 수사학은 수사학일 뿐이라는 점을 우리는 명심해야 할 것이다. 차라리 '용서하되 잊지는 않겠다'는 수사학 대신에 현실적으로 대등해지는 국력을 지녀야 할 것이다. 그것은 물질적인 힘뿐만 아니라 정신적인 힘도 아울러 말한다. 물질적인 지수인 GNP에서 뒤진다 해도 민족적 자긍심과 자존심은 대등할 수 있다. 오히려 이상과 포부와 꿈은 더 높고 넓고 깊을 수 있는 것이다.

물론 현실적으로 유입 · 범람되고 있는 일본 대중 문화의 일부로서 영화나 외설 비디오, 가요의 음성적인 폐단을 모르는 바 아니다. 그러한 비공식적인 루트를 통한 일본 대중 문화의 유입은 앞으로 일본 위성 방송의 월경(越境) 현상 등으로 더욱 증폭될 위험이 많으므로, 그 잠재적 대중 문화의 범람을 어떻게 공식화 · 현재화시키느냐는 우리의 필연적인 과제임이 분명하다.

그런 점에서 일본 대중 문화의 유입에 대한 나의 사견은 일본 문화의 수용 유입이 ① 전통 예술과 대중 예술 ② 대중 문화 부문에서도 현대의 예술적인 것과 현대의 대중 문화적인 것의 적절한 배분 수용의 지혜로 균형을 이루어야 한다고 본다.

어차피 언제고 닥칠 현실 문제라면 회피하고 외면하고 폐쇄한다고 해서 해결날 것이 아니므로, 우리 의식의 성장과 함께 일본측도 역사적 특수성을 감안하여 단계적 해

277

제를 전제로 한 대중 문화 유입에 대해 '문화과학위원회'의 설치와 대중 문화 수출 쿼터제 같은 것을 고려해 봄직하다. 그런 쿼터제의 인위적인 실시에 앞서 대중 문화 극동 삼국 콘테스트와 페스티벌 개최, 수상국의 콘테스트와 페스티벌 개최권의 의무화 같은 구속력이 영화제, 가요제, 무용제 등의 문화 예술의 자연스러운 확산과 더불어 대중 문화 수용과 유입에 대한 점진적·전향적 조치가 될 것이다.

(5) 10년 전 발상의 유효성—문화 산업의 유도

문화관광부는 금년(1998년) 10월 20일 문화의 날을 맞아 일본 대중 문화의 단계적 개방 스케줄에 따라 외국 영화제 수상작의 상영을 허가하였다. 그리하여 일본 영화 '하나비〔花火:불꽃〕'가 12월 5일 광복절 이후 처음 서울에서 개봉 되었다.

일본 대중 문화의 개방이라면 특별히 영화나 애니메이션의 개방을 강조하는 것처럼 보인다. 하지만 이런 대중 문화 유입 통로가 열리면서 일본 고급 문화, 전통 문화, 청소년 문화를 포함한 포괄적인 한·일 문화 교류의 일환 가운데서의 대중 문화 유입이 문제이다. 우리가 두려워하고 문제가 있다고 보는 일본 대중 문화의 폭력과 외설은

우리들의 자세에 달린 문제로 비켜 나갈 징조를 보이고
있다. 물론 그런 것은 법이나 심의 기능으로 차단하고 단
속을 강화하는 방법이 없는 것도 아니다. 그러나 '표현의
자유'라는 헌법 규정에 의해 심의와 감시 단속도 일정한
제약이 있고, 세계적인 자유의 추세에 의하여 개방되는
문화 교류의 일환으로 오염된 악화로서의 폭력과 외설은
국민적인 양식과 지성으로 규제될 수밖에 없는 것을, 정
부 당국이 앞장 서서 깃발을 흔들 필요는 없다는 것이다.
　외국의 대중 문화 가운데 일부인 저질성을 이겨 내지
못하는 한, 우리 대중 문화의 내일도 없는 것이다. 저질스
러운 폭력과 외설이 끼여들어오는 추세를 최종적으로 막
을 수 있는 것은 바로 우리 민족 · 국민 · 시민 · 민중의 양
식과 감각과 의식과 지적 수준에 달려 있다.
　일본 문화의 개방은 필수적이다. 우리가 자유민주주의
를 믿고 우방 국가에 대하여 개방 정책을 지속해 나가는
한, 외국 문화의 수용은 필수적이고, 따라서 일본 문화에
대한 개방 또한 당연한 것이다. 우리는 일본 문화에 대해
서 폐쇄적인 것이 아니다. 단지 일본 문화의 침략성에 대
하여 경계하는 것뿐이다. 당연히 일본 문화만이 아니라
미국 문화, 유럽 문화, 아프리카 문화에 대한 개방도 폐쇄
적이어서는 안 된다. 실제로 우리는 개방적이다. 그럼에
도 불구하고 왜 일본 문화에 대해서만은 단서가 붙는가.
일본 문화의 개방이 문제가 되는 것이 아니라 일본 대중

문화 내지는 저속 문화의 유입과 범람을 우려할 뿐이다. 그런 우려는 기(杞)나라 사람의 지나친 걱정으로 전혀 염려할 것이 못 된다고 큰소리치고 있을 수가 없는 것이, 일본 자체도 그런 폭력과 외설의 저급 문화 창궐에 골머리를 썩이고 있는 현황이기 때문이다.

그러나 따지고 보면 우리가 받아들이고 있는 외국 선진 문화 가운데 영국이라고 해서, 프랑스나 독일이라고 해서, 그리고 가장 영향력이 큰 미국이라고 해서 저질 문화의 대표적 사례인 폭력이나 외설이 그 나라 안에서 문제되지 않는 것이 아니지 않는가. 그런 점에서 외국 문화의 청탁(淸濁)을 가려서 그 개방과 수용을 논의하는 것 자체가 '구더기 무서워서 장 못 담근다'는 식이 될 것이다. 선진 문물을 받아들이는 데 입맛대로 우리의 취향에 맞추던 방식은 이제 지난날의 넋두리가 되었다. 정보사회화가 그만큼 진척되어 문화 예술의 독점이나 배제가 이 자유자본주의의 사회 체제 아래서는 임의대로 되지 않을 만큼 국경 없는 자유의 문화촌 지구 시대가 개막된 것이다.

비록 한·일 두 나라 사이에 지울 수 없는 역사적 심상(心傷, trauma)이 있다 하더라도, 어쩌면 그것은 얻어맞은 피해자인 한국의 정서이고, 때린 가해자인 일본의 기억은 희미할 것이다. 그래서 그들은 그들의 문화 예술의 수용에 제동을 거는 한국의 입장을 이해하지 못한다. 그런 역사적 과거는 50년 전의 '유감스러운 사건'일 뿐이고, 선진국 대열에 끼는 일본 문화를 가장 가까운 이웃인 한국이 번번히 경계심만으로 따따부따하는 것이 못마땅할 것이다.

침략에 의한 경계심의 발동은 적어도 문화 예술에 관한 한 타당치 않다. 18~19세기 세계의 제국주의가 영토 점령에 광분하던 무렵, 아시아, 아프리카, 아메리카의 식민화 정책은 그대로 정치적 · 경제적 지배의 지정학을 반영하였다. 어쩌면 선교(宣敎)의 종교적 진출은 그런 경제와 상관없는, 아니면 종교의 지역 진출이 정치 · 경제적 상황에 흡수당하는 열세의 싸움이었는지도 모를 일이다. 당시의 종교적 선교 활동이 21세기를 맞는 현재에 있어서는 문화적 교류 양식을 띤다고 말할 수도 있을 것이다. 문화 교류 형식을 띤 상업주의의 도도한 물결은 올림픽 경기나 월드컵 축구를 통한 막대한 수익성과 연계되어 경제화되고 정치화된다. 스포츠가 그렇다면 대중 문화 또한 수익성 높은 다량 생산 매출을 통해 자본주의 경제의 첨단 산업이 되고 그 수익성으로 말미암아, 당사국 사이의 정치 쟁점으로 떠오른다.

우리는 일본 문화, 특히 대중 문화 개방이 당연히 '문화'의 영역이라는 고정 관념에 사로잡혀 있고, 일본은 문화보다는 '문화 산업', 곧 '경제' 사안에 가깝다고 생각한다. 실제로 문화 측면만 생각한다면 만화나 비디오나 애니메이션 등 일본 대중 문화는 들어올 만큼 들어와 이미 범람하고 있다고 해도 과언이 아니다.

문화 산업으로서의 일본 대중 문화 개방은 일본 문화 상품의 개방이므로 그 개방으로 2조 원에 달하는 국내 문화 산업이 어떤 영향을 받을 것인가가 문제인 것이다. 우리는 민족 정서라든가 문화적 시각이라는 측면에서 문화 산업의 소비자임을 망각한 채 공짜로 접할 수 있었던 일본 비디오나 텔레비전 프로그램, 일본 만화와 패션, 영화 등에 내야 할 로열티에 대하여 눈감아 온 것이 사실이다.

우리는 일본 대중 문화 개방이 한국 문화 산업에 미치는 경제적 영향이 어느 정도인지 제대로 연구한 바 없고 제대로 된 보고서 하나 가지지 못했다. 전문가들은 대개 10∼30%의 잠식을 주장한다지만 뚜렷한 근거는 제시하지 못한다고 한다. 동아일보의 시사주간지 『뉴스플러스』(8월 20일자)는 국내 문화 산업의 규모를 2조 원(출판 분야 제외)으로 추산하고, 일본 만화가 지하 시장에서만 연간 4백만 권 이상, 일본의 인기 가수 그룹 '엑스재팬'의 음반이 30만 장 가까이 팔린 사실을 들어, 잠식 정도가 상상밖으로 클지도 모른다고 우려한다. 평론가 김지룡의 지적대로라면 이미 일본 텔레비전용 애니메이션이 국내 시장의 70%를 장악했다고 한다. 삼성경제연구소 분석에 의하면 개방 후 일본 영화의 영화 시장 점유율은 7∼10%, 비디오 10∼15%, 애니메이션 35%로 본다.

일본은 동남아시아에서 '아시아의 미국'이라고 불려

진다. 문화라는 요소가 경제에 미치는 부가 가치가 엄청
나다는 사실을 일본이 인식한 것은 1970년대이다. 이에 따
라 일본은 문화 상품으로 고유의 이미지의 차(茶) 문화,
유도, 참선, 가요, 영화 등을 해외에 홍보하기 시작했고,
이런 소프트웨어는 국제 브랜드로 자리를 굳혀 가던 자동
차, 카메라, 텔레비전 같은 하드웨어와 결합되어 일본 상
품의 세계 진출을 확고히 했다. 이런 이미지 개선 작업을
통해 일본은 무역 마찰로 빚어지는 적대 의식을 거두어
낼 정도로 현명한 문화 정책을 개발했던 것이다. 일본 경
제단체연합은 국제교육 정보센터에 문화 수출을 위해 매
년 3억 달러를 지원해 오고 있다. 일본의 문화 정책은 문
화가 안보에도 중요한 역할을 한다는 인식 아래 한·중·
일 세 나라의 문화적 갈등 요인을 해소하도록 활발한 문
화 교류를 추진하고 있다. 뿐만 아니라 문화가 국제 사회
에서 일본의 총체적 위상을 높이는 데 기여한다는 점을
중시하여, 문화의 국제 교류 추진을 5대 문화 정책의 하나
로 명시하고 1991년에는 국제교류기금 사업 예산을 전년
대비 36%나 증가시켰다. 이러한 일본의 '문화를 이용한
대외 정책'에 비하여 우리의 대일 문화 정책은 수동적이
라 할 수밖에 없다. 일본에 대한 우리 문화 상품의 개발
의욕을 갖기보다 일본의 거대한 자본력에 대한 두려움만
갖게 된다면 문화 산업 분야에서의 경쟁력 제고는 전향적
이라고 말할 수가 없다.

일본 문화의 이해

소극적인 일본 대중 문화의 개방 정책은 일본색이 적고 대중에 미치는 영향이 작은 부분부터 문을 연다는 소극적 자세일 수밖에 없다. 영상 매체는 영화, 비디오, 그 다음 방송의 순서로 가고, 가요는 라이브 공연에서 음반 순서로 가는 것이 우리 문화관광부의 기본 원칙이다. 이런 원칙도 결국은 '한 · 일 문화 교류 공동 협의회'의 논의를 거치는 과정에서 어쩌면 다시 문화 폐쇄주의로 돌아서지 말라는 법이 없다. 개방을 계기로 우리가 보다 다양한 문화 향유의 기회를 갖게 된 것은 환영할 일이지만, 민족적 트라우마(trauma:악몽)의 치유 이전에 문화 산업 시장의 전멸이 온다면 다시 문화 개방은 문화 전쟁이 되고 말 것이며, 민족적 트라우마는 더욱 깊고 어둡게 색칠되어 버릴 것이다.

일본 문화 개방, 특히 일본 대중 문화의 저질 · 폭력 · 외설에 대한 여과 방법은 여전히 공연법, 영화진흥법 등 국내 실정법상의 심의, 수입 추천, 허가 기능의 공정한 행사에 달려 있다. 이런 실정법에 기대지 않을 수밖에 없는 우리의 문화적 편협성은 대통령의 문화 산업 육성 정책을 공염불로 만들고 몇몇 아이디어맨들의 청사진 수준에서 힘을 잃고 있다.

국내 산업의 경쟁력 강화에 눈뜨는 소프트웨어의 개발은 문화 정책에서 뒤쳐져 있다. 점진적이고 단계적인 순서에 따라 한 · 일 문화 교류를 펴 나갈 두 나라는 일본 대중 문화가 지닌 저질·폭력·외설에 대한 공동의 대처를 우선시해야 한다. 무엇보다도 전통과 예술에 대한 문화 교류가 진정한 교류임을 증명해야 할 것이다.

(6) 대중 문화의 백일몽과 악몽

일본 문화를 개방하는 경우에 우리가 경계하는 것은 고급 문화의 교류가 아니라 왜색 대중 문화, 흔히 말하는 섹스와 폭력을 앞세운 일본의 저급 문화가 범람할지 모른다는 우려이다.

문화를 고급 문화와 대중 문화로 크게 구분할 때, 고급 문화라면 전통 문화와 예술 장르로 한정시키고 대중 문화는 옐로우 저널리즘이나 예능 오락물로 나누게 된다. 말하자면 감성에 치우치는 유행성 취향이면 대체로 저급 대중 문화로 치부해 버린다. 그러나 대중 문화라고 해서 모두 저급이라고 말할 수는 없을 것이다.

라디오, 텔레비전, 영화, 대중 잡지나 신문 등은 오늘날의 우리 문화 생활에 널리 영향을 끼친다. 이런 대중 매체들이 나쁜 영향을 끼쳐 '최후 심판의 날'이 다가오고 있음을 한탄하는 진지한 문화적·예술적 종교인들은 일반 대중이 그런 저속물(kitsch)을 탐하고 그것이 마음의 자양분을 현혹시키는 현상을 일반화하는 그 공식을 그대로 받

285

아들인다. 그런 사악한 대중 매체만 없다면 우리의 문화
적 · 예술적 수준이 틀림없이 높아지리라고 믿는 것 자체
가 너무나 인간에 대한, 혹은 역사에 대한 낙관론임을 애
써 외면한다.

어느 시대에나 사악한 것이 존재했고 선량한 것이 병존
하였다. 그러나 우리가 회상하고 선택하는 기억 속에는
더 이상적인 시대와 국가의 문화와 예술이 동일시되어 항
상 회상되곤 한다고 지적한 사람은 데이비드 M. 화이트
(D. M. White)였다. 그런 회상 속에서는 과거가 다른 나라
의 전범(典範)이 있게 마련이다. 그리고 이상적 모델과 함
께 어둡고 음침하고 불쾌한 역사적 사실이 병행해 기술되
어 갔다는 사실은 잊혀져 버린다. 진부하고 비인간적이며
추악한 저질문화는 대중의 무지와 불안을 악용한 인간 부
류에 의해 생산되었고, 그것은 중국의 요순(堯舜) 시절에
도 있었고 고대 이집트의 파피루스 문서에도 남아 있다.
그런 탄식은 중세 봉건주의 유럽 사회에도 있었으며, 미
국이나 프랑스, 독일도 마찬가지이고, 일본이라고 해서
없을 수 없다. 히틀러나 스탈린 같은 독재자의 예술 감상
과 그의 지독한 잔인성이 대중 매체에 의하여 더 조장되
기 전에 그의 내부에서 이루어지는 이 갈등과 대립적 요
소에 대한 심리학적 측정이 필요하다.

대중 매체에 의해 전달되는 고급 예술마저 다 값싼 선
정적 재료로 활용되는 것이 아니라면 악명 높은 벨젠 나

치수용소에서 유태인의 가죽을 햇빛에 말리며 축음기에
서 흘러 나오는 브란덴부르크 콘체르토 제2악장을 들었
던 일제 코흐(I. Koch)가 사람 가죽으로 램프의 갓을 만들
었거나 니체 작품집의 책 커버로 사용했다고 하는 이 모
순된 심리적 작태는 별개의 작용으로 설명해야 한다.

　대중 문화라고 해서 고급 예술을 담지 못한다는 법도
없고 일본 대중 문화라고 해서 다 선정적이고 폭력적인
것도 아니다. 그런 점으로 보면 일본 텔레비전 네트워크
의 집행부나 대규모 만화잡지 출판사, CD롬 제작사, 영
화업자들이 우리 한국의 대중을 잡종화(雜種化)하려는 음
모를 꾸미고 있다는 말은 성립될 수 없다. 그것은 대중 문
화가 대중을 더욱 비속하게 만든다는 대중 문화 비평가의
우려를 우리가 일본 대중 문화에 스위치시키고 있기 때문
에 그려 내는 어두운 그림자일는지도 모른다. 우리 속에
도사리고 있는 대중 문화의 짙은 그림자가 더 큰 문제일
수도 있으며, 미국의 대중 문화도 한국에 주둔하고 있는
미8군의 G.I문화로 더욱 거칠고 비속하게 우리 주변에 범
람하고 있는데, 하필 일본의 대중 문화만이 저질 시비로
문제가 되는가 하는 생각이 든다.

_287_

　미국의 대중 문화나 일본의 대중 문화가 미국이나 일
본, 혹은 전세계의 사람들에게 인류 발전의 새로운 서광
을 보여 주는 것이 아니라는 사실을 인식하는 것처럼, 대
중 문화가 지닌 미적·도덕적·지적 불만족마저 거부한

다는 것도 말이 되지 않는다. 대중 문화가 과거에 본질적
으로 가치 있었던 어떤 것의 뒤를 이었으며 우리가 그로
인하여 여태 알려지지 않았던 진흙탕에 빠졌으며 그보다
더 대중 문화가 고급 문화의 심한 저급화와, 그리고 어쩌
면 마침내 고급 문화를 소멸로 이끄는 불가피한 전조로
간주된다면 바로 일본 대중 문화도 우리에게 그런 결과를
초래하게 하리라는 의미에서 일단 우리는 우려할 만하다.

우리에게도 대중 문화는 이제 생활화되었고 삶의 저급
화는 팽배해 있다. 그것은 반드시 미국의 대중 문화, 일본
의 저질 문화 때문만은 아닌 것이다. 산업이 인간 생활을
황폐화시켰다는 봔 덴 하아그(E. van den Haag)의 주장이
아주 낭만주의적이라고 논평하는 쉴스(E. Shils)의 대중
문화 비판에 대한 반성은 그의 주제 그대로 '백일몽과 악
몽' 그것이다.

우리는 이성으로 돌아가서 극단적인 낭만주의와 맞설
수밖에 없다. 산업화가 발전의 단계라면 일본 대중 문화
수용은 불가피한 시대적 상황임을 명심해야 할 것이다.
그만큼 일본 대중 문화 개방에 대한 논의가 논란 과정을
지나 실제로 수행되고 있는 지금, 우리의 역사 인식과는

상관없이 공식·비공식 루트를 통해 패션, 화장품, 게임,
만화 등만이 아니라 다도(茶道), 꽃꽂이 등 우리의 생활
주변에 범람하고 있는 일본 대중 문화의 현황은 일반적
현상이다.

반(反)일본적인 이미지로는 사쿠라[桜], 일본의 기모노[着物], 샤미센[三味線] 소리, 일본도(劍), 할복(切腹) 등이 있고, 여성을 상품화하는 포르노그래피 등에 혐오감을 갖는다. 폭력과 외설은 대중 문화의 가장 뒷골목에 쌓이는 쓰레기임을 모르지 않는 우리는 반일본적인 이미지로 받아들이는 대중 문화 현상도 세대에 따라 그 혐오감이 다를 수 있다는 것을 알고 있다. 할복, 샤미센 소리에 몸서리치는 기성 세대들은 식민지 치하의 경험과 철저한 반일 교육을 통한 이미지 조작에 물들어 있고, 오히려 청소년들은 사쿠라, 오도리[踊り], 포르노그래피에 감성을 자극받는 유혹을 느낄지도 모른다.

우리의 혐오감이나 열광에는 시대 환경이 크게 작용한다고 봐야 할 것이다. 시대 환경의 작용과 함께 외래 문물을 받아들일 수 있는 것과 받아들일 수 없는 것을 구별하는 유형 · 무형의 문화적 전통이 문화 수용의 마지막 관문 역할을 해낸다는 사실에 약간은 안도한다.

그런 면에서 기성 세대가 혐오하는 것을 청소년들이 거부감 없이 받아들일 수 있고 청소년들이 거부감 없이 받아들이는 것이라 하더라도 끝내는 민족적 심성에서 받아들여지지 않는 것이 생길 것이다.

우리는 그것을 민족 문화 혹은 전통 문화의 자정(自淨) 작용이라고 부른다. 아무리 양키 문화, G.I 문화가 판을 쳐도 그런 표피 문화가 우리 민족의 전통 문화를 말살시

289

키지 못한 것처럼 일본 대중 문화의 부정적 요소들이 우리 전통 문화의 본질을 훼손시킬 수 없다는 사실을 인식하고, 우리는 좀더 우리 젊은 세대들의 감성과 이성을 믿어야 할 것이다.

(7) 어깨동무가 되기 위한 조건

일본 문화 가운데 부정적인 요소의 개방은 긍정적 요소의 개방에 불가피하다. 일본적인 것 가운데 좋은 것들도 많다. 고전 예능 양식이 그렇고 일본인의 질서 의식, 검약 정신, 청결함, 섬세함에다 단결심 같은 것은 우리가 배울 점이다. 그런 반면에 그들의 경박함, 부박(浮薄)함, 질서 의식과 집단적 폭력성, 좀처럼 본심을 드러내지 않는 '명분·구실(다테마에〔建前〕)'과 '속마음(혼네〔本音〕)'의 이중 구조적 언설 등은 대범한 인간 관계를 바라는 우리에게 견디기 어려운 벽을 느끼게 한다.

김대중 대통령의 10월 방일(訪日)은 일본 대중 문화 개방의 마지막 빗장이었던 일본 영화의 수입과 대중 가요의 일어 원어 공연, 그리고 대중 미디어에 있어서의 일본어 방송을 허용함으로써 일본 대중 문화 범람을 예견케 한다. 1996년 부산국제영화제를 통해 일본 영화는 우리 나라에 공식적으로 소개되었으며 1998년 제3회 동 영화제에서

외국 영화로서 일본 영화는 열성팬들의 환영을 받았다. 이미 모리타 요시미츠〔森田芳光〕감독의 '실락원'이 수입되었고, 베니스영화제 황금사자상을 받은 '하나비〔花火〕'와 '키즈리턴', '소나티네'도 수입되었으며, 애니메이션의 경우도 개방 신호만 기다리고 있는 상태이다. 슈오 마사유키〔周防政行〕의 '쉘 위 댄스', 칸느영화제 황금종려상의 '우나기〔うなぎ〕' 등은 각종 영화제와 동호회 시사회에서 자주 상영되었고, 대학가의 카페에서는 입장료를 대신하는 회비 명목으로 돈거래도 이루어진다. 상업적 거래가 은연중에 현실적으로 이루어지고 있는 것이다.

일본 대중 문화 개방이 선언되어 서울 명동과 압구정동, 부산의 광복동에서 은밀하게 팔리고 있던 일본 가수의 CD도 정정당당한 상품이 되고 통신상에서 아무로 나미에〔安室奈美恵〕같은 가수의 노래를 다운로드 받으면 값을 치뤄야 한다. 위성을 통해 들어오는 일본 쇼 프로그램의 베끼기 '사이비 독점'이 깨지게 된다면 이제 일본 대중 문화의 저작료 지불 문제가 현안이 될 수밖에 없다.

일본 대중 문화 개방을 의미하는 우리 정부 당국의 공식 용어는 '한·일 문화 교류'이다. 그러나 한·일 문화 교류의 원조는 조선조 시대의 공식적인 '통신사' 파견 이전에도 얼마든지 있어 왔다. 우리는 고대 일본의 문화가 한반도를 거쳐 고구려, 백제 그리고 신라 문화의 유입 형식이라고 주장하고 있는 반면 일본에서는 일본의 정체성을 위해 이를 부인한다.

원로 평론가 박용구 선생의 한·일·중을 잇는 문명사적 담론『어깨동무라야 살아남는다』의 서두를 보면 역사가 기록 게임이며, 중국은 상형 갑골 문자를 표의(表意)의 한자로 발전시키면서 기록과 표현의 폭을 넓혀 마침내 패권주의적 화이(華夷) 사상을 확립하였다고 한다. 이 화이 사상은 기원전 3세기 전후부터 집단적으로 한반도와 일본 열도로 입해남천(入海南遷)을 시작한 동이(東夷)족들에게 이어졌는데, 이 동이족들은 8세기 전까지 일본 열도 주민의 80%를 넘었다. 이주 집단의 리더들은 대부분 망명 엘리트를 비롯한 지식인과 기능인들로서, 8세기 초 일본을 율령(律令) 국가로 조직화·체계화시키면서 일본인이 된 동이계는 나라〔奈良〕천도 직후 편찬된 712년의『고지키〔古事記〕』와 720년의『니혼쇼키〔日本書紀〕』라는 기록 게임에서 중국의 화이 사상을 모방하여 일본 중심 사상을 만들어 나간 것이다. 그렇게 하여 일본의 역사 기록은 일본을 대국, 조선을 번국(藩國), 중국(당나라)을 이웃 나라로 법제화하면서 공자가 영합한 치자의 역성 혁명의 논리마저 천황가의 신격화로 바꿔 버리는 역사 왜곡 작업을 수행하였다.

역사의 기록 게임에서는 기록된 문서가 증거로 제시된다. 비록 그 기록이 황당무계하더라도 그것이 역사로 적혀 있는 한 기록이 없는 역사보다는 비중이 높아진다는 고대 심성의 주문(呪文)인 것이다. 말의 마술에 걸려들면 말과 글, 그리고 그 글의 기록은 사실처럼 왜곡될 수 있다. 그리하여 한국은 일본과의 기록 게임에서 일본에 뒤졌다. 일본은 신국(神國)이요, 천황은 신이고 백성들은 신국민이라는 집단 망상이 이루어진 것이다.

이웃 나라들을 오랑캐로 하대하는 화이 사상이나 그 변형인 신국 사상은 나라들 사이의 불평이나 불만 등을 합리화하고 침략과 약탈에 대한 명분 구실을 주게 되었다. 기마 민족의 한반도와 일본 열도 이주의 말발굽 소리, 원나라와 고려의 일본 침공, 임진왜란의 역사적 소용돌이와 근대 일본의 역사적 소용돌이는 근대 일본의 조선 합방으로 악몽의 반복이 된다.

일본 대중 문화를 개방할 것인가를 묻기 전에 일본 문화도 개방될 수밖에 없다는 대전제가 이제 더 이상 문제로 제기되지 않는 상황이 문제이다. 그것은 국제화, 세계화를 지향하는 우리의 입장에서 불가피한 선택이란 말인가. 이 불가피한 선택을 앞에 두고 우리는 일본과 일본인에 대한 우리의 굴절된 심리를 먼저 타진해야 한다. 일본과 일본인을 어떻게 할 것인가. 역사적으로 날조되었고 화이 사상의 모방일 뿐인 신국 사관으로 무장하여 우리를 핍박하고 괴롭혀 온 일본과 일본인을 어떻게 할 것인가.

그들은 우리의 이웃이다. 이웃이면서 가장 먼 이웃이다. 가장 먼 이웃은 적이기도 하다고 동양의 지혜는 가르

293

치고 있다. 그렇다면 일본 문화, 일본 대중 문화를 개방할
것인지 묻고 있을 때, 우리의 먼 이웃이며 가까운 적은 한
가한 문화 개방 타령이나 하고 있는 우리를 엄습할 기회
를 노리고 있을지 모른다. 일본이 우리를 노리고 있을지
모른다는 피해 의식 ― 우리가 일본에 대하여 갖고 있는
피해 의식은 어디에서 오는 것일까. 일본은 반드시 우리
의 가해자인가.

징기스칸이 거느리던 몽골의 기마 군단은 유럽 사람들
의 잠재 의식 속에 지워지지 않은 황화(黃禍)의 그림자를
드리우고 있다. 내가 스위스에서 유학하던 1960년대만 하
더라도 패권주의 국가였던 미국과 소련이 자본주의 대 공
산주의, 민주주의 대 사회주의 체제의 양대 주축으로 군
림하였다. 미국과 소련이 이데올로기적·체제적으로 절
대적인 적대 관계에 있었던 것이 1960~1970년대 냉전 체
제의 구도였다. 그러나 그런 상황 속에서도 취리히 대학
언론방송연구소에서 채록한 여론 조사 결과는 소련보다
모택동의 중국을 더 위험시하였으며, 장개석을 대만으로
몰아내고 이제 막 건국의 첫 삽질을 하고 있던 중화인민
공화국에 대하여 유럽 사람들의 피해 의식은 황색의 동양
에 대한 경계심을 풀지 못하고 있었던 것이다.

1960년대의 공산주의의 종주국인 소련보다 어쩌면 소
련의 위성국 정도였던 중국의 황화를 두려워했던 유럽 사
람들의 잠재 의식 속에는 확실히 황색 인종인 몽골 기마

군단의 무자비한 학살과 약탈의 잔영이 남아 있었다고 보
아야 할 것이다. 그리고 그런 피해 의식은 어쩌면 역사적
으로 지워지지 않는 악몽의 트라우마(trauma)가 되어 유
럽 사람들의 잠재 의식을 지배하고 있었는지도 모른다.

그런 까닭에 소련의 공산 체제를 적대시하던 미국과 유
럽의 자본주의 체제라면 당연히 사회주의 공산 체제의 종
주국 소련에 대한 적개심이 그 위성 국가들에 대한 경계
심리보다 한 단계 낮고, 엷은 적개심이어야 할 중화 인민
공화국에 대하여 '황화'의 두려움으로 옮겨지는 까닭은
쉽사리 해명되기 어려운 심리적 장애 요소임이 분명하다.

극단적으로 제3차 세계 대전이라도 일어나거나 지구
파멸의 날이 다가와 인종간·민족간의 갈등이 가감 없이
드러나는 경우, 결국 백인·황인·흑인간의 인종적 적대
감은 피부색같이 원색적으로 드러나게 될 것이다. 종족간
의 화해나 이해, 그리고 그 갈등과 대립이 극단으로 치달
게 되어 종족간의 색깔 논쟁이 끝나고 났을 때는 같은 색
깔의 인종들끼리 종교관과 지역 감정에 의한 종족적·민
족적 투쟁를 끝까지 벌이게 될 것이라는 것이 우리의 진
단이다.

지구촌 세계 구도가 허물어지는 마지막 순간에 남는 것
이 종족적·민족적 싸움, 인종간의 종교적·지역적 싸움
이라면, 한국과 일본간의 잠재적인 피해 의식도 어쩌면
민족간의 지역적·원초적 감정 싸움일지도 모른다.

역사적으로 우리는 바다 건너 노략질을 일삼는 왜구의 침해에 많은 시달림을 당했고 그로 인한 악몽을 꾸어 왔다. 그래서 광개토대왕은 남해 바다까지 내려와 왜구를 치고, 김춘추 태종은 삼국 통일까지 완수하고서도 왜구를 막는 동해 용왕이 되려고 대왕바위에 몸을 눕히지 않았겠는가.

(8) 한·일간의 트라우마(trauma)는 악몽

바다의 노략질꾼이라는 막연한 왜구의 흉몽은 임진왜란이라는 역사적 침략에 의하여 역사적 현실이 되었다. 왜국에 대한 막연한 공포심 같은 인접 지역 감정은 구체적인 침탈의 체험으로 우리의 의식 가운데 각인되었다. 무의식적인 공포가 의식상으로 떠오르고 사건으로 실현된 것이다. 그리고 그런 역사적 현실은 다시 일제 36년간의 식민지 통치로 오늘날의 우리 의식과 체험 가운데 자리하는 구체적 낙인으로 자리매김하게 되었다. 일본에 대한 우리 민족의 공포와 불안이 전혀 근거 없는 것이 아니라면 일본·왜구가 한반도에 남기려는 각인 같은 회귀 의식과 향수 같은 동류 의식도 어쩌면 근거가 전혀 없는 것이 아닐는지 모른다.

일본 고대사를 형성하는 도래인(渡來人)들은 고대 일본

의 정복자들이면서 한반도에서 쫓겨난 사양족(斜陽族)이
다. 일본 고대사를 엮어 나가는 주체이면서 한반도의 평
화로운 삶에서 밀려난 아웃사이더들은 일본 열도에서 정
착해 가면서 쫓겨난 고토(故土)에 대한 아쉬운 한을 되씹
고 있었을는지 모른다.

신라의 유민(流民)도 있었을 것이고 고구려나 백제의
유민(遺民)들도 많았을 것이다. 그들이 야마토〔大和〕 조
정의 중심 세력으로 정착했을 때는 새로운 건국의 꿈과
함께 그들을 버린 본국에 대한 한도 적지 않았을 것이다.
나를 버린 조국에 대한 한과 미움의 의식이 한반도라는
땅에 대한 회귀나 향수와 함께 그 땅에 사는 사람들에 대
한 한과 미움의 감정으로 바뀔 가능성은 많다.

그런 착종된 심리와 감정이 한반도에 대한 극단적인 혈
연 · 친척 의식의 배제와 단절로 나타날 수도 있고, 그런
무의식이 일본과 일본인으로 하여금 한반도와 우리 민족
에 대한 잠재적인 한과 미움으로 바뀔 수도 있는 것이다.
한반도에 대한 귀향 의식과 한민족에 대한 거부 의식의
바닥에는 고대 일본의 피해 의식이 가라앉아 있으며, 그
것이 역전(逆轉)되어 한반도와 한민족에 대한 가해자 의
식으로 작용할 수도 있는 것이다. 고대에서 근 · 현대에
이르기까지 역사를 통해 악몽과 같은 잠재적 경계 심리가
한국과 일본의 정치와 사회 활동을 지배하고 있다고 말하
는 것은 지나친 해석일지 모른다. 그러나 그렇지 않고서

야 한·일간의 잠재적 불신감이 그렇게 깊이 뿌리를 내릴
수가 없다.

끈질긴 일본의 한반도 회귀 심리와 함께 임진왜란이나
한일 합방과 같은 역사적 사실은 우리의 악몽을 현실화하
는 사건으로 우리에게 받아들여지고 있는 것이 사실이다.
역사적 사실은 실제로 있었던 사실이고, 그것은 꿈—악
몽 같은 꿈의 한 자락이 아니다. 그 악몽은 역사적 사실이
었다. 그러나 역사적 사실도 시간과 함께 흘러간다. 흘러
간 과거는 현재에서 돌이킬 수 없는 지나간 꿈의 한 자락
일 뿐이다. 따라서 과거, 그 역사적 사실은 꿈—악몽 같
은 꿈의 현장일 뿐이다.

현재에 있어서 악몽 같은 꿈은 현실이 아니다. 잠재 의
식이라든지 악몽 같은 것은 현실적인 실제적 근거를 갖지
못한다. 그것은 과거일 뿐이고, 꿈일 뿐이고, 현재 우리
가 살고 있는 현실은 아닌 것이다. 말하자면 시효가 지난
것이다. 일본 제국주의가 조선 왕조를 힘으로 지배하고
무너뜨린 36년의 세월은 한국의 현실, 그 현대사에 있어
서 이제 시효를 잃고 있다. 해방 이후 이미 50년이 지났
고, 우리의 개화기 이후 개방, 근대화의 1백 년 시기를 감
안할 때 36년간의 '침략의 역사'는 비록 치욕적이고 잔악
한 침탈의 역사이기는 하지만 과거의 한때에 지나지 않는
다. 그 36년은 이제 우리들 스스로가 청산해 버려야 할 시
간이자 세월인 것이다. 이제 일본 식민지 시대 36년간의

악몽에 시달리며 우리의 정력을 낭비하고 있을 여유가 우리에게는 없다. 일본이 청산의 의지를 보이지 않는 가운데 '청산 타령'만 외치고 있을 시간적 여유가 우리에게는 없는 것이다.

우리는 해야 할 과제가 너무도 많다. 일본과 일본인에 대한 푸념만 늘어놓고 있을 수 없을 정도로, 우리의 주변에 쏟아지는 한파는 반드시 IMF만이 아니라도 주변 강대국들간의 국가 이익에 의해 정신없이 우리를 압박해 오고 있다. 러시아 외교관 추방이 몰고 온 외교적 마찰, 북한의 위성 발사가 몰고 온 안보 전략적 차질은 우리의 남북 문제가 야기시키는 통일 비전의 트라우마(trauma)일 수도 있다. 그런 문제들이 우리의 현실이다. IMF 탈출이 시급한 우리의 현실 문제이다. 그런 가운데 교과서 문제, 위안부 문제 등 일본의 양심을 찌르는 가시인 한·일간의 청산 문제는, 일본인의 양심의 가시가 되어야 하고 우리에게 있어서는 우리가 역사를 교훈으로 되돌아 볼 때만 유효해지는 가시인 것이다.

민족적 긍지라든가 과거에 대한 책무라는 면으로 봐서 경제적 보상 따위가 어떻게 정신적 피해를 보상할 수 있겠는가. 늙고 병든 채 간신히 살아 남은 몇 되지 않는 위안부 여성들의 치부에 조명을 비춘다고 해서 침략의 역사를 시정할 수는 없다. 일본의 양심이 역사의 치부로서 인식할 수 있도록 역사를 역사로서 올바르게 파악한 다음,

299

우리는 과오의 역사를 되풀이하지 않도록 스스로의 의식을 미래로 향하여 개안시켜야 할 것이다. 과거의 역사는 일본과 일본인의 과오이기도 하지만 그것을 허용한 우리의 과오이기도 하다. 우리가 힘이 없어서 우리를 지켜내지 못하였고, 우리의 어머니와 누이들을 지켜주지 못하였고, 우리의 아우들과 아이들을 지켜내지 못했던 우리의 과오, 우리의 무력함에 대한 철저한 반성이 역사 앞에 있지 않으면 안 된다.

다음 세대들이 그런 침략의 과거사를 되풀이하지 않도록 가르치고 인도하는 현명한 방법의 하나가 일본과 일본인을 올바르게 알고 그들의 역사와 민족성을 제대로 파악하는 것이다. 그런 방법의 하나가 일본의 대중 문화 수용의 올바른 인식일 수도 있고, 그것을 제대로 수용하는 우리의 올곧은 자세일 수 있는 것이다.

1998년 10월은 김대중 대통령의 일본 국빈 방문을 계기로 한·일 문화 교류에 획기적인 전기를 마련한 달이다. 그 10월은 '문화의 달'이자 정부 수립 50주년을 기념하는 해의 문화의 달이다.

이제 한·일 문화 교류의 길은 한·일 양국 국가 최고지도자들의 공동 성명 형식으로 확고해졌고, 일본 대중 문화라는 일부의 제한마저 풀리기 시작했다. 한·일 문화 교류의 정상화 가운데 대중 문화 개방은 극히 일부분에 지나지 않는다. 그리고 그 일부분마저 빗장이 풀리게 되

었다. 시민들의 반응은 한·일 문화 교류가 당연한 절차
이고, 단지 속도와 순서의 문제만 남았다는 것이다.

그만큼 이제 한·일 문화 교류의 당위성도 속도와 순서
의 단계적 개방만이 문제일 뿐이다. 폭력과 외설의 일본
대중 문화의 유입도 필연적인 절차에 의해 개방된 것이며
즉시 개방 분야의 영화, 비디오, 만화는 이미 1965년 한·
일 국교 정상화 이후 최초의 가시적 조치를 취하였다. 즉
시 개방 이후의 부분에 속하는 가요, 애니메이션, 방송 등
은 '한·일 문화 교류 공동 협의회'의 의견에 따르기로
하였다는 보도가 있다. 이 부문은 개방에 신중을 기한다
는 유보 조치라서 여전히 일본 대중 문화의 완전 개방에
위배된다는 일본측 불만을 막을 길이 없어 보인다.

일본 문화 개방에서 가장 민감한 부분인 대중 문화의
영화, 가요, 만화 등을 풀면서 취한 그런 조치를 전반적인
일본 문화 교류의 일환이라고 보는 정부 당국의 입장은
옳다. 무조건 개방이 아니라, 국내 문화 예술에 대해서도
법에 의한 제재와 검토의 잣대로 '표현의 자유'를 시비할
수 있는 것처럼 일본 문화 개방에 대해서도 '공동 협의
회'의 의견을 따른다는 것이다. 하지만 무조건의 개방이
아니라는 의미에서 일본의 항의는 계속될 수 있으므로 우
리 쪽의 방어도 의식적이어야 할 것이다.

301

후기

예전에 나는 우리 선생님들로부터 일본에는 문화가 없다는 말을 자주 들었다. 일본 문화란 그저 중국이나 한국의 문화를 흉내낸 볼품 없는 것에 지나지 않다는 것이다. 우리 윗세대들의 그런 생각이 지금까지도 이어지고 있는 탓인지 일본 문화를 전면적으로 부정하거나 입에 올리기조차 거북한 제목의 글들도 꽤 눈에 띈다. 일본 학자들 스스로도 일본 문화는 없다고 하는 학자들이 많다. 심지어는 메추리알을 먹는 것 외에 일본 고유의 문화는 없다고 하는 학자도 있다. 본서에서 소개한 『일본 문화론의 변용(日本文化論の変容)』을 읽은 독자라면 이해할 것이다.

이런 견해들은 한국 문화에 대해서도 마찬가지로 말할 수 있다. 과연 한국 고유의 문화는 얼마나 있을까. 외래 종교는 그만두고라도 토속 종교라는 샤머니즘이나 민간 신앙도 다른 곳에서 들어왔거나 변용된 것이다. 그러나 서구 문화가 아프리카에서 기원한 것이라는 주장도 나오는 마당에 그 민족의 고유 문화가 없다는 견해는 한국과 일본에 한정된 것만은 아닐 것이다. 그렇기 때문에 지금의 문화를 이해하기 위해 기원설에 얽매일 필요도 없고, 문화를 우열로 가를 필요도 없는 것이다.

본서에서는 사고의 틀이 생활 양식으로 나타난 것이 문화라는 생각으로 현재의 일본인들의 사고의 틀을 고찰하였다. 이상일 교수는 한일간 문화 이해의 어려움을, 나는 체험적으로 느낀 것을 다루었다. 두 사람은 민속학을 시작할 때부터 친교를 지속해 온 관계로 비슷한 견해가 많지만, 나름대로 견해의 차도 있다. 오히려 그런 차이 때문에 공저를 했다고도 할 수 있다. 공저를 통해서 서로의 견해를 조정해 나갈 수 있기 때문이다.

마지막으로 본서를 집필할 수 있도록 뒤에서 아낌없는 후원을 보내 준 한양대학교 곽영철 교수님, 시사일본어사 김조웅 전무님과 원고를 꼼꼼하게 체크해 준 편집부 임승현 님 등께 감사를 드린다.

최길성

✳ 한국일본학회 일본연구총서 간행위원회

위 원 장 **곽영철**(前 한양대학교 학장)
부위원장 **이덕봉**(동덕여자대학교 교수)
총   무 **임영철**(중앙대학교 교수)
간   사 **이성규**(인하대학교 교수)
간   사 **구태훈**(성균관대학교 교수)
간   사 **최 관**(고려대학교 교수)

✳ **집필자**(목차순)

최길성(대표집필자, 히로시마대학 교수)
이상일(성균관대학교 명예교수)

일본연구총서 **9**
日本文化의 理解

초판발행 2003년 10월 15일
1판2쇄 2004년 5월 20일
편자 한국일본학회 일본연구총서 간행위원회
펴낸이 엄호열
펴낸곳 시사일본어사 Study Tech Institute
등록일자 1977년 12월 24일
등록번호 제 300-1977-31호
주소 서울 종로구 원남동 13번지
TEL 1588-1582   FAX (02) 3671-0500
URL http://www.sisabook.com
E-mail tltk@chol.com

ⓒ 2003

ISBN 89-402-7089-4